역사와 철학이
함께하는
인성시간

역사와 철학이 함께하는 인성시간

발행일	1판 1쇄 2025년 8월 29일
지은이	최선아, 정환희
펴낸이	박영호
기획팀	송인성, 김선명, 김선호
편집팀	박우진, 김영주, 김정아, 최미라, 전혜련, 박미나
관리팀	임선희, 정철호, 김성언, 권주련
펴낸곳	(주)도서출판 하우
주소	서울시 중랑구 망우로68길 48
전화	(02)922-7090
팩스	(02)922-7092
홈페이지	http://www.hawoo.co.kr
e-mail	hawoo@hawoo.co.kr
등록번호	제2016-000017호

ISBN 979-11-6748-264-8 03900

값 16,000원

* 이 책의 저자와 (주)도서출판 하우는 모든 자료의 출처 및 저작권을 확인하고 정상적인 절차를 밟아 사용하였습니다. 일부 누락된 부분이 있을 경우에는 이후 확인 과정을 거쳐 반영하겠습니다.

* 이 책은 저작권법에 따라 보호받는 저작물이므로 무단 전재와 무단 복제를 금지하며, 이 책 내용의 전부 또는 일부를 이용하려면 반드시 저작권자와 (주)도서출판 하우의 서면 동의를 받아야 합니다.

역사와 철학이 함께하는 인성시간

지은이 최선아, 정환희

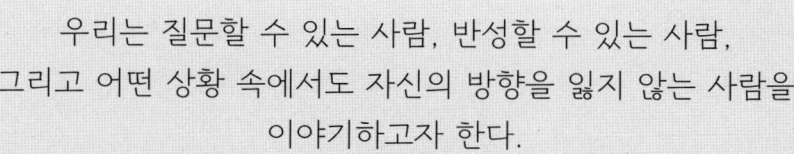

우리는 질문할 수 있는 사람, 반성할 수 있는 사람,
그리고 어떤 상황 속에서도 자신의 방향을 잃지 않는 사람을
이야기하고자 한다.

머리말

인성이란 무엇인가

'좋은 인성을 가진 사람'이라는 말은 너무 익숙해서 자칫 진부하게 들릴 수 있다. 하지만 막상 "인성이란 무엇인가?"라는 질문을 던지면, 대부분은 쉽게 정의하지 못한다. 인성은 예의범절이나 착한 성격을 넘어서며, 도덕성과 자율성, 감정 조절과 자기이해, 타자에 대한 태도까지 포괄하는 복합적 개념이다. 무엇보다 중요한 것은, 인성이 단순한 타고난 성향이 아니라 시간을 들여 스스로 만들어가는 자기 형성의 과정이라는 점이다.

오늘날 대학생으로 살아가는 우리는 지식과 정보의 습득을 넘어, 나 자신이 어떤 사람인지, 어떤 가치와 태도를 지향하며 살아가야 하는지를 끊임없이 묻고 또 선택해야 한다. 이는 단지 개인적인 '성공'을 위한 질문이 아니다. 나의 인성은 결국 내가 맺는 관계, 내가 참여하는 사회, 내가 꿈꾸는 삶의 윤곽을 결정짓는다. 인성은 삶의 방향을 좌우하는 깊은 기준이며, 그것 없이는 지식도 기술도 공허해진다.

그렇다면 인성을 어떻게 이해하고, 어떻게 길러낼 수 있을까? 이 책의 중심에는 역사와 철학이라는 두 개의 축이 있다. 왜 하필 역사와 철학인가?

먼저 역사는 인간이 어떻게 살아왔는지를 보여주는 거대한 박물관이다. 춘추전국시대의 공자와 맹자, 종교개혁을 이끈 루터, 조선 후기의 정조와 다산… 이들은 모두 각기 다른 시대와 상황 속에서, 자신만의 삶의 방식과 도덕적 판단을 고민했다. 그들의 선택과 실천은 지금의 우리에게도 여전히 윤리적 질문을 던진다. 역사는 단지 '과거'가 아니라, 삶을 성찰하게 하는 거울이다. 우리는 역사를 통해 '이렇게 살 수도 있었구나', '나는 어떤 선택을 할 것인가'를 되묻게 된다.

한편 철학은 "왜?"라는 질문을 끝까지 포기하지 않는 사유의 도구이다. 왜 인간은 타인을 존중해야 하는가? 자유란 무엇인가? 책임이란 어떤 감정인가? 인성은 바로 이런 질문들 위에서 자라난다. 철학은 우리로 하여금 습관처럼 받아들인 가치들을 낯설게 바라보게 하고, 자기 자신을 더 깊이 이해할 수 있는 지적 훈련의 장을 제공한다. 철학이 없다면 인성은 감정적 도덕주의에 그칠 위험이 있다. 진정한 인성교육은 사고력과 판단력을 함께 길러야 한다.

그러므로 이 책은 역사 속의 삶과 철학적 사유의 도전을 함께 엮어, 독자가 스스로 묻고, 판단하고, 성장할 수 있는 토대를 제공하고자 한다. 우리는 단지 '착한 사람'을 목표로 하는 것이 아니다. 우리는 질문할 수 있는 사람, 반성할 수 있는 사람, 그리고 어떤 상황 속에서도 자신의 방향을 잃지 않는 사람을 이야기하고자 한다.

결국, 인성이란 '스스로를 빚어가는 과정'이다. 그것은 누구도 대신해 줄 수 없으며, 학점이나 자격증처럼 외부의 조건으로 증명되지 않는다. 그러나 인성이 없는 지식은 공허하고, 인성이 부재한 실천은 위험하다. 오늘날 우리는 "무엇을 아는가"만큼 "어떤 사람인가"를 물을 수 있어야 하며, 그것이 바로 대학 교육이 회복해야 할 중요한 과제이기도 하다.

저자들은 이 책이 대학생 여러분이 스스로 빚어가는 여정을 함께하는 동반자가 되기를 바란다. 그리고 역사와 철학이 이끄는 인성의 길 위에서, 여러분들이 조금 더 단단하고 자유로운 존재로 나아가기를 진심으로 기대한다.

저자 일동

차례

머리말 ··· 4

1장 전통의 힘 ··· 12
- 주나라의 봉건 제도 · 12
- 춘추시대의 전개와 사회적 특징 · 17
- 공자는 무엇을 보았는가 · 21
- 약속/전통을 왜 존중해야 하는가 · 25
- 우리에게 남겨진 두 가지 질문 · 29

2장 선함에 대한 믿음 ·· 36
- 전국시대의 등장 · 36
- 전국시대의 정치적 변화 · 40
- 전국시대의 전쟁과 지식인의 활동 · 42
- 맹자는 무엇을 보았는가 · 45
- 인간 본성은 선하다 · 51
- 선함에 대한 긍정적 사고 · 57

3장 어리석음에서 벗어나기 ··· 64
- 인도 문명의 태동 · 64
- 불교의 등장 배경 · 67
- 붓다는 무엇을 보았는가 · 72
- 붓다는 무엇을 깨달았는가 · 77
- 싯다르타의 가르침과 21세기의 청년 세대 · 80

4장 맹목성에서 벗어나기 ·· 84
- 종교 개혁의 배경 • 84
- 종교 개혁의 전개 • 87
- 종교 전쟁의 전개 • 92
- 맹목적 믿음에서 벗어나라(오캄) • 94
- 기존 권위에 맞서다(루터) • 97
- 계몽이란 무엇인가(칸트) • 101

5장 저항과 침묵의 갈림길 ······································ 106
- 독일사회와 유대인 • 106
- 제2차 세계 대전과 유대인 • 107
- 나치즘과 반(反)유대주의 • 110
- 전체주의의 본질과 인간성의 말살 • 115
- 악의 평범성과 도덕적 마비 • 122
- 도덕적 사유 · 판단의 회복 • 125

6장 연대의 가치 ··· 132
- 식민지 국가의 기근 배경 • 132
- 신자유주의와 기근 문제 • 134
- 협력을 위한 국제사회의 노력 • 135
- 가까운 사례에서 생각해보기 • 138
- 지구 반대편 사람들을 위해 기부하지 않는 것은 왜 부도덕한 것인가 • 141
- 세계적 차원에서 기근 구제하기 • 146

7장 전염병 시대의 돌봄 ·· 150
- 유럽 사회에서 신체에 대한 인식 • 150
- 서양의 질병 역사와 공간 분리 • 155
- 한국 역사 속 질병 문제 • 157
- 혐오의 기제로서 '질병' • 164
- 팬데믹 시대의 '돌봄' • 167
- '지구적 돌봄'의 가능성 • 171

8장 배움의 윤리학 ·· 178
- 유교의 제왕학(帝王學) • 178
- 영조의 왕세자 교육 • 179
- 조선의 국왕교육 시스템과 정조(正祖)의 제왕학 • 182
- 군사(君師)로서 정조 • 184
- 자성(自省)과 신독(愼獨), 좌절 속에서 나를 묻는 공부 • 188
- 정심(正心), 감정과 욕망을 다스리는 기술 • 192
- 치성(致誠), 끝까지 실천하는 진심의 힘 • 195

9장 기계 시대와 인간의 삶 ·· 200
- 산업 혁명의 전개 과정과 유럽 사회 • 200
- 산업 혁명과 노동자 문제 • 203
- 기계의 등장과 인간 소외: 마르크스적 시선 • 208
- 기술이성의 비판: 호르크하이머와 아도르노의 시선 • 210
- 기술시대의 책임: 한스 요나스의 시선 • 213

10장 혐오를 넘어 공존으로 ······ 218

- 제국주의의 대두와 전개 과정 • 218
- 드레퓌스 사건과 1차 세계대전 이전 유럽 사회의 유대인 혐오 문제 • 221
- 제국주의와 1차 세계대전의 발발 • 225
- 혐오의 심리학적 이해: 심리학자들의 시선 • 228
- 혐오를 넘어서: 너스바움의 시선 • 233
- 공감과 상상력의 훈련으로서 인간성 교육: 너스바움의 시선 • 236

11장 환경문제와 인간의 위기 ······ 244

- 지구환경 문제와 인류의 위기 • 244
- 지속가능성을 향한 인류의 길: 환경 문제 해결의 역사 • 247
- 번역과 정화의 이중 논리 • 253
- 행위자–연결망과 생태정치의 재구성 • 255
- 녹색 계급의 실천윤리학 • 259

12장 AI 시대의 인간다움 ······ 264

- 인공지능(AI) 기술의 전개과정 • 264
- 인공지능(AI) 기술의 발전에 따른 문제들 • 267
- 기계에 압도당한 인간?: 위기이자 기회 • 272
- 판단을 대신하는 기계?: 책임을 지는 인간 • 274
- 알고리즘을 순응하는 기계?: 의미를 묻고 새로운 규칙을 만드는 인간 • 277

더 읽어볼 글 ······ 282

1장

전통의 힘

1장

전통의 힘

관련 덕목
- 전통에 대한 존중
- 공동체 의식

역사학자의 이야기

주나라의 봉건 제도

중국의 역사는 황허강 유역의 청동기 문화를 토대로 하나라, 상나라, 주나라 3개국이 연이어 등장하면서 본격적으로 전개되었다. 상나라와 주나라는 문헌, 청동기 명문(銘文)에 자신들의 흥망성쇠를 기록하였다. 상나라는 신에게 제사를 지내고 점을 쳐서, 그 결과에 따라 나라를 운영하였다. 상나라 말기에 민생은 악화되었으나, 국왕과 지배층은 사치와 향락으로 정사(政事)에 소홀하였다. 사마천의 『사기(史記)』에는 당시의 시대 상황에 대해 주지육림(酒池肉林)으로 묘사하였다.

　　상나라의 마지막 왕인 주왕(紂王)은 술을 좋아하고 여자도 좋아했다. 특히 달기(妲己)라는 여자에 빠져 그녀의 말은 무엇이 되었든 전부

들어주었다. 그는 모래 언덕에 큰 놀이터와 별궁을 지었으며 많은 들짐승과 날짐승들을 풀어놓고 길렀다. 술로 채운 연못을 만들고 고기를 나무에 매달아 숲을 만들었으며, 그곳에서 남녀가 벌거벗고 밤낮없이 먹고 마시며 즐겼다.

이와는 달리, 주나라는 천명(天命)을 내세워 통치의 정당함을 주장하였다. 주나라 무왕이 상나라를 멸망시키고 새로운 시대를 전개한 후, 상나라의 뒤를 이어 주나라가 성립한 것이 정당한 행위였음을 밝히고 인정받는 절차로 명분과 천명을 주장하였다고 볼 수 있다.

강태공은 주나라 문왕과 무왕 통치 시기, 상나라의 신정정치에서 벗어나 사람의 능력과 역할을 중심으로 국가를 이끌어 가야 한다고 주장하였다. 강태공은 상나라 말기와 주나라 초기 왕조 교체기의 인물로, 사마천의 『사기』에서 상나라 말기를 다음과 같이 평가하였다.

> 지금 상나라는 너 나 할 것 없이 홀려서 끝없이 색을 밝히고 있다. 내가 보니 잡초가 곡식을 뒤덮고 사악함이 정직함을 이기고 있다. 관리들을 보니 도적처럼 포악해서 법을 깨뜨리고 형벌을 어지럽히고 있다. 그런데도 위아래는 이를 깨닫지 못하고 있으니 망국(亡國)의 때가 온 것이다.

주나라는 왕과 혈연관계에 있는 자들을 제후로 삼아 충성을 보장받았다. 주나라는 건국 이후 옛 상나라 땅을 비롯하여 활발한 팽창 활동을 통해 확보한 영역을 효과적으로 지배하는 방안을 추구하였다. 이에 따라 국왕의 친·인척과 공신 세력을 제후로 삼아 주나라의 여러 지역을 분할해 주고 그곳을 통치하도록 한 것이 주나라의 '봉건제(封建制)'이다.

즉, 국왕과 제후가 협력해서 나라를 함께 통치한다는 이상적인 방식이라 할 수 있다. 봉건제에서 가장 중요한 요소는 '책봉(冊封)'과 '조공(朝貢)'이다 책봉은 주나라 국왕이 제후에게 다스릴 땅을 하사하고 통치의 권한을 부여하는 것을 말한다. 제후 아래에는 제사를 담당하는 신관, 행정을 담당하는 문무 관리, 제후를 호위하는 병력이 있다.

주나라 제후들은 주나라를 위협하는 적이 침입했을 경우, 군대를 이끌고 전쟁에 참가해야 하는 의무를 갖고 있었다. 주나라 제후들은 주나라 국왕에게 정기적으로 인사를 하는 알현(謁見)을 해야 했고, 자신의 영토에서 생산된 각종 공물을 바치는 '조공(朝貢)'을 해야 했다. 즉, 주의 봉건제는 국왕이 제후를 책봉하고, 제후는 국왕에게 조공하며 상호 간에 의지하고 협력하면서 운영되었다고 할 수 있다. 주나라는 봉건제에 따라 주 국왕이 다스리는 지역과 제후가 다스리는 지역으로 구분되고 있는 일종의 분권적 통치 구조를 갖고 있다. 주나라의 왕은 최고 통치자이며 '천자(天子)'라 불렸다. 따라서 형식적으로 주나라의 왕은 주나라의 모든 국정 운영 결정권을 갖고 있었다. 그런데 실제로는 주나라 국왕의 힘이 강하게 영향을 미치는 곳은 수도와 그 주변에 한정되어 있었다. 주나라에서 혈연을 기초한 집안의 법도와 질서, 즉 '종법(宗法)'을 통해 왕과 제후, 경, 대부와 사인(士人) 사이에 철저한 상하관계를 지켜야 함을 강조되었고, 이는 봉건제가 오랫동안 유지되는 기반이 되었다.

주나라 고위 관직으로 태보(太保), 태사(太師), 태부(太傅)인 삼공(三公)이 있는데, 이들은 삼태(三太)라고도 불렸고 주나라 천자(天子)에게 국정과 관련된 일을 조언하고 스승의 역할을 수행하였다. 이후 삼공(三公)은 중국, 한국, 일본 등 동북 아시아권에서 최고 직위에 있던 대신들을 칭하는 용어로 사용되었다. 주나라의 고위 관리는 그 후손에게 관직을 물려줄 수 있었고, 관리들은 토지를 소유하는 등 경제적인 권력을 소유하였다.

주족은 황허강의 한 지류인 웨이수강 중류의 황토 고원에서 성장한 민족이었다. 이 지역은 토지가 비옥하고 많은 생산품이 있어 풍족한 생활이 가능했다. 주나라 문왕은 농업 발달에 더욱 힘을 쏟아 주나라의 경제를 키워 나갔다. 문왕은 자신이 직접 땅을 일구어 농사를 짓는 솔선수범의 모습을 보였다. 이러한 동양의 군주관(君主觀)과 농업에 대한 접근 방식은 주변 나라와 이후의 역사에도 영향을 주어 고려와 조선 시대 적전(籍田)을 운영하는 등의 친경례(親耕禮)·경적례(耕籍禮)로 구현되었다. 주나라 문왕은 정전법을 실시하여 농토를 9등분하여 나누어 갖고 가운데의 땅을 공동으로 경작하여 그곳에서 수확한 곡식을 나라에 바치는 제도이다. 주나라 경제 제도 정전제(井田制)에 대해서는 『맹자(孟子)』에서 다음과 같이 언급하였다.

> 사방 1리를 우물 정(井)자 모양으로 구분한다. 정자 모양의 토지는 900무이니, 그 가운데의 토지 100무를 공동으로 관리하는 토지로 삼고, 여덟 집이 각기 나머지 100무씩을 닳는다. 그리고 공전은 여덟 집이 함께 경작하였으며, 공전 경작이 끝난 후에 각 집이 가진 토지를 경작한다.

수도와 그 주변의 토지 가운데 왕실이 직접 관리하는 농토가 있는데, 해마다 봄이 되어 농경을 시작해야 할 때가 되면, 천자(天子)는 여러 신하를 이끌고 친히 농사를 짓는 의식을 치렀다. 이를 통해 천자가 모든 영토를 지배하고 관리함을 안팎에 알렸다. 그리고 수도와 그 주변 내에 있는 산림과 하천과 같은 농토가 아닌 지역도 천자의 소유이며, 천자가 직접 관리한다는 것을 보여 주기 위해 관리를 파견하였다. 당시에는 농경 기술이 많이 발전하지 못하여 수확량이 많지 않았을 뿐만 아니라 퇴비나 거름을 주는 방법이 미비했기 때문에 해마다 농사를 지을 수 없었다. 따라서 자신의 토지를 농사지을 땅과 쉬게 할 땅으로 구분하고 계속 바꿔가며 작물을 경작해서 지력(地力)을 회복시키는 방법을 써야만 했다.

여러 물품을 세금으로 바치는 것 외에도 백성은 노동력을 국가에 제공하는 의무도 있었다. 농민들은 제후나 경, 대부 등 지배층의 부름을 받고 그들의 집을 수리하거나 잡초를 제거하는 등 각종 부역에 동원되어야 했다. 중국 역사에서 주나라는 청동기 문화에 기반을 둔 시기로, 농경이 활발하게 이루어지고 다양한 농기구가 제작되어 사용된 시기였다. 주나라에서는 쟁기, 보습, 가래, 괭이, 낫 등의 농기구를 만들어 썼다. 『시경(詩經)』의 기록을 보면 농경에 절대적으로 필요한 물을 농토에 대기 위해 물을 끌어오기도 했다. 주나라의 수공업은 형태상 왕이나 제후 등 지배층이 필요로 하는 물품을 생산하는 관영 수공업과 백성이 집에서 생활필수품을 만들어 쓰는 민간 수공업으로 크게 구분할 수 있다. 흙을 구워 만든 도구도 제작된 것으로 보이는데, 가장 많이 발견되는 것은 바로 기와이다. 기와가 사용된 시설은 주로 천자의 궁궐 건물이나 대신, 제후가 생활하는 주택 등을 꼽을 수 있다.

상업의 경우 상거래의 중심이 되는 상인의 경우, 주나라에서는 수공업 기술자와 마찬가지로 대부분 주 왕실이나 제후 등 지배층의 통제를 받았던 것으로 여겨진다. 주나라 지배층은 주의 왕(王), 제후(諸侯), 경(卿), 대부(大夫), 사(士)가 있었다. 이 지배층은 모두 토지 소유자로 경제적으로 부족함 없이 생활할 기반이 있었다. 그리고 백성으로부터 곡물이나 물품을 징수할 수 있었다. 사(士) 이하는 모두 지배를 받는 이들로 평민이었다. 지배층과 그들의 식솔, 평민은 국인(國人)이라 불렸고, 국인은 참정권 등의 권리가 있었으며 병역의 의무를 행해야 했다.

주의 국왕은 주나라 전 영토와 백성을 지배하는 위치에 있었는데 당시에는 "넓은 하늘 아래 왕의 땅이 아닌 곳이 없고, 온 세상에 왕의 신하가 아닌 사람이 없다"고 하여 전국에 있는 모든 땅과 사람이 왕의 소유라는 동양의 왕토(王土) 사상이 자리 잡고 있었다. 제후나 경, 대부는 자신의 봉토를 자손에게 전해주는 것이 기본이었다. 이때 한 집안의 질서를 규정하는 '종법(宗法)'에 따르면 원칙적으로 장남에게 상속되었다.

춘추시대의 전개와 사회적 특징

기원전 8세기 춘추시대가 시작되었는데 『시경』, 『서경(書經)』, 『주역(周易)』, 『예기(禮記)』, 『춘추(春秋)』는 오경(五經)이라 불리는데, '춘추'시대의 춘추라는 말은 공자가 서술한 노(魯)나라의 역사서로 오경 중 하나인 『춘추』에서 유래하였다. 기원전 770년 주나라 평왕(平王)이 호경에서 낙읍으로 천도하여 동주(東周)를 세운 이후부터 기원전 403년까지를 중국 역사에서 '춘추시대'라고 부른다. 기원전 900년 경~기원전 892년 경부터 여러 모순이 나타나면서 주나라의 국력은 쇠퇴하기 시작했다. 왕과 제후가 상·하의 질서를 지키면서 국가를 위해 각자의 의무를 다하는 주나라의 봉건제도와 사회 질서는 붕괴되었다.

서주 시절 천자가 정치·사회적인 모범이 되고 기준이 되었는데, 동주 성립 이후에는 모든 예악과 형벌이 제후에게서 나오게 되었다는 비판을 받게 되었다. 주나라 9대 왕인 이왕(夷王) 시기 제후들은 천자에 대한 알현을 하지 않거나, 천자 앞에서 제후들이 다툼을 하고 대립을 하여도 천자가 더 이상 막을 수 없는 상황이 발생하였다. 주나라 봉건제는 왕과 제후들이 혈연으로 이어진 동시에 임금과 신하의 관계를 맺고 있기 때문에 돈독한 유대가 이루어 졌다. 그런데 왕의 지위와 제후의 지위가 후손에게 전해지는 과정을 통해 친·인척의 거리가 멀어지면서 제후국의 자립성이 강화되어 가는 현상이 발생했다. 따라서 주나라 말기에 왕과 제후 사이에는 책봉과 조공을 통한 계약 관계만 남게 되었다고 할 수 있다. 그렇지만 춘추시기까지는 강력한 국력을 갖춘 제후국이라 하더라도 하늘의 뜻을 이어받았다는 정당성을 가진 주나라 왕실을 함부로 할 수 없었다. 따라서 제후들은 겉으로는 주나라 천자에 대한 예를 지켜 보호함으로써 민심을 얻고 명분을 쌓아 천하에 인정받는 것이 현명한 선택이라고 판단했다. 동주의 주변에 있던 제후국들 가운데 초(楚), 제(齊), 진(晉), 오(吳), 월(越)을 일컬어 춘추오패(春秋五霸)라 부른다. 주나라 10대 왕인 여왕(厲王)이 폭정을 지속하자, 백성들이 폭동을 일으켰다. 여왕은 개인적인 이익을 취하고 사치에 빠졌으며 간신을 등용하여 나랏일을 맡겼다. 그리고 경, 대부의 재산을 탈취하여 여왕 본인이 차지하려고 하였다. 이에 대한 백성의 반발이 거세어지자 감시와 형벌을 더 심하게 하여 힘으로 여왕 자신에게 저항하는 이들을 억눌렀다. 따라서 여왕의 태자는 재상 소공의 집에 숨어 위기를 넘겼다. 이후 재상 소공(召公)이 태자를 보호하는 한편, 재상 주공과 함께 주나라 정사를 돌보았고, 주나라 천자를 대신하여 제후 또는 신하가 화합하여 지배층이 국가 통치를 나누어 맡은 '공화행정'이 전개되었다.

춘추시대인 기원전 651년, 춘추오패(春秋五霸) 중 하나인 제후국 제나라는 제후들을 한자리에 모아 회의를 개최했는데 이를 회맹(會盟)이라고 부른다. 회맹에 참여한 제후국들은 서로 동맹을 맺은 것이니 서로 침범하지 않고 공동으로 외적에 대응하기로 합의했다. 춘추시대에 춘추오패 중 하나인 제후국 초나라는 주변의 작은 제후국들은 공략하면서 세력을 유지하고, 패자(霸者)가 되고자 기회를 엿보고 있었다. 동주의 국왕은 초나라를 파악하기 위해 사신을 보냈다. 초나라는 동주의 사신에게 주나라의 보물인 구정(九鼎)의 무게를 물었다고 한다. 구정은 하나라의 시조인 우왕 때에 만들어진 것으로 알려져 있는데, 우왕이 천하를 9개의 주(州)로 나누어 통치하면서 각 주(州)에서 바친 금속들을 이용하여 만든 커다란 솥이다. 이후 중국 역사에서 구정은 천하를 대표하고 국가의 통치 권력을 상징하게 되었다. 구정은 하나라, 상나라, 주나라에 이르기까지 국가에서 중요하게 여기는 존재로 전달되었고, 이는 구정이 천자의 존귀함을 상징하기도 하였다. 따라서 구정의 무게를 초나라가 주나라(동주) 사신에게 물었다는 것은 구정보다 더 큰 솥을 만들 정도로 더 큰 권력을 가지고 있다는 자만심과 우월감의 표현이라 할 수 있다.

 중국은 하나라, 상나라, 주나라가 차례대로 성립하고 발전해 나가면서, 자신들이 생활하던 공간을 중국의 중심, '중원(中原)'이라고 표현했다. 또한 정치, 경제, 문화적으로 스스로를 '중화(中華)'라고 했으며, 이들의 주변에 살고 있는 이민족에게는 오랑캐라는 의미의 칭호로 융적만이(戎狄蠻夷)라는 용어를 사용하였다. 춘추시대 피지배층들은 지배층의 각종 공사에 징발되어 노동력을 바쳐야 했는데, 이 일이 농경에 지장을 주는 정도에 이르렀다. 결국 과도한 부역을 이기지 못해 도적이 되거나 반란을 일으키는 농민이 생기기도 했다.

 농업 생산력이 증대됨에 따라 춘추 시대에는 토지 이용률이 이전 시기보다 상당히 높아지게 되었다. 서주(西周) 때에 몇 년간 연속해서 농사를 지은 뒤에는 그 토지를 쉬게 하고 다른 토지에서 농사를 지어야 했는데, 이때 주거지를 옮겨야 하는 불편함이 있었다. 춘추 시대 중반부터 농민이 직접 토지를 소유하고 경작하며 자유롭게 매매할 수 있게 되어 자기 소유의 경작지를 효과적으로 이용하는 것이 가능해졌다. 농업 생산력 향상과 그에 따른 생산량 증가로 농민이 사전(私田) 경작에만 집중하고 공전(公田) 경작에는 소홀히 하는 현상이 심해졌다. 그리고 춘추 시대 농민은 철제 농기구 사용을 하며 발전된 농경 기술에 관심을 가지게 되었다.

  춘추 시대에 농업이 발전하면서 수공업, 상업도 성장하여 거상(巨商)이 등장하였다. 거상의 등장은 1차 산업인 농업의 발달과 인구의 증가, 수공업 제품 수요의 증가가 가져온 결과였다. 춘추시대에 수공업자나 상인이 공공 기관과 연결되어 활동했던 것에서 벗어나 민간 차원에서 개인의 이익을 위해 활동하는 상공업자들이 춘추 시대의 경제 발전에 이바지했던 것이다. 춘추 시대에 상공업의 발전과 함께 금속 화폐가 본격적으로 주조, 유통되기 시작했다. 춘추 시대 말기, 주나라의 종법 제도는 붕괴되었고, 대를 이어 국정을 담당하던 관료의 부패가 심화되었다. 이에 따라 경, 대부에 비해 낮은 계층이었던 사들이 정치, 문화 부문에서 실무적인 임무를 수행하며 중요한 존재로 두각을 드러내기 시작하였다. 주 왕실의 약화에 따른 각종 예의와 질서가 붕괴되어가고, 제후국들이 더욱 체계적인 통치를 시행하기를 원하는 욕구가 커짐에 따라 새로운 사상이 형성되기 시작했다. 이러한 배경 속에서 공자(孔子, 기원전 551-기원전 479)와 그의 사상이 출현하게 되었다.

🎓 철학자의 이야기

📜 공자는 무엇을 보았는가

공자의 이름은 구(丘)이고, 자(字)는 중니(仲尼)이다. 그의 출신에 대해서는, 사마천의 『사기』「공자세가」에서 관련 정보를 얻을 수 있다: "공자는 노(魯)나라 창평향 추읍에서 태어났다. 그의 조상은 송나라 사람이다. (…) [숙량]흘(紇)은 안씨(顔氏) 딸과 야합(野合)하여 공자를 낳았으니, 니구(尼丘)에서 기도하여 공자를 얻었다. 노나라 양공 22년 공자가 태어났다. 공자는 태어나면서부터 머리 정수리가 낮고 사방이 높았기 때문에, 이름을 구(丘)라 했다. 그의 자는 중니(仲尼)고 성은 공씨(孔氏)다." 여기서 야합은 공자의 출생 과정이 정상적인 경로로 이루어지지 않았음을 의미하며, 더군다나 아버지 숙량흘은 공자가 2살 때 사망했다. 어려운 환경에서 성장한 공자는 창고를 관리하는 말단 관리부터 관직 생활을 시작했고, 주지하다시피 중국의 여러 나라를 돌아다니면서 자신의 정치적 견해를 설파하였다.

앞에서도 다루었지만, 공자가 살았던 춘추 시대는 잦은 전쟁으로 정치적인 혼란이 거듭되었다. 각 지방에 할거하는 봉건 세력들이 점차 힘을 얻어, 종주국의 역할을 하는 주나라의 권위가 추락하였다. 따라서 주나라를 중심으로 한 중국의 고전적인 통치 체제는 그 생명력을 다하였다. 여기에서는 공자가 가졌던 정치 인식을 중심으로 살펴보자. 『논어(論語)』는 공자의 언행을 기록한 책으로, 20편으로 구성되어 있다. 이 가운데 공자의 정치 인식을 다룬 「위정(爲政)」과 「팔일(八佾)」 편은 『논어』의 맨 앞인 두세 번째로 편장되었는데, 이는 후대의 『논어』 편집자들이 해당 부분을 어떻게 인식했는지를 알 수 있다. 「팔일」편은 다음과 같이 말한다.

　　공자께서 계씨를 두고 평하셨다: "[천자의] 팔일무(八佾舞)를 뜰에서 추니, 이 일을 차마한다면 무엇을 차마 하지 못하겠는가?"

　　삼가(三家)에서 [제사를 마치고 『시경(詩經)』에 실린] 옹장(雍章)을 노래하면서 제사상을 거두어들였는데, 공자께서 [이에 대해] 말씀하셨다: "제후들은 제사를 도우며 천자는 엄숙하게 계신다"라는 가사를 어찌하여 삼가의 당에서 취하는가?"

　　계씨가 [대부이지만, 제후의 예를 참람하여] 태산(泰山)에서 여제(旅祭, 고대 중국에서 천자나 제후가 산천에 지낸 제사)를 지내었다. 공자께서 염유(冉有)에게 "네가 그것을 바로 잡을 수 없느냐?"라고 물으셨다. 염유가 "불가능합니다."라고 대답하였다. 공자께서 다음과 같이 말씀하셨다: "아, 일찍이 태산의 신령이 [예의 근본을 물은] 임방(林放)만도 못하다고 하느냐?"

제향(祭享)하는 사람의 지위에 따라, 춤을 추는 인원이 다르다. 팔일무・육일무(六佾舞)・사일무(四佾舞)・이일무(二佾舞)가 있고, 이는 각기 천자, 제후, 대부(大夫), 사(士)의 것이다. 일(佾)은 열(列)을 의미하므로, 팔일무는 64(8×8)명이 춘다. 노나라는 삼환(三桓)으로 불린 맹손(孟孫), 숙손(叔孫), 계손(季孫) 세 가문이 정권을 농단하였다. 이들은 대부이지만, 노나라 군주보다 더 강한 권력을 행사하였다. 이 세 가문은 의례를 행할 때 거리낌이 없어서, 자신보다 높은 계급인 천자와 제후에 관한 언급이 실린 옹장(雍章)을 노래하였다. 또한 세 가문 중에 가장 세력이 강한 가문인 계손 씨는 천자의 예법인 팔일무를 자신의 뜰 앞에서 거행하고, 제후 이상이 할 수 있는 여제(旅祭)를 거행하였다.

공자가 목격한 것은 예악(禮樂) 제도가 제대로 작동되지 않는 모습이었다. 그런데 예악은 단순하게 의례와 음악 그 자체를 의미하는 게 아니다. 그것은 사회 질서를 유지하고 권력(power)을 정당화하는 중요한 상징 체계이다. 의례와 음악은 그 사회에 통용되는 질서를 표현한다. 만약 이등병이 자신을 통솔하는 지휘관에게 경례를 하지 않으면서 무시하듯 지나간다면, 그것은 단지 한 이등병의 인격적 문제가 아니라 군대 내 규율 및 명령 체계가 무너지는 조짐이라는 점에서 중대하다. 마찬가지로, 예악이 제대로 작동하지 않는다는 것은 단순한 의례적 형식의 붕괴가 아니라, 사회 전반의 권위와 질서가 흔들리고 있음을 의미한다. 공자가 예악을 중시한 이유도 여기에 있다. 예악이 무너진 사회는 결국 혼란과 무질서로 빠질 수밖에 없으며, 권력은 정당성을 잃고 분열을 초래한다.

마찬가지로 공자는 다음과 같이 말한다.

> 천하에 도가 있으면 예악과 정벌이 천자로부터 나오고, 천하에 도가 없으면 예악과 정벌이 제후로부터 나온다. 제후로부터 나오면 10세(世)에 [정권을] 잃지 않는 자가 드물고, 대부로부터 나오면 5세에 잃지 않는 자가 드물고, 가신(家臣)이 나라의 명령을 잡으면 3세에 잃지 않는 자가 드물다.

예악과 정벌이 반드시 천자로부터 나와야 하며, 이는 곧 정치적 정당성과 사회 질서가 최고 권위에서 출발해야 함을 의미한다. 하지만 천하에 도가 없고 혼란이 지속되면, 아래 사람들도 예악과 정벌을 행할 수 있게 된다. 제후가 예악과 정벌을 결정하는 시대가 오면 이들의 정권은 10세대도 버티기 어려워지고, 대부가 이를 쥐게 되면 5세대도 정권을 지속하기 어렵다. 나아가 가신(家臣)들이 국가의 명령을 마음대로 행사하게 되면, 그 정권은 3세대도 유지하기 어려울 정도로 급격히 쇠락하게 된다. 결국 권력[예악, 정벌 등]의 정당한 행사가 이루어지지 않는다면 정치적 혼란과 사회적 분열이 고조될 수 밖에 없다.

이러한 논리는 단순히 정치적 안정성을 논하는 데 그치지 않는다. 공자는 권력의 정당성이 어디에서 비롯되는지를 깊이 고민했다. 질서 있는 사회에서는 권위가 위에서 아래로 흐르고, 예악은 이를 상징적으로 보여준다. 그러나 권력이 무너질 때, 그 흐름이 거꾸로 뒤집힌다. 본래 신하가 군주에게 충성을 바치고 백성이 신하에게 복종하는 것이 이상적인 질서라면, 예악이 어그러진 사회에서는 신하가 군주를 능멸하고, 백성이 신하의 권위를 인정하지 않는 상황이 벌어진다. 이는 단순한 상하관계의 전도가 아니라, 공동체를 지탱하는 가치체계 자체가 무너지는 과정이다.

따라서 공자가 예악의 붕괴를 심각하게 여긴 것은 단순한 전통주의적 태도가 아니라, 사회 전체의 존망과 연결된 문제였기 때문이다. 예악은 단순한 형식이 아니라, 사회적 합의와 권위의 정당성을 구축하는 핵심 장치였다. 만약 이를 무시하고 각자가 자신에게 유리한 방식으로 권위를 행사한다면, 질서가 무너지고 분열이 가속화될 수밖에 없다. 공자는 이를 막기 위해 예악을 복원하는 것이 곧 올바른 도(道)를 세우는 길이라고 보았다.

📜 약속/전통을 왜 존중해야 하는가

앞서 살펴보았듯이, 공자는 예악(禮樂)의 복귀를 통해 사회 질서를 바로잡아야 한다고 주장했다. 그의 시대에는 예악이 제대로 기능하지 않으며, 권위 체계가 흔들리고 있었다. 특히 노나라에서는 대부들이 제후의 권한을 침범하고, 천자의 예법마저 거리낌 없이 사용하며 권력을 남용했다. 공자는 이러한 예악의 붕괴가 단순한 의례상의 문제가 아니라, 국가의 존속과 정치적 안정을 위협하는 중대한 요소라고 보았다. 따라서 공자는 시대적 혼란을 극복하기 위한 방안으로, 사회 구성원들을 결속시키고 질서를 유지하는 규범인 예(禮)의 중요성을 더욱 강조하게 되었다. 공자에게 예란 단순한 형식이 아니라 공동체를 하나로 묶는 근본적인 원리였다. 예가 무너질 때 사회 전체가 혼란 속으로 빠질 수밖에 없다는 것이 그의 근본적인 문제의식이었다.

그렇다면 예는 도대체 무엇을 의미하는 걸까? 그 개념을 깊이 이해하기 위해서는, 우선 문자적 기원을 살펴볼 필요가 있다. 예(禮)라는 한자는 고대 중국에서 짐승의 뼛조각에 새긴 갑골문(甲骨文→'豊')과 철기 및 동기에 새긴 금문(金文→'豊')에서 그 형태의 원형을 발견할 수 있다. 초기에는 제사를 지낼 때 사용하는 그릇 위에 옥 두 개가 올라가 있는 형상을 하고 있었다. 이는 예가 본래 제사와 밀접한 관련이 있는 개념이었음을 시사한다. 신과 조상에게 정성을 다하는 의례에는 일정한 절차와 규범이 존재한다. 예라는 개념은 점차 종교적 의미를 넘어 사회 전반의 규칙과 도덕적 원칙으로 확장되었다. 『좌전(左傳)』 소공 25년 기사에서는 "예는 하늘의 법칙이고, 땅의 마땅함이며, 백성이 행해야 할 것이다."라고 언급하고 있는데, 예가 사회 및 자연 전반에서 따라야 하는 당위적인 질서로 간주된다.

이러한 맥락에서 볼 때, 예는 단순한 관습이나 형식이 아니라, 인간 사회에서 '약속'과 같은 역할을 한다고 볼 수 있다. 사회 속에서 살아가는 인간은 각자 저마다의 생각과 방식이 있으며, 이러한 다양성은 인간 개개인의 개성을 형성하는 중요한 요소이기도 하다. 그러나 사회가 유지되기 위해서는 개인이 자신의 감정과 사고를 무제한적으로 표출하는 것이 아니라, 일정한 규칙과 형식을 따라야 한다. 인간이 '사회-내-존재'로서 살아가는 한, 자신의 감정과 사고를 표현하는 방식은 반드시 사회적으로 합의된 틀 안에서 이루어져야 하며, 이는 단순한 예절이나 격식을 넘어 인간관계를 원활하게 조정하는 중요한 원칙이 된다.

이를테면, 우리는 다른 사람과 대화할 때조차도 일정한 구조를 따른다. 단순히 말을 주고받는 행위조차도 예의와 규범이 없이는 원활한 의사소통이 불가능하다. 예컨대, 공적인 자리에서 상사나 연장자에게 말을 걸 때, 우리는 자연스럽게 일정한 존칭을 사용하고, 너무 직설적인 표현을 피하는 경향이 있다. 이는 단순한 형식적 절차가 아니라, 상대방을 존중하고 원활한 소통을 가능하게 하는 사회적 약속의 일환이다. 만약 누군가가 이러한 구조를 무시한 채 상대에게 무례하게 말을 건다면, 그것은 단순한 개성의 표현이 아니라 사회적 조화를 해치는 요소로 작용할 수밖에 없다. 즉, 말을 거는 방식이 구조화되지 않는다면, 우리의 의사소통은 혼란을 초래할 것이며, 때로는 상대방에게 폭력적인 행동으로 해석되거나 조롱의 대상이 될 수도 있다.

현대 유교 연구자인 리-시앙 리사 로즌리(Li-Hsiang Lisa Rosenlee)는 이러한 점을 강조하며, 예가 단순한 도덕적 규범을 넘어 사회적 관계를 형성하는 핵심 기제라는 점을 다음과 같이 설명한다.

타자에 대한 이타적인 관심은 예(禮)에 의해 구조화되어야 하며, 즉 공유된 사회적 문법 내지는 의례적 형식을 통해 표현되고, 사회적 맥락에서 무엇이 상황에 부합하며(appropriate) 적당한 수준인지에(proper) 대한 지식이 선행되어야 한다. 의례와 같이 구체적인 수단을 통해 표현되는 공유된 사회적 의미들 위에, 사회적 관계가 구축되기 때문이다.

로즌리의 주장은 유교에서 말하는 예가 공동체 속에서 사회적 관계를 조율하는 도구로 기능함을 강조하고 있다. 우리가 누군가에게 예의를 갖춘 태도를 보일 때, 그것은 단순한 개별적 행동이 아니라, 사회 전체가 공유하는 규범과 약속 속에서 이루어진다. 즉, 예는 타인에 대한 배려를 단순한 감정적 선의에서 표현할 뿐만 아니라 일정한 형식과 구조를 통해 실천할 수 있도록 구체화하는 역할을 한다.

더 나아가, 예의 구조화는 단순히 개인 간의 관계를 조정하는 데 그치지 않고, 사회 전체의 안정과 질서를 유지하는 핵심적인 역할을 한다. 예는 인간관계를 조율하고 공동체를 지속 가능하게 만드는 근본적인 원리로 작동하며, 단순한 형식적 절차를 넘어 사회적 구조를 형성하는 중요한 틀이다. 인간은 본능적으로 자기 이익을 추구하지만, 각자가 제멋대로 행동한다면 사회적 조화는 유지될 수 없다. 따라서 공동체 속에서 질서를 확립하고 조화를 이루기 위해서는 일정한 규칙이 필요하며, 예는 바로 이러한 사회적 약속의 총체라고 할 수 있다. 이를 통해 각자는 자신의 역할과 한계를 인식하고, 타인과의 관계 속에서 조화를 이루는 법을 배우게 된다. 결국, 예는 단순한 형식이 아니라, 사회 구성원 간의 신뢰를 바탕으로 이루어지는 일종의 사회적 계약이며, 그것이 바로 예를 지키는 것이 중요한 이유이다.

다만 공자를 비롯한 유학자들에게 있어, 그러한 사회적 약속이 진공(vacuum) 상태에서 만들어지지 않았다는 점이 중요하다. 예는 오랜 시간 동안 축적된 인간 사회의 경험 속에서 형성 및 발전되었으며, 바로 '전통(傳統)'이라는 이름으로 계승되어 왔다. 전통은 단순히 과거의 흔적이 아니라, 한 사회의 도덕적 기준과 규범을 결정하는 중요한 요소로 작용한다. 인간 사회는 본능적으로 질서를 요구하며, 그 질서는 단순히 개인의 자율적 선택이 아니라, 공동체가 오랜 세월에 걸쳐 쌓아온 규범을 통해 형성된다. 공자가 강조한 예 역시 그러한 전통의 일부로서, 사회 구성원들이 어떻게 행동해야 하는지를 정하는 기준이 되었다. 즉, 전통은 개인의 도덕적 수양뿐만 아니라, 사회 전체의 윤리적 방향을 설정하는 역할을 한다.

또한, 전통은 단순한 규범적 기능을 넘어서, 한 사회의 문화적 정체성과 연속성을 제공하는 핵심 요소이기도 하다. 각 사회는 고유한 문화와 역사적 경험을 지니며, 그 축적된 경험이 바로 전통을 형성한다. 개인은 태어나면서부터 특정한 전통 안에서 자라나며, 그것을 통해 자신의 정체성을 형성하고 공동체와의 유대를 경험한다. 예를 들어, 특정한 예절, 언어, 의례, 생활방식 등은 단순한 관습이 아니라, 한 사회가 유지되고 발전하는 데 필수적인 요소이다. 만약 전통이 단절된다면, 개인은 자신이 속한 공동체와의 연속성을 상실하게 되고, 사회적 일체감 또한 약화될 수밖에 없다. 그렇기 때문에 전통을 존중하는 것은 단순히 과거를 기억하는 것이 아니라, 현재와 미래를 위한 공동체의 정체성을 확립하고 유지하는 행위라고 할 수 있다.

따라서 전통을 존중하는 것은 현재와 미래의 사회적 안정을 유지하고 공동체의 지속 가능성을 보장하는 중요한 행위이다. 전통은 세대를 거쳐 다듬어진 규범과 가치체계로서, 사회 구성원들이 조화를 이루며 살아갈 수 있도록 돕는다. 이를 통해 개인은 자신이 속한 공동체와의 연대를 형성하고, 사회는 구성원 간의 신뢰를 바탕으로 안정적으로 운영될 수 있다. 만약 전통이 무너진다면, 사회는 공통된 가치와 규범을 잃어버리고, 개인들은 혼란 속에서 자기중심적인 행동을 하게 될 것이다. 이러한 과정은 결국 공동체의 해체로 이어질 수밖에 없다.

우리에게 남겨진 두 가지 질문

약속 혹은 전통을 존중해야 하는 이유를 살펴보았지만, 여기에서 독자들로부터 두 가지 중요한 질문이 제기될 수 있다. 첫째, 예를 단순히 형식적인 규칙으로만 받아들이고, 그 속에 내재된 정감(情感)이나 진정성(sincerity)을 배제한다면 어떻게 되는가? 둘째, 예를 불변의 규칙으로 이해하고, 시대와 상황의 변화에도 그대로 적용하려고 할 때 문제가 되지는 않는가? 공자는 이 두 가지 문제에 대해 깊은 통찰을 보여주는데 예를 실천하는 방식에 있어서 형식과 내용, 고정성과 유연성의 균형을 강조했다.

먼저, 공자는 예가 단순한 형식적 절차로 변질되는 것을 경계했다. 공자의 시대에도 많은 사람들이 예를 중요하게 여겼으나, 그 의미를 충분히 이해하지 못한 채 형식으로만 예를 따르는 경우가 많았다.

> 사람으로서 인하지 않으면 예를 어떻게 하며, 사람으로서 인하지 않으면 악(樂)을 어떻게 하겠는가?

자하가 물었다. "예쁜 웃음에 보조개가 보이며, 아름다운 눈동자가 선명하도다. 흰 것으로써 채색을 한다 하니 무엇을 말한 것입니까?" 공자께서 말씀하셨다. "그림 그리는 일은 흰 바탕이 마련된 뒤에 하는 것이다." 자하가 말하였다. "예가 뒤라는 말씀입니까?" 공자께서 말씀하셨다. "나의 뜻을 일으키는 자는 상(商)이로다. 비로소 더불어 시를 말할 수 있겠구나."

임방이 예의 근본을 묻자 공자께서 말씀하셨다. "훌륭하도다. 질문이여! 예는 사치스럽기보다는 차라리 검소해야 하고, 상사는 형식적으로 잘 치르기 보다는 차라리 슬퍼해야 한다."

공자께서 말씀하셨다. "윗자리에 거처하여 너그럽지 않으며, 예를 실천하는데 공경하지 않으며, 상사에 임하여 슬퍼하지 않으면 내가 무엇으로 보겠는가?"

공자께서 말씀하셨다. "예라고 말하며, 예라고 말하지만, 그것이 옥과 비단만을 말하는 것이겠는가? 음악이라고 말하며, 음악이라고 말하지만, 그것이 종과 북만 말하는 것이겠는가?"

공자는 예(禮)를 단순한 외형적 형식으로 이해하는 것을 경계하며, 예를 실천하는 데 있어 그 중심에는 반드시 내면적인 정감, 즉 인(仁)이 자리 잡아야 한다고 강조했다. 그는 사람이 겉으로만 예를 따르는 것은 마치 속이 빈 껍데기와 같으며, 진정한 의미에서 예를 실천하기 위해서는 마음에서 우러나오는 진실됨이 동반되어야 한다고 보았다. 이를 보여주는 대표적인 비유가 바로 "그림 그리는 일을 흰 바탕이 마련된 뒤에

한다[繪事後素]"라는 공자의 말이다. 이에 대해 공자의 제자 자하(子夏)는 "그림 그리는 일을 흰 바탕이 마련된 뒤에 한다"를 해석하면서 예는 인(仁)보다 뒤에 온다고 풀이했다. 이 말은 어떤 행동을 하기 전에 그 행동을 뒷받침하는 근본이 먼저 마련되어야 한다는 뜻을 담고 있다. 즉, 예라는 것은 단순히 형식을 흉내 내는 것이 아니라, 그 근본이 되는 내면의 진실한 마음이 선행될 때 비로소 진정한 의미를 가진다는 것이다.

그러므로 공자는 단순한 예의 형식적 실천을 경계했고, 예의 실천은 내면의 진실된 감정을 바탕으로 이루어질 때 의미가 있다고 보았다. 그는 예를 실천하는 사람이 단순히 타인의 시선을 의식하여 겉으로만 바른 행동을 해선 아니라, 진정으로 타인을 존중하고 배려하는 마음가짐을 가져야 한다고 강조했다. 만약 공경심이 없는 상태에서 단순히 형식적인 예를 따른다면, 그것은 정직[直]하지 않은 행위이다. 공자는 "인생이란 곧아야 하며, 곧지 않고 사는 것은 요행으로 모면하는 것이다[人之生也直, 罔之生也幸而免]."라고 말하였다. 이 의미는 인간이 살아가는 데 있어 가장 중요한 것은 진실한 마음이며, 만약 이를 따르지 않고 형식적으로만 행동한다면, 그것은 본질을 잃은 채 타인의 평가를 의식하는 행위에 불과하다는 것이다. 따라서 그러한 표면적 행위는 진실한 마음을 상실한 허례(虛禮)에 불과하여, 사실상 요행에 기대어 살아가는 것과 다를 바 없다.

두 번째 질문은 예를 불변적 규칙으로 이해하는 것이 과연 적절한가에 대한 문제이다. 공자가 예 혹은 예악을 중시한다는 것은 옛 의례를 그대로 답습하는 것이었을까? 그렇게 보일 수도 있다. 이를테면 공자는 주나라의 예법[周禮]를 이상적인 기준으로 삼고, 이를 본받아야 한다고 주장했다. 주나라의 예법은 군주와 신하, 부모와 자식, 상하 관계가 명확하게 정리되어 있었으며, 이러한 질서 속에서 사회적 조화가 유지될 수 있었다. 하지만 단순히 과거의 방식을 기계적으로 반복하는 것이 공자의 목표는 아니었던 것 같다. 이를테면 현대 고고학자 팔켄하우젠(Lothar von Falkenhausen)의 연구에 따르면, 공자가 신봉한 주례는 주나라 초기에 주공 같은 성인이 직접 정초한 것이 아니라, 공자 시대와 그리 멀지 않은 기원전 9세기경의 모습이라고 한다. 이는 공자가 이상적이라고 본 예법이 단순한 고대의 유산이 아니라, 비교적 최근의 실천적 제도였음을 시사한다. 따라서 공자가 주례를 강조한 것은 단순히 고대의 영광을 되살리려는 것이 아니라, 혼란한 사회를 타개하기 위하여 주나라의 안정된 제도를 본보기로 삼아 현실에 맞게 재정비하려는 의도였다고 볼 수 있다.

그렇다면 공자가 예를 답습하려고 했는지의 본래 문제로 돌아가 보자. 다음의 구절을 살펴보자.

> 공자께서 말씀하셨다. "삼베로 관(冠)을 만드는 것이 [본래의] 예인데, 요즘은 생명주실로 만드니 검소하다. 나는 요즘 사람들의 풍속을 따르겠다."

위에서 '[치포]관'은 유생(儒生)이 평시에 사용하던 관을 의미한다(군주가 제천 의식을 거행할 때 사용한 면류관이라는 설도 존재함). 송대 유학자 주희는 다음과 같이 해설한다. "치포관은 30승(升)의 삼베로 만드는데 1승은 80올이다. 그 날실이 2천 4백 올이나 된다. [삼베로 만든 관은] 세밀하여 만들기가 어려우니, 생명주실을 사용하여 수공(手工)이 생략됨만 못하다." 만약 공자가 예를 무조건적으로 따라야한다고 주장했다면, 공자는 반드시 삼베로 만든 관만을 사용해야 한다고 주장했어야 한다. 그러나 공자는 예는 고정된 것이 아니라 시대와 사회의 변화에 따라 조정될 수 있어야 한다고 보았다. 결국 공자는 예가 지나치게 경직되었을 때 발생하는 문제를 지적한 것이며, 예가 상황에 맞게 적용되어야 한다는 점을 강조했다. 만약 예가 고정된 법칙처럼 작용하여 변화하는 현실을 반영하지 못한다면, 그것은 도리어 사회적 유연성을 저해하고 불필요한 갈등을 초래할 수 있다. 따라서 공자는 예를 실천할 때, 그 원칙을 지키되 현실적인 조정이 필요하다는 점을 강조했다.

결론적으로, 공자는 예를 실천할 때 두 가지 중요한 점을 강조했다. 첫째, 예는 단순한 형식적 규범이 아니라, 인간의 진실한 정감이 함께 담겨야 한다. 단순한 형식의 반복은 허례로 전락할 수 있으며, 오히려 인간관계를 경직시키는 요소로 작용할 수 있다. 둘째, 예는 불변의 법칙이 아니라, 시대와 환경에 맞게 조정될 수 있어야 한다. 예의 본질은 유지해야 하지만, 그 형태는 사회적 변화에 맞게 유연하게 적용될 필요가 있다. 공자는 이러한 원칙을 바탕으로, 예가 단순한 의례적 절차가 아니라, 인간관계를 조율하고 사회적 조화를 이루는 중요한 도구로 기능해야 함을 강조했다.

2장

선함에 대한 믿음

2장

선함에 대한 믿음

> **관련 덕목**
> - 인간애
> - 긍정적 사고

🎓 역사학자의 이야기

전국시대의 등장

춘추시대 후반으로 가면서 각 제후국에는 신흥 세력이 성장하였고, 이들이 기존의 지배층을 축출하고 권력을 획득하는 일이 빈번하게 일어나면서, 사회적으로 하극상 현상이 발생하였다. 이러한 혼란 속에서 동주의 원왕(元王)이 즉위하고 일곱 나라가 자웅을 겨루는 전국(戰國)시대가 전개되었다. 춘추시대에 100개가 넘는 제후국이 존재하였는데, 전국시대 초반에 강력한 국력을 갖추게 된 나라인 진(秦)나라, 연(燕)나라, 초(楚)나라, 조(趙)나라, 위(魏)나라, 한(韓)나라, 제(齊)나라를 전국칠웅(戰國七雄)이라 부른다.

전국시대가 춘추(春秋)시대와 다른 가장 두드러진 변화는 철기의 사용에 있었다. 춘추시대 말기부터 철로 만든 농기구의 보급되기 시작하였는데, 농민들은 철제 쟁기, 보습, 가래를 사용하여 경작을 하게 되어 이전보다 농업 생산력이 향상되었다. 전국시대 수공업자들은 철을 써서 칼, 도끼, 끌 등의 공구(工具)를 만들었고, 이를 활용하여 다양한 물품을 제작하였다. 전국시대 철제농기구는 농민이 황무지를 개간하여 농토로 만들어낼 때 유용하게 사용하였고, 이를 통해 경적 면적이 확장되어 나갔다. 농업 기술 면에서는 철제 농기구를 이용하여 땅 속 깊이갈이를 통해 지력(地力)을 회복시킬 수 있었다.

전국시대에 깊이갈이를 통해 생산량이 증대되었고, 농민들의 생계는 전보다 향상되었고, 국가 재정의 확충에도 기여하였다. 또한 가축을 이용한 농경인 우경(牛耕)이 이루어지면서, 농경 사회에 기반을 둔 각국의 경제력은 꾸준히 상승 곡선을 그릴 수 있었다. 또 이 시기에는 시비법(施肥法), 즉 퇴비를 만들고 이를 밭에 주는 방법이 발달하였다. 또한 농경에 필수 요소인 물을 인위적으로 토지로 끌어오는 관개(灌漑)가 활발해졌다. 황허강 유역은 강우량이 많지 않기 때문에 물을 저장하고 곳곳의 토지에 공급하는 시설이 없으면 벼농사를 지을 수 없는 환경이었다. 그래서 『주례(周禮)』에는 길고(桔槔=용두레: 일종의 두레박 장치로 낮은 곳의 물을 높은 곳으로 퍼올리는 데 쓰는 도구라는 장치가 있어서, 지렛대 원리를 이용해 주로 적은 면적의 토지에 물을 대었음)를 활용하여 적은 면적의 토지에 물을 대었다고 기록되어 있다.

전국시대에는 여러 기록물에서 농업 지식을 담고 있다. 『관자(管子)』에는 토양과 관련된 지식이 담겨 있고, 땅의 성질에 맞는 작물을 심는 것이 중요하다고 지적하고 있다. 『여씨춘추(呂氏春秋)』에는 깊이갈이와 김매기(잡초 제거)를 중시했음을 확인할 수 있으며, 밭을 갈 때 도랑과 이랑을 만들고 상황에 따라 도랑에 심거나 이랑에 심는 법을 선택하였다고 기록되어 있고, 씨 뿌리는 시기와 수확할 시기의 중요성이 강조되어 있었다. 이를 통해 농업이 발전되어 농업 생산량이 크게 증가되었다.

전국시대에 농업 생산량이 향상되고 철기 사용이 보편화되면서 수공업과 상업도 번성하게 되었다. 『주례(周禮)』에는 관청에 속한 수공업자들이 목공이나 동기(銅器), 옥기(玉器) 제작 등 다양한 업종에 종사했는데, 각 분야가 세분화되어 있어서 수공업 기술 발전의 수준을 보여준다. 철을 다루는 야철업(冶鐵業)은 철기 수요가 크게 늘면서 급속히 발전하였다. 전국시대에 출토된 철기 제작과 관련된 유물로는 거푸집이 있다. 진흙으로 만든 거푸집은 전국시대에 열 처리를 통한 철 주조 기술이 있었음을 보여준다. 청동기 제작도 지속되었는데, 이는 실용적인 도구인 농기구나 무기 제작에는 철이 사용되었고, 지배층이 사용하는 제사용 도구, 화폐 제작에는 청동이 여전히 쓰였기 때문이다. 전국시대에 구리와 주석의 혼합 비율을 다양하게 바꿔가며 여러 종류의 청동을 만들 수 있는 지식이 축적되었고, 청동기에 금·은 등을 입혀 문양(文樣)을 넣은 공예 기법이 발달했다.

전국시대에는 방직업도 성장하여, 다양한 재료를 활용하여 방직물이 만들어졌음을 유물, 기록 등에서 확인할 수 있다. 이 시기 다양한 종류의 수공업 생산은 주로 관청을 통해 이루어졌다. 각 국가에는 철을 관리하는 직책이 있었고 광산 개발이 관청에 의해 통제되면서 일반인의 출입을 제한하였다. 또한 철기를 만드는 거푸집에는 담당 관청의 명칭을 새겨 넣기도 하였다. 소금 생산도 대규모로 이루어져 큰 염전(鹽田)이 있었다. 이 시기에 철과 소금은 중요한 물품으로 다루어졌고, 따라서 각 국가에서는 철과 소금을 통제하여 재정을 확충하고자 하였다. 즉, 철과 소금의 생산과 소비를 각 국가에서 주도하는 전매(專賣) 제도를 시행하였던 것이다. 한대에도 전매제도가 유지되었는데, 이는 『한서(漢書)』 「식화지(食貨志)」의 "소금과 철, 술 등의 전매를 관리하는 관청과 균수(均輸)를 담당하는 관청을 철폐하여 천하(天下)와 더불어 이익을 다투지 말 것을 청하고, 절약 근검의 모범을 보인 뒤에야 교화(敎化)가 일어날 수 있다고 하였다."라는 기록으로 알 수 있다.

전국시대에 관영 수공업 이외에 민간 수공업도 성장하였고, 이는 자연스럽게 상업의 발달로 이어졌다. 농민은 직접 물품을 만들어 내지 않아도 옷감, 그릇, 철기 등을 구할 수 있었다고 하며, 수공업자도 농사를 짓지 않아도 생계에 지장이 없었는데, 이는 전국시대에 활발하게 움직임을 보인 상인들로 인해 유통이 원활해졌기 때문이다. 각 국가들은 상업 활동을 촉진하기 위한 방안으로 금속 화폐를 주조하여 유통하였다. 전국시대 각국의 화폐는 모양, 무게, 크기 등이 각각 달라서 물류 교류에 불편함이 있었다. 따라서 전국시대를 통일한 진나라 시황제는 각 국가들의 화폐 차이를 없애고 반량전(半兩錢)을 주조하여, 화폐 통일 정책을 실시하였다. 이는 물류 이동과 거래에 공정함과 편리함을 추구하였다는 평가를 받고 있다.

전국시대 상업의 중심지가 된 곳은 성읍(城邑)이었는데, 춘추시대보다 전국시대의 성의 규모가 세 배 이상 커졌고 인구도 증가되어 정치와 경제의 중심지 역할을 하였다. 이 시기 상공업이 발전하면서 성읍의 규모가 확대되고 인구가 증가하였는데, 『전국책(戰國策)』에 따르면 전국시대 거리에 수레가 서로 부딪치고 길거리의 사람들 어깨가 서로 닿을 정도로 북적였다고 한다. 그리고 성읍에서는 닭싸움, 개 달리기 경주 등의 여러 유흥을 즐기는 사람들이 많았다고 기록되어 있다.

📜 전국시대의 정치적 변화

　전국시대 각국은 기존 귀족의 여러 세습의 특권을 없애고 공을 세운 자에게 상을 내리게 했다. 또한 국가 소유의 토지를 농민에게 나누어 경작시키고 수확량의 10분의 1을 조세로 내게 했다. 그리고 평적법(平糴法)을 실시했는데, 이는 풍년이 들면 곡식을 나라에서 사고, 흉년이 들면 나라에서 값싸게 공급하는 등 물가를 잡고 민생을 안정시키는 제도였다.

　전국시대에는 각국의 성문법(成文法)을 참조해『법경(法經)』이 편찬되었고, 엄격한 형벌을 적용해 통치 질서를 바로잡았다. 이 시기에는 국정을 비판한 죄와 성벽을 기어 넘는 죄는 한 사람이 저지른 일이면 그 한 명을 사형에 처했으며, 열 명 이상이 공모한 일이면 전 가족과 전 마을을 사형에 처했다. 도둑질을 한 사람은 변방을 지키는 병사로 보내고 길가에서 물건을 줍는 것도 금지했다. 봉건 영지를 가진 지배층의 특권을 3대 이후에 회수하도록 하고, 무능력한 관리를 내쫓고 필요 없는 관직의 수를 줄였다. 이를 통해 관리들에게 지출되는 국가 재정을 절약하고 군사력을 증대시키는데 투자할 수 있었다.

　전국시대 각국은 변법(變法)을 시행하여 국가 통치의 기틀을 확립하는 노력을 기울였다. 변법의 목표는 국왕을 중심으로 하는 통치 체제를 마련하는데 있었다. 이를 위해서 각국은 중앙 관제를 조직하고 군사 제도를 개편하여 왕권을 강화하고 춘추시대의 지배층인 경과 대부의 힘을 약화시키는 방향으로 나아갔다. 전국시대 국왕들은 능력에 따라 인재에게 관직을 주었는데, 이는 춘추시대에 지배층이 관직을 세습하며 권력을 독점했던 상황과 비교하였을 때 큰 변화라고 할 수 있다. 즉, 전국시대는 춘추시대에 비해 신분보다 능력이 중시되는 사회로 전환되었다는 것을 알 수 있다.

　전국시대에 관료 체제에서 가장 높은 직책은 상(相)이었는데 승상(丞相)이나 재상(宰相) 등이라 칭했다. 상(相)은 위로는 국왕을 받들며 아래로는 관리를 통솔하는 최고 관직이라 할 수 있다. 각국의 관리들은 관직의 높고 낮음에 따라 차등 있게 받는 녹봉(祿俸)이라 불린 현물을 직접 받기 시작하였다. 이 시기에도 왕족이나 대신들은 녹봉을 받는 경유도 있었으나, 서주나 춘추시대처럼 지역을 통치할 막강한 권한을 갖기는 어려웠고, 세습도 길게 가지 못하였다.

　전국시대 관리들은 임무를 수행할 때 새(璽=인장=도장)를 사용하였고, 새(璽)는 전국시대 각 국가의 국왕이 발행하여 관리의 권한과 역할을 규정하는 기능을 하였고, 관리가 죄를 지으면 새(璽)를 몰수하고 처벌을 하였다. 이처럼 각 국가의 왕들은 새(璽)를 통하여 행정권, 사법권, 군사권 등의 군주의 권한을 행사하였다. 국왕은 상계(上計)를 적용하여 각 관리들의 업무 능력을 평가하고 우수한 자는 승진시키고, 업무능력이 낮거나 불량한 자는 좌천(左遷)시키거나 면직시켰다. 관리들을 평가했던 기준이 된 상계(上計)는 관리가 1년 동안 백성들로부터 거두어들일 세금을 미리 계산하여 두 조각의 목권(木券)에 나누어 적어서, 한 조각은 국왕이 보관하고, 다른 한 조각은 관리가 갖고 있으면서 연말(年末)에 관리의 성과를 평가할 때 증빙 자료로 사용하였다. 『순자』에는 "(전국시대에) 연말 관리들이 이룬 공적을 정리하여 국왕에게 보고하는데, 공적이 합당할 경우 인정해 주고, 합당하지 않으면 면직시켰다"라고 당시 전국시대 상황을 묘사하고 있다. 그리고 이러한 상계를 통한 평가에는 상(相)과 같은 고위직 관리에게도 예외를 적용하지 않았다.

　전국시대 각국은 지방 행정 구역을 설치하여 중앙에서 이를 관할하는 통치 방식을 채택하였다. 주로 현(縣)으로 행정구역을 편성하였고, 그 아래에는 리(里)와 같은 작은 행정구역을 두었다. 또한 현(縣)을 통제하기 위한 상위 행정구역으로 군(郡)을 설치하였다. 이는 전국시대가 이전의 춘추시대의 봉건제가 약화되고 군현제로 전환되어간다는 사실을 보여준다고 할 수 있다.

전국시대의 전쟁과 지식인의 활동

전국시대 각국은 병력을 동원하면서 군사 정책을 각 국가의 주요 통치 체제로 간주하였고, 징병제를 실시하여 치열한 경쟁에서 승리하고자 하였다. 따라서 각 국가 간 전쟁이 발발하면 일정 연령에 다다른 성인 남자는 군인으로 징발되었다. 국왕은 군사 지휘권을 보유하였고, 장수를 임명하여 군대를 지휘하고 전투를 지휘할 권한을 부여하였다. 국왕은 청동으로 만든 호부(虎符)를 통해 군대를 움직였고, 따라서 전국시대 호부(虎符)는 군사권을 상징하였다. 이 시기 군대를 동원할 경우, 둘로 나뉘어진 호부를 합쳐서 정당한 군대 동원 명령임을 증명하였다.

전국시대 전국칠웅(戰國七雄)을 중심으로 전개된 전쟁은 춘추시대보다 빈번하게 발생하였고 치열하게 전개되었다. 각국은 전쟁에서 승리하기 위해 다양한 병장기를 만들어내고 군대를 정예부대로 훈련시켰다. 전국시대 초반에는 개인 병기인 창이나 검이 청동으로 제작되었다가 철제기술의 발달로 철제 창과 검이 등장하였다. 이는 갑옷에도 작용되었는데 전국시대 초반에 가죽으로 만든 갑옷이 있었는데 철제기술의 발달로 철로 만든 철제 갑옷과 철제 투구가 등장하여, 전국시대 중무장 기병과 보병이 전투에서 큰 활약을 했을 것으로 보인다. 이 시기에 새로이 개발된·무기 중에는 노(弩=쇠뇌=지지대를 갖춘 기계식 활을 쏘는 고대의 무기)가 있는데, 노는 방아쇠를 당겨 활을 발사하는 무기였다.

또한, 전쟁의 규모가 확대되면서 전략, 전술과 군인의 종류에 변화가 발생하였다. 춘추시대에는 전차 전투 방식을 많이 사용하였는데, 이는 전국시대에 점차 사라져 갔고 다양한 작전을 구사하는데 효과적이라고 판단된 보병을 활용한 전투가 전개되었다. 전국시대 기병은 상대방의 기선을 제압하고 피해를 주는데 효과적이고 유용하게 활용되었는데, 이는 한족(漢族) 국가들이 북방 유목 민족과 충돌하는 과정 속에 발전되어 갔다. 각국은 공격뿐 아니라 방어력을 높이기 위해 높고 긴 성벽인 장성(長城)을 건설하였다.

전국시대는 경제력이 성장하고 수많은 지식인이 활동을 왕성하게 하면서 중국이 보유하게 된 역량이 표출되는 시기였다. 전국시대는 춘추시대에 비해 사회 변동이 크게 일어났다고 평가되고 있는데, 이는 철기를 적극적으로 활용하여 각국들이 부국강병을 추구한 결과라 할 수 있다. 전국칠웅(戰國七雄)을 중심으로 기존의 제후국의 지위에서 벗어나 국력을 키우기 위해 인재 양성과 인재 등용이 이루어졌다. 이에 따라 춘추 시대까지 국가의 주요 관직을 차지하고 권력을 유지했던 기득권 세력들의 입지는 좁아졌고, 전국시대에는 사(士) 계층이 학식을 갖추고 활약하였다. 이는 전국시대에 교육을 받을 기회가 더 확대되었고, 공자와 같이 춘추시대 말부터 전국시대 초에 걸쳐 영향력 있는 사상가들 즉 제자백가(諸子百家)가 제자를 양성하고 지식을 전파한 결과하고 할 수 있다.

전국시대 각국은 교육기관을 설립하거나 문인(文人)의 학문 연구를 지원하는 정책을 전개하였다. 인재 양성 정책으로 각국의 통치자들은 다양한 지식인들과 접촉하면서 자신들이 처한 상황과 부합(符合)하는 학설과 대책을 추구하였다. 또한 지식인들도 전국시대 각국의 상황에 맞는 논리를 적극적으로 제시하여 사회를 변화시키려 하였다. 따라서 전국시대로 전환하는 사회 변동에 호응하여 유가, 묵가, 도가, 법가 등의 제자백가가 활발히 활동하였다. 그리고 공자의 뒤를 이어 유가를 융성하게 만든 이가 맹자(孟子, 기원전 372-기원전 289)라고 할 수 있다.

🎓 철학자의 이야기

📜 맹자는 무엇을 보았는가

맹자는 (오늘날 산동성의) 추성(鄒城) 사람이다. 추성은 공자가 성장했던 곡부(曲阜)와 지리적으로 가까워, 자동차로 한 시간이 채 걸리지 않는 거리다. 『사기』「맹자순경열전」에 따르면, 맹자는 "[공자의 손자인] 자사(子思)의 제자로부터 학문을 배웠다." 오늘날 맹자는 증자(曾子), 자사와 함께 노(魯)학파로 분류되는데, 이에 대한 논쟁이 있긴 하지만, 맹자가 공자의 문하에서 학문을 계승한 인물들에게 영향을 받았다는 점은 분명하다.

맹자가 살았던 전국시대는, 춘추시대보다도 더욱 극심한 정치적 혼란과 빈번한 전쟁으로 점철된 시기였다. 이러한 시대적 배경 속에서 그는 공자의 도(道)를 계승하여 인의(仁義)와 도덕(道德)으로 어지러운 세상을 바로잡고자 했다. 이에 대해 『사기』에서는 다음과 같이 기록하고 있다.

> 태사공[사마천]은 말한다. 나는 『맹자』를 읽다가 양 혜왕(梁惠王)이 "어찌하면 우리나라를 이롭게 하겠소."라고 묻는 구절에 이르러 책을 내려놓고 탄식하지 않은 적이 없었다. 그리고 말하였다. "아, 이로움이란 진실로 혼란의 시작이구나!" 무릇 공자가 이로움에 대해 거의 말하지 않은 것은 언제나 혼란의 근원을 막기 위함이었다. 그러므로 말하기를 "이로움에 따라서 행동하면 원망을 많이 받는다."고 하였다. 천자로부터 서민에 이르기까지 사람들이 이로움을 좋아해서 생긴 폐해가 어찌 다르겠는가!

사마천이 『맹자』에서 깊이 감명받은 것은, 맹자가 이익(利)이 아닌 의(義)를 수호하려고 했다는 점이었다. 이 구절은 본래 『맹자』의 맨 앞부분에서 나온다.

맹자(孟子)께서 양 혜왕을 알현하셨다. 왕이 말씀하셨다. "어르신! 천리(千里)가 멀다 않고 오셨으니, 또한 이로써 저희 나라를 장차 이롭게 할 것이 있습니까?" 맹자께서 대답하셨다. "왕께서는 하필 이익을 말하십니까. 또한, 인(仁)과 의(義)가 있을 뿐입니다. 왕은 '어떻게 나의 나라를 이롭게 할까' 말하며, 대부는 '어떻게 나의 가문을 이롭게 할까' 물으며, 선비와 서인들은 '어떻게 나를 이롭게 할까' (라 할 것이니), 윗사람과 아랫사람이 서로 이익을 취하면 나라가 위태롭습니다. 만 승(乘)의 나라에서 그 임금을 죽이는 자는 반드시 천 승의 가문이며, 천 승의 나라에서 그 임금을 죽이는 자는 반드시 백 승의 가문 사람입니다. 만에서 천을 취하고, 천에서 백을 취하는 것이 많지 않다고 이를 수 없습니다. 참으로 의로움을 뒤로 하고 이익을 앞으로 하면, 빼앗지 않으면 만족해 하지 않습니다. 어질면서 그 어버이를 버리는 자가 없으며, 의로우면서 그 주군을 뒤로 하는 자가 없습니다. 왕께서는 또한 인과 의만을 말씀하실 뿐이 온대, 하필이면 이익을 말씀하십니까."

춘추시대에는 적어도 주나라의 권위가 형식적으로나마 존중받았지만, 전국시대에 이르러서는 제후들이 천자의 권한을 침범하는 것이 '새로운 표준(New Normal)'이 되어버렸다. 제후들은 스스로를 천자를 의미하는 '왕(王)'이라 칭하며 사실상 독립국이 되었고, 주나라의 천자는 조공조차 제대로 받지 못하는 처지가 되어 제후들보다 더욱 곤궁한 삶을 살았다. 백성들의 삶은 한층 더 고달팠다. 제후국들은 더 이상 주나라의 눈치를 볼 필요 없이 소국들을 침략하고 멸망시키는 데 혈안이 되었으며, 전쟁은 끊임없이 이어졌다. 이러한 시대적 변화 속에서 전쟁의 양상도 근본적으로 달라졌다. '대량살상 무기의 도입'과 '대규모 상비군 및 기마부대의 등장'으로 인해, 춘추시대까지 유지되던 '귀족 중심'의 품격 있는 전쟁 방식은 사라지고, '농민 중심'의 살육전이 그 자리를 차지했다. 과거에는 전쟁이 일정한 규칙과 예법 아래 진행되었지만, 전국시대에는 오직 승리만이 유일한 목표가 되었고, 수단과 방법을 가리지 않는 냉혹한 전쟁이 펼쳐졌다. 농민들은 강제로 징집되어 전장에 내몰렸고, 생존 가능성조차 보장되지 않는 싸움 속에서 희생되었다.

이러한 변화는 단순한 군사적 변화를 넘어, 사회 구조 자체를 뒤흔들었다. 기존의 봉건 질서는 점차 붕괴되었고, 무력과 실리를 앞세운 현실 정치가 새로운 지배 원리가 되었다. 전통적인 혈연과 의리에 기반한 귀족 사회는 힘을 잃었고, 능력과 군사적 성과가 곧 권력의 기준이 되었다. 각국은 군사력을 강화하는 한편, 국가 운영의 방식을 부국강병(富國強兵)을 목표로 하는 '전시체제'로 전환했다. 즉, 전국시대의 제후들은 끊임없이 군사력을 키우고, 백성과 군대의 수를 늘려 인접 국가를 정복하는 데 혈안이 되어 있었다. 이들은 전쟁을 국가의 기본 정책으로 삼았으며, 패권을 유지하기 위해 전쟁을 멈출 수 없는 악순환에 빠졌다. 맹자는 이러한 현실을 개탄했다. 그의 관점에서 이 참혹한 상황의 책임은 오로지 부국강병만을 좇는 집권자들에게 있었다. 양 혜왕이 맹자를 처음 만나자마자 "저희 나라를 장차 이롭게 할 방안이 있습니까?"라고 물었을 때, 맹자가 이에 거부감을 느낀 것은 결코 우연이 아니었다. 그는 통치자가 나라의 이익만을 좇으면 도덕과 윤리가 무너지고, 필연적으로 갈등과 원망이 뒤따를 수밖에 없다고 보았다. 즉, 패권을 좇아 전쟁을 일삼으면 전쟁은 더 큰 전쟁을 초래하며, 끝없는 살육과 혼란 속에서 백성들의 삶은 더욱 피폐해질 수밖에 없다는 것이 맹자의 핵심 주장이다.

그러나 당시의 정치가들은 자신들이 저지른 참상을 깨닫지 못했다. 맹자는 이들을 가리켜 마치 개와 돼지가 사람의 음식을 먹어 치우면서도 굶주린 사람들을 외면하는 존재로 비유했다. 양 혜왕과의 대화에서 맹자는 다음과 같이 말했다.

> 개와 돼지가 사람의 먹을 것을 먹고도 이를 살필 줄 모르며, 길에 굶어죽은 시체가 있음에도 구휼하지 않고 사람이 죽으면 "내가 그런 것이 아니다. 이 시대가 그러한 것이다"라 하는 것은 사람을 찔러 죽여놓고는 "내가 그런 것이 아니다, 병기가 그런 것이다"라고 말하는 것과 무엇이 다릅니까. 왕께서는 세월에게 죄를 돌리지 마십시오. 그렇게 하면 천하의 백성들이 [이 나라로] 이르러 올 것입니다.

이어서 양 혜왕이 맹자에게 가르침을 받기를 원한다고 하자, 맹자는 더욱 직설적인 비유를 들며 왕이 백성을 돌보지 않는 태도를 비판했다.

> 맹자께서 대답하셨다. "사람을 몽둥이로 죽이는 것이나, 칼날로 죽이는 것에 다름이 있습니까?"
> 왕이 말하였다. "다른 것이 없습니다."
> [맹자께서 다시 묻기를] "칼날이나 정치를 가지고 죽이는 것에 다름이 있습니까?"
> 왕이 대답하였다 "다른 것이 없습니다."
> [이에 맹자께서 말하였다] "마구간에 기름진 고기가 있고, 마구간

에 살찐 말이 있는데 백성에게 굶주린 기색이 있고 들가에 굶어죽은 시체가 있다면 이는 짐승으로 하여금 사람을 잡아먹게 한 것입니다. 짐승이 서로를 잡아먹는 것 또한 사람은 미워하건대, 백성의 부모가 되어 정치를 행하였으나 짐승이 사람을 잡아먹게 하는 것을 면하게 해 주지 못 한다면 어디에 백성의 부모됨이 있습니까."

맹자가 지적한 바와 같이, 정치가들이 자신들의 책임을 외면하고 백성들의 고통을 시대의 흐름 탓으로 돌린다면, 이는 단순한 무능이 아니라 의도적인 방임이며 폭력과 다름없다. 국가의 역할은 전쟁을 통해 세력을 확장하는 것이 아니라, 백성들이 생존하고 인간다운 삶을 누릴 수 있도록 보장하는 데 있다. 그러나 전국시대의 군주들은 전쟁을 위해 농민들을 징집하고, 경제를 병참과 군수산업에 집중시켰으며, 정책의 목표를 오로지 군사력 증강에 두었다. 그 과정에서 백성들은 더욱 가난해졌고, 국가의 번영이라는 이름 아래 희생되어 갔다. 맹자는 이러한 현실을 개탄하며, 당시 군주들의 태도를 다음과 같이 강하게 비판했다. "지금 무릇 천하의 임금들이 사람을 죽이는 것을 즐기지 않는 자가 없다(『맹자』)." 그렇기에 그는 통치자들이 백성을 돌보지 않은 채 전쟁을 일삼는 태도를 반드시 바꿔야 한다고 주장했다.

왕께서 만일 인정을 백성에게 베푸시고, 형벌을 살피시며, 세금 거두는 것을 적게 하시면 (백성들은) 깊이 밭을 갈고 김매기를 잘 할 것이며, 장성한 사람들은 남는 시간에 효제와 충신을 닦을 것입니다. 들어가서는 부모와 형을 섬기고, 나와서는 웃어른을 섬길 것이니 가히 이로 하여금 몽둥이를 만들게 하여 진나라와 초나라의 견고한 갑옷과 날카로운 병기를 두들기게 할 수 있습니다. 저들이 백성의 농사철을 빼앗아 밭 갈고 김매지 못하게 하여 그 부모를 봉양하지 못 하게 하면, 부모는 얼어 죽고 굶주리며 형제와 처자식은 서로 흩어지니 저들이 그 백성을 함정에 빠뜨리면 왕께서 가서서 이를 정벌하면 누가 왕과 대적하겠습니까.

맹자는 "백성이 근본이다"(民本)라는 원칙을 내세우며, 군주가 인(仁)의 마음을 백성에게 베풀어야 한다고 강조했다. 즉, 단순히 법과 명령으로 다스리는 것이 아니라 '인정(仁政)' 곧 백성을 사랑하고 그들의 삶을 보살피는 정치를 실현해야 한다고 설파한 것이다. 진정으로 맹자의 주장은 명확하다. 군주가 형벌을 신중히 다스리고, 세금 부담을 줄이며, 백성들이 생계를 유지할 수 있도록 배려하면 그들은 자연스럽게 부모를 섬기고, 형제 간 우애를 지키며, 나라를 위해 충성을 다하게 된다. 그러나 반대로, 군주가 전쟁을 위해 백성을 무리하게 동원하고, 세금을 가혹하게 거두어 그들의 생계를 위협하면, 백성들은 도탄에 빠지고 나라는 내부에서부터 무너질 수밖에 없다. 결국 맹자의 국가론은 군사력 강화나 영토 확장에 있는 것이 아니라, 백성이 얼마나 안정되고 평온한 삶을 누리느냐에 초점이 있다.

그런데 이러한 맹자의 국가론이 수용되기 위해서는, 군주가 도덕적이어야 한다는 일방적인 케리그마 선포에 머물러서는 안 된다. 인정은 인간이 인(仁)할 수 있다는 명제에서 시작하지 않으면 안 된다. 따라서 맹자의 국가론은 인간(군주 등)이 본래 도덕적 존재라는 전제가 필요하다. 예를 들어 맹자는 "사람들은 모두 사람을 차마 해치지 못하는 마음을 가지고 있다. 선왕이 사람을 차마 해치지 못하는 마음을 두어 사람을 차마 해치지 못하는 정치를 시행하셨다(「공손추상」)."라고 말한다. 즉 '차마 해치지 못하는 마음[不忍人之心]'로부터 '차마 해치지 못하는 정치

[不忍人之政]'로 나아가는 구조이다. 그렇다면 우리의 궁금증은 국가론을 뒷받침하는 보다 근본적인 논리로 나아간다. 맹자는 무엇을 근거로 군주가 인한 마음으로 나라를 다스릴 수 있다고 주장한 것일까? 그리고 백성도 [군주의 덕에 감화되어] 선한 삶을 실천할 수 있다고 확신했던 것일까? 군주의 역할이 강제와 억압이 아니라 백성의 본성을 이끌어 내는 것이라면, 그가 바라본 인간 본성의 근거는 무엇이었을까? 이 질문의 답을 찾아보자.

인간 본성은 선하다

맹자는 인간 본성에 대한 깊은 탐구를 통해 "인간은 본래 선하다"[性善]는 주장을 펼쳤다. 그는 인간이 태어나면서부터 선한 마음을 지니고 있으며, 올바른 환경과 교육을 받으면 자연스럽게 도덕적 존재로 성장할 수 있다고 보았다. 이러한 주장은 단순한 도덕적 이상론이 아니라, 사회 질서와 국가 운영의 근본 원리와도 연결되어 있다. 맹자는 인간 본성이 선하므로, 군주가 선한 정치를 행할 수 있으며 백성 역시 선해질 수 있다고 보았다. 맹자는 성선설을 직관적으로 설명하기 위해 어린아이가 우물에 빠지는 장면[孺子入井]을 예로 들었다.

> 사람들이 모두 사람을 차마 해치지 못하는 마음[不忍人之心]을 가지고 있다고 말하는 까닭은, 지금에 사람들이 갑자기 어린아이가 장차 우물로 들어가려는 것을 보고 모두 깜짝 놀라고 측은해 하는 마음을 가지니, 이는 어린아이의 부모와 교분을 맺으려고 해서도 아니며, 향당과 벗들에게 [인자하다는] 명예를 구해서도 아니며, [잔인하다

는 악명을] 싫어해서 그러한 것도 아니다.

　맹자는 인간이라면 누구나 우물에 빠지려는 아이를 보면 본능적으로 놀라고 안타까워하는 감정을 갖게 된다고 설명한다. 우리가 당장 아이를 구하려는 마음이 드는 것은 어떠한 이익을 계산하거나 도덕 교육을 받았기 때문이 아니라, 우리 내면에 이미 선한 본성이 자리 잡고 있기 때문이다. 즉, 도덕적 감각은 외부에서 주어진 것이 아니라 인간의 본질 속에서 자연스럽게 발현된다는 것이다. 예를 들어, 사람들이 위험에 처한 타인을 본능적으로 도우려는 행동을 하는 경우가 많다. 대표적인 사례가 2001년 일본 도쿄 신오쿠보(新大久保)역에서 벌어진 사건이다. 이수현 씨는 일본에서 유학 중이던 한국인으로, 신오쿠보역에서 열차를 기다리고 있던 중 한 일본인 남성이 선로로 떨어지는 장면을 목격했다. 그는 곧바로 일본인 사진가 세키네 시로(関根史郎)와 함께 선로로 뛰어들어 구조를 시도했으나, 불행히도 다가오는 열차를 피하지 못하고 세 사람 모두 목숨을 잃었다. 이수현 씨와 세키네 시로 씨가 보여준 행동은 맹자의 '우물에 빠지는 아이' 사고 실험과 놀라울 정도로 유사하다.

　신오쿠보역에서 그들은 아무런 대가나 명예를 기대하지 않았으며, 그 상황에서 생겨난 즉자적이고 본능적인 마음[不忍人之心]에 따라 행동했다. 이러한 인간 본연의 도덕적 감각이야말로 맹자가 강조한 '성선(性善)'의 실증적 사례라고 볼 수 있다. 그리고 맹자는 차마하지 못하는 마음은 동물을 대상으로 할 수 있다고도 말한다. 이 장면은 제 선왕이 도덕 정치를 행할 수 있음을 맹자가 설득하는 장면에서 나온다. 상당히 재미있는 이야기이니 생략하지 말고 살펴보자.

　제 선왕이 말했다. "과인과 같은 사람도 백성을 보호할 수 있습니까?"

맹자가 말했다. "할 수 있습니다."

제 선왕이 말했다. "무슨 이유로 내가 할 수 있음을 아십니까?"

맹자가 말했다. "신이 [제 선왕의 가까운 신하인] 호흘이 말하는 것을 들으니, 왕께서 대청 위에 앉아 계실 때, 소를 끌고 대청 아래로 지나가는 사람이 있었다고 합니다. [왕께서] 그것을 보시고 '소를 데리고 어디로 가는가?'하고 말씀하시자, [소를 끌고 가던 사람이] '장차 흔종(釁鍾)에 쓰려고 합니다'하고 대답하였습니다. [왕께서] '두어라. 내가 그것이 무서워 벌벌 떨면서 죄 없이 사지로 가는 모습을 차마 볼 수가 없구나' 하시니, [소를 끌고 가던 사람이] '그러면 흔종을 그만둘까요' 하자, [왕께서] '어찌 그만둘 수 있겠느냐. 양으로 바꾸어라'라고 말씀하셨다고 합니다. 이러한 일이 있었습니까?"

제 선왕이 말했다. "있었습니다."

맹자가 말했다. "이 마음이면 충분히 왕 노릇을 할 수 있습니다. 백성은 모두 왕께서 [소를] 아까워서 하신 일이라고 생각하지만, 저는 진실로 왕께서 차마 하지 못한 것임을 알고 있습니다."

왕이 말했다. "그렇습니다. 참으로 백성처럼 생각하는 사람도 있었습니다. 제나라가 비록 좁고 작지만, 내가 어찌 소 한 마리를 아까워하겠습니까. 그것이 무서워 벌벌 떨면서 죄 없이 사지로 가는 모습을 차마 볼 수 없어[不忍] 양으로 바꾸게 한 것입니다."

맹자가 말했다. "왕께서는 백성이 왕께서 아까워서 하신 일이라고 여기는 것을 괴이하게 생각하지 마십시오. 작은 것으로 큰 것을 바꾸게 하였으니, 저들이 어찌 알겠습니까? 왕께서 만약 죄 없이 사지로 끌려가는 것을 측은히 여기셨다면, 소와 양을 어찌 구별하겠습니까?"

왕이 웃으면서 말했다. "이것이 진실로 무슨 마음이었을까요. 저는 그 재물을 아까워 양으로 바꾸게 한 것은 아니지만, 백성이 내가 아까워서 한 일이라 여기는 것도 당연하겠군요."

맹자가 말했다. "해가 되지 않습니다. 이것이 바로 인을 실행하는 방법이니, 소는 보았지만 양은 보지 못함입니다. 군자는 날짐승과 들짐승이 살아 있는 것을 보고는 차마 죽는 것을 보지 못하며, 그 소리를 듣고는 차마 그 고기를 먹지 못합니다. 그래서 군자는 부엌을 멀리하는 것입니다."

위 이야기에서 나오는 '흔종'은 고대 중국에서 종을 새로 만들면 액땜을 위해 산짐승을 잡아 그 피를 종의 틈새에 바르고 제사지내는 풍습이다. 맹자는 제 선왕이 소를 살려주고 대신 양을 희생하도록 한 행동을 통해, 인간에게는 본래 차마 하지 못하는 마음이 존재한다고 강조했다. 그는 이러한 감정이 단순한 연민이 아니라, 인간이 본래적으로 가지고 있는 도덕적 본성의 발현이라고 보았다. 왕이 소가 사지로 끌려가는 모습을 보고 가엾게 여겼다면, 마땅히 양에 대해서도 같은 감정을 가질 수 있었을 것이다. 하지만 소를 직접 보았기 때문에 불쌍한 마음이 들었고, 보지 않은 양에 대해서는 같은 감정을 느끼지 못했다. 사실 이 점이 중요하다.

제 선왕은 직접 본 소에 대해서는 가여워했지만 직접 보지 못한 양에 대해서는 그러한 마음을 갖지 못했다. 만약 소의 생명이 귀하다는 것이 사실 '학습'된 것이었다면, 생명은 소중하다는 명제로부터 연역하였을 것이므로 제 선왕은 양의 생명도 구했을 것이다. 그러나 제 선왕은 그러질 않았다. '감각적인 자극'이 눈앞에서 현시될 때, 우리는 그것이 '문제 상황'임을 즉시 감지한다. 제 선왕 앞에 불쌍하게 끌려가는 소가 현시되었으므로, 그것이 제 선왕의 감각적 '반응'을 이끌어낸 것이다. 따라서 제 선왕의 반응은 학습의 산물이 아니라 본능의 산물에 가깝다. 또한 제 선왕은 이 눈물을 흘리는 소를 보면서 '움찔' 했을 것이다. 마치 우리가 아이가 우물에 빠지는 것을 보고 '깜짝 놀란 것'처럼 말이다. 이는 모종의 생리적·신경학적 반응인데, 현대 신경과학 연구에 따르면 인간이 타인의 고통을 목격할 때 뇌의 특정 영역이 활성화 된다. 특히 거울뉴런 시스템(Mirror Neuron System, MNS)과 전두엽, 변연계, 섬피질 등이 이러한 도덕적 감정과 깊은 관련이 있다고 한다. 그렇다면 맹자가 말한 '차마하지 못하는 마음'이 생물학적인 본성이라는 점은 어느 정도 이해된다.

맹자는 인간이 선한 마음을 본래부터 타고 났다고 주장하면서, 이를 다음의 네 가지 마음으로 구체화한다.

> 측은지심(惻隱之心): 다른 존재의 고통을 가여워하는 마음
> → 인(仁)의 단서
> 수오지심(羞惡之心): 불선함을 부끄러워하고 싫어하는 마음
> → 의(義)의 단서
> 사양지심(辭讓之心): 겸손하고 양보하는 마음 → 예(禮)의 단서
> 시비지심(是非之心): 옳고 그름을 분별하는 마음 → 지(智)의 단서

맹자의 네 가지 도덕적 본성은 인간이 타고난 심성에서 비롯된다는 점에서 단순한 철학적 개념이 아니라, 실제 사회에서 자연스럽게 나타나는 감정이다. 이는 역사적 사례를 통해서도 확인할 수 있다.

측은지심(惻隱之心)은 타인의 고통을 외면하지 못하는 본능적인 감정으로, 인간의 따뜻한 마음인 '인(仁)'의 기초가 된다. 예를 들어, 1940년 제2차 세계대전 당시 덴마크 국민들은 나치 독일의 유대인 체포 계획을 알고, 수천 명의 유대인을 어선에 태워 중립국인 스웨덴으로 피신

시켰다. 그들은 자신의 안전을 위협받을 수 있는 상황에서도 타인의 생명을 먼저 생각하며 행동했다. 이는 인간이 본능적으로 다른 존재의 고통을 가여워하는 마음을 가졌음을 보여주는 사례다.

수오지심(羞惡之心)은 부정한 행위를 부끄러워하고 불의를 거부하는 마음으로, 정의를 실천하려는 '의(義)'의 바탕이 된다. 과거 대기업의 횡포나 정치적 부패가 밝혀졌을 때, 많은 국민들이 강한 거부감을 느끼고 이를 바로잡으려 했던 사례들이 이를 증명한다. 이는 단순한 법적 규율 때문이 아니라, 인간이 본능적으로 불의를 용납하지 않고 정의를 지키려는 성향을 가지고 있기 때문이다.

사양지심(辭讓之心)은 겸손과 양보의 태도로, 공동체 내에서 조화를 이루게 하는 '예(禮)'의 근본이 된다. 예를 들어, 공공장소에서 어르신에게 자리를 양보하거나, 교통 체증 속에서도 보행자를 우선 배려하는 행위는 사양지심의 대표적인 사례다. 이러한 배려의 문화는 개인 간의 원만한 관계를 형성할 뿐만 아니라, 사회 전체의 안정과 질서를 유지하는 데도 중요한 역할을 한다.

시비지심(是非之心)은 옳고 그름을 분별하고, 도덕적 기준을 확립하는 역할을 한다. 이는 곧 '지(智)'의 기초가 된다. 대표적인 사례로 미국의 흑인 인권운동을 들 수 있다. 1955년, 로자 파크스(Rosa Parks)는 백인에게 자리를 양보하지 않았다는 이유로 체포되었고, 이 사건을 계기로 몽고메리 버스 보이콧 운동이 시작되었다. 이후 마틴 루터 킹 목사와 수많은 시민들이 인종 차별에 맞서 싸웠으며, 결국 미국은 법적으로 인종 차별을 철폐하는 방향으로 나아갔다. 만약 인간에게 시비지심이 존재하지 않았다면, 이러한 사회적 불평등에 대한 문제의식조차 생기지 않았을 것이다.

맹자가 말한 네 가지 마음-측은지심, 수오지심, 사양지심, 시비지심-은 인간의 단순한 관념이 아니라 우리 본성에 내재된 도덕적 마음이다. 이는 개인의 도덕적 성장을 돕고, 공동체의 질서를 유지하며, 사회적 정의와 윤리를 실현하는 데 필수적인 요소다. 맹자는 인간이 본래 이러한 선한 본성을 가지고 있으며, 올바른 교육과 환경을 통해 이를 더욱 발전시킬 수 있다고 보았다. 다만 여기에서 질문을 던지고자 한다. 맹자는 인간이 본래부터 선하다고 주장했을까? 많은 학생들은 '그렇다'고 주장할 것인데, 이는 맹자 인성론에 대한 흔한 오해라고 할 수 있다. 이에 대해 이야기해보자.

선함에 대한 긍정적 사고

교실이나 방송에서 '성선설 vs. 성악설'이라는 토론 주제를 가지고 사람들이 열띠게 토론하곤 한다. 그런데 그 토론장면을 보면, 많은 사람들이 맹자에 대해 잘못 이해하고 있음을 알게 된다. 즉 많은 사람들은 맹자가 "인간이 본래부터 혹은 태생부터 선했다"고 주장하는 것으로 여긴다. 하지만 다음의 맹자 주장을 세심하게 살펴보면, 문제가 그리 간단하지 않다는 것을 알 수 있다.

> 맹자께서 말씀하셨다. "사람이 날짐승과 길짐승[禽獸]과 다른 바가 극히 적거니와, 뭇 사람(庶民)은 이것을 버리고 군자는 이것을 지니고 있다."

> 맹자께서 말씀하셨다. "입이 좋은 맛을, 눈이 아름다운 채색을, 귀

가 좋은 소리를, 코가 향기로운 냄새를, 사지가 편안함을 추구함이 [사람의] 성[性]이기는 하나, (거기에는) 명(命)이 있는지라, 군자는 이를 본성이라고 이르지 않는다. 인이 부자 사이에 베풀어지고, 의가 군신 사이에 유지되고, 예가 주인과 손님 사이에 지켜지고, 지가 현자에게서 밝혀지고, 성인이 천도를 행함이 명(命)이기는 하나, (거기에는) 성(性)이 있는지라, 군자는 명이라고 이르지 않는다."

맹자는 본래 인간이 식욕과 색욕과 같이 불선함으로 비화될 수 있는 요소들을 갖추고 있다고 본다. 그러므로 본래 사람은 100% 선하게 태어났다고 맹자가 주장한다는 것은 맹자의 인성론을 잘못 이해한 것이다. 하지만 맹자는 식욕과 색욕과 같은 감각적 욕구를 인간의 본성(性)으로 '간주'하지 않는다. 다시 말해 인간도 동물과 크게 다르지 않으며, 입이 좋은 맛을 즐기고, 눈이 아름다운 색을 좋아하며, 귀가 듣기 좋은 소리를 선호하는 등의 본능적 성향을 공유한다. 하지만 그러한 식색의 욕구는 자연법칙적인 문제[命]이며 우리가 그것을 고이 간직해야 할 것[性]은 아니다. 그러므로 "군자는 이를 본성으로 여기지 않는다." 맹자가 보기에, 인간이 동물과 구별되는 것만이 인간 고유의 특징이라 할 수 있다. 따라서 맹자는 인, 의, 예, 지와 같은 도덕성을, 비록 사람들이 그것을 미미하게 가지고 있더라도, 인간이 동물과 구별되는 특징으로 보았다. 즉 인, 의, 예, 지는 자연세계에서도 적용되는 문제[命]이지만, 우리가 결코 잃어버려서는 안 되는 것[性]이다. 그러므로 "군자는 이를 본성으로 여긴다."

따라서 맹자가 말하는 인간 본성 개념은 "인간이 태초에 어떠한 특성들을 구유했는지"에 대한 자연과학적 문제라기보다는 "무엇이 인간을 인간답게 만드는지"에 대한 가치론적 문제에 가깝다. 도덕주의자인 맹자에게, 무수히 많은 인간의 특질들 중에 어느 것이 인간을 도덕적이고 문명적으로 이끄는지를 분별하는 것이 중요했고, 더 나아가 맹자는 그 도덕적인 특질들이 인간에게 '내재(內在)'되었다고 주장한 것이다. "우리 인간은 선한 단서를 가지고 있다"는 맹자의 주장을 변형해서 "우리 인간은 본래 선하다"라고 이해한다면, 맹자 사상의 많은 부분들을 놓칠 것이다. 맹자의 사상을 제대로 이해하기 위해서는 그가 '태초의 인간'에 대해 단순히 "선하다" 혹은 "악하다"라는 이분법적인 구도를 설정한 것이 아니라 인간이 도덕적으로 성장할 수 있는 가능성이 어디에 있는 지에 주목했다는 점을 간과해서는 안 된다. 중요한 것은 맹자는 인간이 도덕적인 존재로 발전할 수 있다는 점을 긍정적으로 바라보았고, 이러한 낙관적인 시각이 그의 성선설을 구성하는 핵심이라는 점이다.

맹자는 인간이 가진 선의 단서들을 올바르게 키워 나갈 수 있다면, 누구나 도덕적인 존재로 성장할 수 있다고 보았다. 즉, 선한 씨앗이 인간 내면에 자리하고 있으며, 그것을 적절히 가꾸고 계발하면 결국 선한 인간으로 나아갈 수 있다는 것이다. 이는 인간이 태어날 때부터 완전한 도덕적 존재라는 의미가 아니라, 도덕성을 발전시키고 실천할 수 있는 가능성이 충분하다는 의미에 가깝다. 맹자가 인간의 본성을 선하다고 본 것은, 약육강식의 논리가 통용되는 전국 시대 현실에서도 인간이 타인을 배려하고 공동체 속에서 함께 살아가도록 하는 힘이 내면에 자리 잡고 있다는 확신이었다.

맹자가 말하기를 "우산(牛山)의 나무는 한때 아름다웠다. 그러나 큰 나라 수도의 교외에 있는 관계로 도끼로 찍어댔으니, 아름다울 수가 있겠는가? 밤낮으로 자라나고, 비와 이슬의 윤택을 받아 싹이 돋는 일이 없지는 않았지만, 소와 양을 끌어다 그것이 자라는 족족 먹이고는 하였다. 그래서 저렇게 빤빤해진 것이다. 사람들은 그 빤빤한 모습을 보고는 '애초에 재목이 될 만한 것이 없었다'고 생각한다. 그러나 이것이 어찌 산의 본성이겠는가?"

맹자는 같은 산을 보고도 '다른 것'을 보았다. 도끼질과 방목으로 인해 민둥산이 되었지만, 그것이 애초부터 재목이 될 수 없는 산이었다는 의미는 아니다. 그는 인간의 본성도 이와 같다고 보았다. 비록 삶의 환경과 반복된 악습이 도덕적 본성을 훼손할 수 있지만, 본래 내재된 선의 씨앗이 완전히 사라지는 것은 아니다. 그는 인간을 불신하기보다는 신뢰하며, 인간이 도덕성을 실현할 수 있다는 희망적인 믿음을 가지고 있었다. 올바른 교육과 환경이 주어진다면 인간은 다시금 도덕적인 존재로 성장할 수 있다. 이처럼 맹자는 인간 본성을 회복할 수 있는 가능성에 주목하며, 인간이 충분히 선하게 살아갈 수 있다는 낙관적인 태도를 견지하였다. 결국 맹자의 성선설은 단순한 본성론이 아니다. 그것은 인간이 도덕적인 존재로 발전할 수 있다는 신념과 희망의 철학이다. 그러나 이러한 긍정적 태도가 실현되려면, 우리 스스로가 기꺼이 실천으로 옮기지 않으면 안 된다.

사람들은 기르던 개나 닭이 도망가면 찾으려 하지만 자기의 마음이 도망가면 찾으려 하지 않는다. 학문의 도는 다른 것이 아니라 잃어버린 마음을 찾는 것이다.

맹자는 인간에게 선의 씨앗이 내재되어 있다고 보았지만, 그것이 저절로 자라나는 것은 아니라고 했다. 마치 기르던 개나 닭이 도망가면 부지런히 찾아 나서는 것처럼, 우리가 잃어버린 마음을 되찾기 위해 스스로 움직여야 한다. 중요한 것은, 지금 우리가 불선할 수도 있다는 사실을 깨닫고, 그럼에도 불구하고 우리 안에 선한 가능성이 여전히 존재한다는 것을 믿으며 앞으로 나아가는 의지다. 선함이란 선천적으로 완성된 상태가 아니라, 우리가 끊임없이 되찾고 길러야 하는 것이다. 만약 우리가 "나는 원래 이렇다"며 체념해버린다면, 그것은 우산이 민둥산이 되어버린 것을 보고 "애초에 숲이 있을 수 없었다"고 단정하는 것과 다름없다. 하지만 맹자는 말했다. 나무는 본래 푸르게 자랄 수 있었고, 인간은 본래 도덕적인 존재가 될 수 있었다고. 중요한 것은 지금 우리가 어떤 상태이냐가 아니라, 앞으로 우리가 어떤 방향으로 나아갈 것인가 하는 점이다. 결국 '우리가 도덕적일 수 있는 여정'은 인간의 선한 가능성을 믿고 그것을 스스로 키워나가는 데서 시작된다.

3장

어리석음에서 벗어나기

3장

어리석음에서 벗어나기

관련 덕목
- 겸손
- 자기 반성

역사학자의 이야기

인도 문명의 태동

　기원전 2500년경 인더스 강 상류의 펀자브 지방에서 드라비다인이 건설한 것으로 추정되는 도시 문명인 인더스 문명이 일어났다. 이곳에서 발굴된 하라파와 모헨조다로 유적에서 성벽을 쌓아 망루를 만들고 포장도로, 배수 시설, 공중목욕탕, 광장, 창고 등을 갖춘 도시 모습을 찾아볼 수 있다. 이들 유적에서는 상형 문자(象形文字)가 새겨진 인장(印章)이 대량으로 발굴되었다. 그 시기 활동했던 인도의 상인들은 자신들의 물건에 인장을 찍었는데, 이 인장에 새겨진 문자는 아직 해독되지 못한 상태이다. 인더스 문명은 농업 이외에도 무역으로 번영하였다. 모헨조다로와 하라파는 상당히 멀리 떨어져 있으나 서로 물길로 연결되어 있었고 페르시아만에서 메소포타미아까지 교역망이 이어져 있었다.

인더스 문명은 기원전 1800년경부터 홍수와 수로 변경 등으로 쇠퇴하기 시작하였고, 기원전 1500년경 중앙아시아에서 아리아인이 북인도 지방으로 남하하여 펀자브 지방에 정착하였다. 아리아인은 펀자브 지방을 정복한 후 기원전 1000년경에는 갠지스 강 유역까지 진출하였다. 오늘날 인도인의 다수를 차지하고 있는 아리아인은 홍수가 잦고 습지가 많은 갠지스 강 유역을 철제 농기구를 이용하고 관개(灌漑) 사업을 통해 농업 생산력을 향상시켰다. 이 과정에서 인도 문화의 특색을 이루는 제도와 종교가 형성되었다.

아리아인은 가부장 중심의 사회를 이루면서 소를 신성시하는 전통을 유지하였다. 아리아인은 정복한 원주민을 지배할 목적으로 제사 의식을 담당한 사제 계급인 브라만, 정치와 군사 업무를 담당한 왕족과 무사 계급인 크샤트리아, 농업과 수공업에 종사하며 납세의 의무를 갖고 있는 평민 계급인 바이샤, 사회적인 천직(賤職)이 종사하는 노예 계급인 수드라 등으로 계급을 구분한 바르나(Varna, 색을 의미하는 어휘) 제도를 만들었다. 카스트(Caste, 포르투갈어가 어원) 제도에서는 개인의 사회적 지위와 신분 및 직업이 엄격히 구분되어 세습되었다. 다른 카스트 간에는 결혼은 물론 음식을 함께 먹는 일조차 금지되었다. 아리아인은 태양, 물, 불과 같은 자연 현상을 신앙의 대상으로 삼고 이를 신격화한 브라만교를 성립시켰다. 또, 자신들의 신앙 대상을 노래한 『베다(Veda)』를 남겼다. 베다는 본래 '지식'이란 뜻인데 후에 아리아인의 경전(經典)을 의미하게 되었다. 베다 가운데 가장 오래된 『리그베다(Rigveda)』는 기원전 15세기에서 기원전 10세기 사이에 성립된 것으로 추정된다.

> 푸루샤(태초의 거인)의 입에서 브라만이 나왔고, 두 어깨에서 크샤트리아가 태어났다. 두 다리에서 바이샤를 낳았고 두 발에서 수드라

를 낳았다.

『리그베다』에 의하면 신이 제물을 바치는 희생 의식을 통해 사람을 네 개의 계급으로 나누었으며, 사람의 천성과 계급은 인간이 태어날 때부터 하늘에 의해 부여되었다고 한다. 카스트제는 브라만교와 밀접한 관계를 가지고 정교하게 발전하였다. 브라만교는 각 카스트의 지위와 계급의 원리, 의무에 대해 구체적으로 규정하였다. 브라만교의 핵심 교리는 '업보(業報) 윤회설(輪迴說)'로 어떤 행동[업(業)]을 하면 결과[보(報)]가 있기 마련으로, 업보로 말미암아 윤회가 생겨난다는 것이다. 따라서 고위층 카스트 출신의 사람은 전생에 선(善)한 일을 행한 자이고, 하위층 카스트로 태어난 자는 전생에 나쁜 일을 행한 자이다. 브라만, 크샤트리아, 바이샤는 재생 의식을 통해 다음 생에서도 사람으로 태어날 수 있다고 하여 '드비자(Dvija)'라고 불렸지만, 수드라는 재생 의식을 할 수도 없고 다음 생에서도 사람으로 태어날 수 없는 '비(非)드비자'로 불렸다.

수드라보다 신분이 낮은 '불가촉천민(不可觸賤民: 접촉해서는 안 되는 자)'도 있는데, 이들은 사회에서 멸시와 조롱을 받으며 마을 밖에서 따로 거주하였다. 불가촉천민은 청소, 세탁, 도살(屠殺), 이발 등과 같은 일에 종사하였고, 사원이나 학교에 들어갈 수 없었고, 밥을 먹을 때에도 깨진 그릇을 사용하였다. 불가촉천민은 상위 카스트를 피하여 주로 밤에 일하였고, 낮에 일을 할 경우에는 이름표를 달아 낮은 신분임을 표시하였다.

바르나(Varna)에 의한 위계의 구분은 인도의 이데올로기의 기본이 되어 사회 질서뿐만 아니라 인도의 사회 질서를 분류하는데도 큰 영향을 미쳤다. 브라만이 무엇인가를 타고 나들이를 가야할 경우, 선택할 수 있는 대상이 말과 노새 두 가지가 있을 경우 브라만은 반드시 말을 타야 한다. 즉, 가장 높은 수준의 것이 브라만의 것으로 분류하고, 그 뒤를 차례로 크샤트리아, 바이샤, 수드라의 것으로 한다. 지배 계급인 브라만은 자신들의 특권을 유지하기 위해 태양, 물, 불 등 자연 현상을 신격화하고 복잡한 종교 의식을 발전시켰다. 이를 기반으로 브라만교가 성립하였고, 자연 현상을 찬미하는 노래인 『베다(Veda)』는 브라만교의 경전이 되었다. 그런데 사제 계급인 브라만이 자신들의 특권적인 지위 확보에 힘쓰면서 브라만교는 지나치게 형식화되어갔다는 비판을 받게 된다.

불교의 등장 배경

기원전 7세기 무렵 갠지스 강 유역에서는 정복 전쟁이 활발해지고 상업이 발달하면서 크샤트리아와 바이샤 세력이 성장하였다. 이들은 형식화된 브라만교의 제사 의식에 반대하고 브라만 중심의 사회를 비판하였다. 기원전 6세기경 인도에서 갠지스 강 중류 유역에 발달된 농경을 기반으로 하는 대규모 도시 문명이 발달하였고, 새로이 도입된 화폐 경제의 경쟁적 환경은 각 카스트 간의 사회적 불평등을 심화시켰다. 이렇게 인도 사회가 변화하면서 우주와의 일치를 주장하는 우파니샤드 철학이 등장하였다. 우파니샤드 철학은 우주의 본체(브라만)와 인간의 본체(아트만)가 동일하다고 보고, 신이 아닌 인간에 주목하였고, 인간은 수행을 통해 윤회의 속박에서 해탈할 수 있다고 주장하였다.

이를 바탕으로 인도에서는 불교와 자이나교가 출현하였고, 기원전 6세기 인도에서 상업과 교역이 발달하고 도시가 성장하면서 불교와 자이나교가 발전하게 되었다. 당시 인도 도시의 상인들은 자신들의 이익을 보호하고자 조합을 결성하여 세력을 확대해 나갔으나, 경제적 능력의 상승에도 불구하고 이들에 대한 사회적 차별은 여전히 지속되었다. 이러한 상황에서 계급 제도를 부정하는 불교와 자이나교가 등장하자 상인들이 속한 바이샤 계급은 두 종교에 대해 환영하는 입장을 표방했다. 또한 불교와 자이나교에서 추구하는 비폭력주의는 당시 끊임없는 인도를 둘러싼 전쟁을 멈추고 상업과 교역을 활성화시킬 것이라는 기대를 갖게 하였다. 정복 전쟁을 통해 세력을 확대해 나갔던 크샤트리아 계급인 왕과 전사들은 브라만 계급을 견제하고 자신들의 세력을 성장시키기 위해 상인들의 경제적 지원이 필요하다고 판단하였다. 당시 인도의 왕들은 상인 세력의 대표에게 관리적 성격을 부여하여 이들을 국가 권력 내부로 수용하려 하였다. 따라서 당시 인도에 왕권과 상인 세력의 유대가 강화되었고, 상인 세력의 성장과 함께 이들의 지지를 받는 불교와 자이나교는 더욱 전파되었다.

　　인도인의 세계관에 따르면 우주 세계와 사회 질서는 영원히 존속하는 것이지만, 개인의 생명은 무한 시간 속에 반복되는 여러 생명 가운데 하나이다. 인도인들의 사회관은 이상적 사회 질서의 설정과 그것의 항구적 유지 노력으로 귀결된다. 따라서 이는 집단 중심의 도덕과 명분의 추구를 통한 행위의 합리화이고 브라만 지배 이데올로기로 널리 자리잡아 왔다. 이러한 이유로 고대 인도 사회에서 종교 권위에 대한 왕의 통제는 비교적 적은 편이었고, 이는 인도의 종교적이고 사회적인 원칙이었다. 인도에서는 자연의 생성, 죽음, 소생이라는 대우주 개념이 소우주인 인간 세계의 사회 변화의 개념으로 전환되었다. 고대 인도에서는 국가 권력이 일정 부분 종교 권위로부터 떨어져 존재하고 있었고 그런 연유로 세속 권력에 관한 이론이나 학문이 따로 발달할 수 있었다.

기원전 6세기경 고타마 싯다르타에 의해 창시된 불교는 인간 평등과 인생무상을 강조하며 윤리적 실천을 통한 해탈을 가르쳤다. 불교는 브라만교의 윤회 사상을 바탕으로 하면서도 지나친 권위주의와 엄격한 신분 차별에 반대하여 크샤트리아와 바이샤 세력의 환영을 받았다. 초기 불교는 사회 행위에 대한 합리적 인과관(因果觀)을 가지고 있었고, 교단-종파 중심으로 전개되면서 구체적 역사 인물 중심의 종교이기 때문에 초기 불교의 발전과 포교 등의 결과가 나타났다. 부처의 제자들 중 비구니들이 읊은 시를 모은 『장로니게』에서는 다음과 같이 말한다.

> 여인으로 승려가 된 고타미 부인은 이렇게 노래했다.
> "나는 모든 괴로움의 원인인 망집(妄執)을 떨쳐 내고, 여덟 가지 바른 길[八正道]을 실천하여, 망집의 소멸을 실현하였습니다. 이것은 나의 최후의 몸입니다. 나는 태어남을 되풀이하는 윤회를 다 멸해 다시 미혹(迷惑)의 생존을 계속하는 일은 없습니다.

북인도의 아리아인 사회는 점차 확대되어 갔지만 정치적으로는 수많은 소국으로 분열되어 있었다. 분열되어 있던 인도 사회를 수습하면서 세력을 키운 찬드라굽타 마우리아는 기원전 4세기경 마우리아 왕조를 세우고 최초로 북인도를 통일하였다.

마우리아 왕조의 3대 아소카 왕은 기원전 3세기경 남부를 제외한 인도 대륙 대부분을 통일하여 전성기를 맞이하였다. 아소카 왕은 전국에 감찰관을 파견하는 등 중앙 집권적인 통치 조직을 정비하고 지역 간 교역을 위해 도로를 건설하였다. 아소카 왕 통치 시기에 인도는 불교를 국가 통치의 원리로 채용하여 다르마에 의한 통치로 비폭력과 통일의 이상을 실현하고자 하였다. 아소카 왕은 불교 경전을 정리하고 스투파(탑)을 세우는 등 불교 보호와 포교에 힘썼다. 이 시기에는 개인의 해탈을 강조하는 소승 불교가 발전하여 스리랑카, 태국 등 동남아시아에 전파되었다. 초기 불교도들은 부처의 모습을 조각하는 것을 불경스럽고 여겨 부처를 표현할 때 보리수, 수레바퀴, 연꽃 등으로 대신하였다. 기원전 3세기~기원전 2세기에 인도는 교역으로 큰 번영을 누렸는데 무역과 연계되면서 불교는 더욱 널리 확산되었다.

아소카 왕이 사망한 뒤 마우리아 왕조는 급속히 쇠퇴하여 인도는 다시 분열되었다. 기원전 1세기경 남부의 데칸 고원을 중심으로 안드라 왕조가 일어나 로마, 동남아시아와의 해상 무역을 통해 번영하였다. 안드라 왕조의 교역 활동으로 불교와 브라만교 등이 남인도로 확산되었다.

인도 북부에서는 유목 민족인 쿠샨 왕조가 열려 중국, 인도, 페르시아를 연결하는 무역로를 독점하고 중계 무역으로 번영하였다. 2세기 중엽 이란계의 쿠샨 왕조 카니슈카 왕은 간다라 지방을 중심으로 사방으로 정복을 단행하여, 북인도와 중앙아시아에 이르는 최대 영토를 확보하여 쿠샨 왕조의 전성기를 열었다. 카니슈카 왕은 왕권을 강화하는 동시에 학문과 불교를 적극적으로 장려하였다. 특히 불교를 보호하여 불경을 모으는 일을 지원하고 포교에 힘썼다. 이러한 지원에 힘입어 이 시기에는 만인(중생)의 구제를 꾀하는 대승 불교가 발전하였다. 쿠샨 왕조의 중심지였던 서북 인도의 간다라 지방에서는 인도 문화와 헬레니즘 문화가 융합된 간다라 양식이 탄생하였다. 간다라 지방에서는 알렉산드로스의 원정 이래 헬레니즘 미술이 유행하였는데, 그 영향을 받아 1세기경부터 부처의 모습을 인간의 모습으로 표현하기 시작하였다. 이러한 간다라 양식의 불상은 대승 불교와 함께 비단길을 따라 중앙아시아, 중국, 한국, 일본 등지로 전파되었다. 간다라 양식은 대승 불교에서 부처를 예배의 대상으로 삼아 불상을 만들면서 널리 전파될 수 있었다. 세계 각 지역에 전파된 불교는 다양한 민족 문화를 흡수하였으며 각 지역 문화와 접목되어 다양하게 변이되었다. 중국에서는 불교가 중국의 전통 사상인 유교, 도교와 충돌하기도 하였으나 점차 유교, 도교와 불교가 융합되면서 중국화되어 갔다.

불교계에는 싯다르타가 열반한 후 여러 개의 교단이 생겨났다. 출가 수행자(승려) 중심의 소승 불교에서는 부처의 언행에 대한 주석을 중시하고 엄격한 수행과 계율 준수를 통한 개인의 해탈을 추구하였다. 대승 불교는 출가(出家)하여 수행하기 어려운 신자들의 신앙생활 속에서 뿌리를 내렸다. 대승불교는 이타주의(利他主義)의 입장에서 계율(戒律)에 얽매인 기성 교단을 비판하고 중생의 구제를 목표로 하였다. 소승불교에서는 싯다르타를 수행을 통해 해탈에 이른 인간으로 여겼으나, 대승 불교에서는 싯다르타를 보다 추앙하면서 불상을 만들기 시작하였다. 이 외에 신비주의적인 의례에 중점을 둔 불교 종파(宗派)가 티베트 지방을 중심으로 발달하였다. 티베트 불교에서는 최고 지도자 달라이 라마가 부처의 환생으로 죽지 않고 거듭 태어난다고 보았으며, 중생을 극락세계로 인도하는데 승려(라마)의 역할을 중시하였다.

철학자의 이야기

📜 붓다는 무엇을 보았는가

고타마 싯다르타는 기원전 6~5세기경 오늘날의 네팔과 인도 국경 지역인 룸비니에서 태어났다. 그의 아버지 슈도다나 왕은 샤카족의 군주였으며, 어머니 마야 부인은 싯다르타를 출산한 직후 세상을 떠났다. 그는 이모이자 계모인 마하파자파티 고타미의 보호 아래 풍족하게 자랐다. 왕자인 싯다르타는 왕궁에서 최고의 교육을 받으며 문학, 예술, 철학, 무예 등 모든 방면에서 탁월한 자질을 보였고, 왕궁 안에서 제공되는 완벽한 안락과 호사를 누리며 성장했다. 슈도다나 왕은 아들이 뛰어난 군주가 되어 왕위를 이어받기를 원했기에 싯다르타를 철저히 외부세계로부터 격리하며 보호했다. 그는 아들에게 인간의 고통스러운 현실을 보지 못하도록 왕궁의 모든 것을 화려하고 즐겁게 꾸몄으며, 궁 밖의 슬픔과 고통, 고난은 태자의 눈에 절대 띄지 않도록 주의하였다.

하지만 싯다르타는 성장할수록 궁전의 풍요로운 삶 속에서도 무언가 근본적으로 결핍된 느낌을 지울 수 없었다. 그는 물질적 풍요가 진정한 행복을 주지 못하며, 인간의 삶에 존재하는 근본적이고 피할 수 없는 고통에 대한 깊은 의문이 생기기 시작했다. 그러던 어느 날, 태자는 아버지의 허락을 받아 처음으로 왕궁 밖 세상으로 유람을 나가게 되었다. 왕은 태자가 지날 길을 깨끗이 정돈하고 아름답게 꾸며 현실의 고통을 보지 못하도록 세심히 배려했다. 그러나 이러한 노력에도 불구하고, 싯다르타는 예기치 않은 장면들을 연속적으로 목격하게 된다.

첫 번째 유람에서 싯다르타는 동문으로 나가 늙은 사람을 보았다. 궁 밖으로 나가는 길은 왕의 명령으로 깨끗하고 아름답게 꾸며졌으나, 길 한편에 앉아 있는 한 노인을 우연히 마주하게 되었다. 그 노인은 구부정한 등과 주름진 피부, 희끗희끗한 흰 머리에 빠진 이, 그리고 힘없이 늘어진 팔다리를 가진 채 떨고 있었다. 노인의 모습을 본 싯다르타는 그 자리에서 멈추어 섰고, 호기심과 충격이 뒤섞인 마음으로 옆에 있던 수행원에게 물었다. "저 사람은 어째서 저리도 쇠약한 모습인가?" 수행원은 답했다. "저것은 늙음입니다. 인간은 나이가 들면 누구나 감각기관이 약해지고, 몸이 쇠약해지며, 앉고 서는 데조차도 남의 도움을 필요로 합니다." 이 말을 들은 싯다르타는 충격과 함께 깊은 슬픔을 느꼈다. 그는 궁전에서 영원히 젊고 아름다운 모습만을 보아왔기에, 인간이 결국 늙고 약해진다는 필연적이고 잔혹한 현실에 당황했다. 싯다르타는 자신도 결코 이 노화를 피할 수 없다는 사실을 깨닫고, 인생의 허무함과 연약함을 실감하며 깊은 불안에 빠졌다.

두 번째 유람에서 싯다르타는 남문으로 나가 병든 사람을 보게 되었다. 이번에도 길은 왕의 명령에 따라 완벽하게 꾸며졌으나, 그가 탄 수레가 길모퉁이를 지날 때 병으로 고통받는 한 사람을 발견하게 되었다. 이 병자는 온몸이 야위어 뼈만 남았으며, 피부는 창백하고 누렇게 변색되어 있었고, 아홉 개의 구멍에서는 오물이 흘러나와 있었다. 숨 쉬는 것조차도 힘겨워하며, 그는 고통 속에서 가족의 이름을 부르짖고 있었다. 싯다르타는 다시 수행원에게 물었다. "저 사람은 무엇 때문에 저토록 고통스러워하는가?" 수행원이 답했다. "저것은 병입니다. 인간은 누구나 병을 얻으면 신체가 극도로 고통스럽고, 마음마저 쇠약해집니다." 싯다르타는 그 말을 듣고 마음이 더욱 무거워졌다. 그는 지금의 건강하고 강건한 자신도 결국 병이라는 운명에서 벗어날 수 없음을 자각했다. 병이라는 고통은 삶에서 피할 수 없는 현실이며, 아무리 부유하고 권력을 가진 왕자라 하더라도 병이 찾아오는 순간 그 모든 특권과 즐거움은 아무런 의미가 없다는 사실을 깨달았다. 싯다르타는 이 두 번째 유람 이후부터 병에 대한 깊은 두려움과 인간 존재에 대한 근본적인 의문을 더욱 진지하게 품기 시작했다.

세 번째 유람에서 싯다르타는 죽음을 목격하였다. 서쪽 성문을 지나던 중 그는 장례행렬과 마주쳤다. 죽은 사람의 시신이 실린 상여가 지나가고 있었고, 그 주변에서는 가족들이 비통하게 울부짖으며 애도하고 있었다. 생전에 존재했던 모든 기쁨과 슬픔, 사랑과 미움이 죽음이라는 단 하나의 사건 앞에서 속수무책으로 사라지는 것을 보며 싯다르타는 가슴이 먹먹해졌다. 그는 다시 수행원에게 죽음의 의미를 물었고, 수행원은 이렇게 대답했다. "죽음이란 생명이 다하여 정신이 떠나고 육체가 분해되는 것입니다. 모든 사람은 결국 죽게 되며, 육신은 부패하여 벌레와 새들의 먹이가 됩니다. 세상의 부자도, 권력자도, 아무리 아름다운 사람이라도 죽음만큼은 피할 수 없습니다." 이 말을 들은 싯다르타는 심한 충격과 공허감을 느끼며 긴 침묵에 빠졌다. 인간의 삶이란 결국 죽음이라는 피할 수 없는 결말로 향하고 있으며, 모든 존재는 이 죽음 앞에서 평등하다는 사실을 깊이 깨달았다. 그는 이제 삶의 허망함과 무상함을 철저히 인식하게 되었으며, 이러한 고통의 굴레에서 벗어날 수 있는 길이 무엇인가에 대한 깊은 철학적 고민에 빠지게 되었다.

이 세 가지의 경험은 싯다르타가 왕궁에서 누렸던 안락함과 쾌락이 얼마나 허무한 것인지, 또한 인간 삶에 내재된 고통이 얼마나 보편적이고 불가피한 것인지를 절감하게 만들었다. 이로써 싯다르타는 더 이상 이전처럼 안락한 궁전 생활에 만족할 수 없었다. 그는 삶의 근본적인 진리를 찾기 위해 모든 특권과 지위를 버리고 출가의 길로 나설 결심을 하게 된다. 그러다가 네 번째 유람에서 싯다르타는 출가 수행자, 즉 '사문(沙門)'을 보았다. 그는 북쪽 성문을 나서던 중 길에서 마주친 한 수행자를 보았다. 그 수행자는 세속의 모든 욕망을 버리고 오직 깨달음의 길을 찾고자 수행하고 있었다. 그의 모습은 조용하고 단정했으며, 발걸음은 매우 차분했고 시선은 흐트러짐 없이 앞만 응시하고 있었다. 싯다르타는 이러한 사문의 모습에 깊이 매료되어 즉시 옆에 있던 수행원에게 물었다. "저 사람은 누구이며, 무엇을 하는 사람인가?" 수행원은 답했다. "저 사람은 사문입니다. 사문이란 세속적인 집과 가족을 떠나 모든 욕망과 집착을 끊고, 계율을 지키며 깨달음을 얻기 위해 수행하는 사람입니다. 이들은 정신을 한곳에 집중하여 고요한 상태에 도달하고, 그렇게 되면 온갖 번뇌와 괴로움을 끊을 수 있게 됩니다. 그 상태를 아라한(阿羅漢)이라고 하며, 그 사람은 진정한 진리를 깨달은 존재로서 어떤 유혹이나 세속의 유혹에도 흔들리지 않으며, 삶과 죽음을 초월한 자유를 누리게 됩니다."

이 말을 들은 싯다르타는 깊은 감동과 깨달음의 열망을 느꼈다. 그는 이전의 세 번의 유람에서 인간 삶의 필연적 고통인 늙음, 병듦, 죽음을 차례로 목격하며 깊은 절망감에 빠졌었다. 그러나 이제 그는 진정으로 이러한 고통을 극복할 수 있는 길을 찾은 것 같았다. 세속적인 쾌락이나 왕궁의 안락함은 그가 직면한 생로병사의 고통에 대해 아무런 해결책을 제시하지 못했으며, 오히려 인간 존재가 본질적으로 고통에서 벗어날 수 없다는 사실만을 더욱 절실히 느끼게 할 뿐이었다. 그러나 이 수행자의 모습을 통해, 그는 고통에서 벗어나 진정한 자유를 얻을 수 있는 길이 존재할지도 모른다는 희망을 갖게 되었다. 싯다르타는 수행자의 모습을 보며 스스로 생각하기 시작했다. 지금까지의 삶은 왕궁이라는 울타리 속에서 안락함과 쾌락을 추구하는 삶이었다. 하지만 늙음과 병듦, 죽음의 현실 앞에서는 그러한 세속적 행복이 얼마나 무력한지 깨닫게 되었다. 이제 그는 자신의 인생을 완전히 새롭게 바라보기 시작했다. 수행자의 모습에서 얻은 영감은 세속적인 삶을 벗어나 진리를 추구하고, 존재의 근본적인 문제를 탐구하기 위해서는 왕궁의 안락함과 부귀를 버려야 한다는 확신으로 그를 이끌었다.

그 순간부터 싯다르타의 마음속에는 출가에 대한 의지가 확고해졌다. 그는 왕궁으로 돌아오자마자 이전보다 더욱 심각한 고민에 빠졌고, 이전과는 다른 사람이 되어 있었다. 왕은 아들이 외출을 다녀온 뒤 더욱 깊은 고민과 슬픔에 빠져 있는 모습을 보고 걱정하여 종에게 그 이유를 물었다. 종이 답하기를, "이번에는 길에서 출가한 수행자를 보았으며, 그 수행자의 모습에 깊은 감명을 받은 듯합니다. 그 후로부터 태자는 이전보다 더욱 말수가 적어지고 슬픔과 고뇌에 빠져 있사옵니다."라고 전했다. 결국, 싯다르타는 인간의 삶이 근본적으로 고통스럽고 무상한 것이며, 진정한 행복과 평화를 얻기 위해서는 세속적인 욕망과 집착을 철저히 버리고 수행을 통해 깨달음을 얻어야 한다는 확신을 가지게 되었다. 이는 그가 왕자로서 누려왔던 부와 명예, 지위와 쾌락이 결코 삶의 근본적 문제를 해결하지 못하며 오히려 깊은 고통을 가져온다는 것을 절실히 깨달았기 때문이다. 이러한 깨달음은 그의 인생을 완전히 다른 방향으로 이끌었다. 그는 왕궁의 안락함과 가족의 사랑마저도 진리를 깨닫는 길 앞에서 내려놓기로 결심했다. 그리하여 어느 날 밤, 싯다르타는 마침내 왕궁을 떠났다. 그는 자신의 화려한 옷을 벗어버리고 출가 수행자의 간소한 옷을 입었다. 이 출가는 단순히 세속을 떠나는 물리적인 이동만을 의미하지 않았다. 이는 인간의 고통을 근본적으로 해결하고 진정한 행복을 찾아 중생을 구제하려는 숭고한 목적을 향한 첫걸음이었다. 싯다르타는 자신이 그토록 갈구하던 해탈과 진리를 찾아 깊은 숲 속으로 걸어 들어갔으며, 다시는 왕궁으로 돌아오지 않았다(『수행본기경(修行本起經)』).

붓다는 무엇을 깨달았는가

싯다르타는 출가 후 바르가바 선인을 만나 극단적인 고행을 시작했지만, 육체적 고통만으로는 해탈에 이를 수 없음을 깨닫고 그를 떠났다. 이후 그는 뛰어난 선정 수행자인 알라라 칼라마와 웃다카 라마풋다를 찾아 깊은 명상과 무아의 경지에 도달했으나, 이것 또한 진정한 해탈이 아니라며 이들을 떠나 스스로 길을 찾아 나섰다. 우루벨라 숲에서 6년 동안 다시 극심한 고행을 지속했으나 성과가 없었고, 몸은 극도로 쇠약해졌다. 그러던 어느 날 나이란자라 강변에서 명상을 하던 중, 지나가던 배 위의 악사가 제자에게 "악기의 줄을 너무 팽팽하게 조이면 끊어지고, 너무 느슨하게 하면 소리가 나지 않는다"고 하는 말을 들었다. 이 순간 싯다르타는 극단적 고행도 방탕한 욕망도 아닌 '중도(中道)'의 수행법을 깨달았다. 이 깨달음을 계기로 고행을 멈추고 몸을 회복한 싯다르타는 부다가야의 보리수 아래서 깊은 명상에 들어갔다. 수행 도중 마왕 마라의 온갖 유혹과 위협을 받았지만 모두 이겨냈고, 마침내 진리를 완벽히 깨달아 붓다(깨달은 자)가 되었다. 그가 깨달은 진리는 삶의 고통[苦]과 그 원인[集], 고통의 소멸[滅], 그리고 고통을 극복하는 실천적 방법[道]을 담은 '사성제(四聖諦)'였다. 이는 중생이 윤회의 고리를 끊고 열반에 도달하는 길을 제시한 것으로, 싯다르타가 사람들에게 전한 핵심적인 가르침이었다.

부처님께서는 말씀하셨다.

"나는 지금 한 발 밖에 안 되는 몸으로, 세계와 세계의 쌓임과 세계의 사라짐과 세계의 사라지는 길을 설명하리라. 적마여, 어떤 것이 세계인가. 이른바 다섯 가지 쌓임이다. 그 다섯이란, 몸뚱이 쌓임과 느낌·생각·지어감·의식의 쌓임이니, 이것을 세계라 한다. 어떤 것이 몸뚱이의 쌓임인가. 이른바 미래의 존재에 대해 사랑과 탐욕과 기쁨을 함께 가지고 거기에 집착하는 것이다. 이것을 세계의 쌓임이라 하느니라. 어떤 것이 세상의 사라짐인가. 만일 그가 미래의 존재에 대해 사랑과 탐욕과 기쁨을 함께 가지고 거기에 집착하는 것을 남김 없이 끊어 버리고 모두 떠나서, 욕심이 없고 아주 없애 버리면, 그것을 세상의 사라짐이라 한다. 어떤 것이 세상의 사라지는 길인가. 이른바 '바른 소견·바른 뜻·바른 말·바른 업·바른 생활·바른 방편·바른 생각·바른 선정'의 여덟 가지 거룩한 길이니라(『장아함경(長阿含經)』)."

싯다르타는 『장아함경』에서 세상이 끊임없이 변화하며 고정된 것은 없다고 하면서 '일체무상(一切無常)'을 설파하였다. 그는 모든 현상과 존재가 땅[地], 물[水], 불[火], 바람[風]이라는 네 가지 물질적 요소[四大]가 조건적으로 모였다가 흩어지는 과정을 통해 끊임없이 변한다고 설명하였다. 이 사대 요소들은 어느 하나도 독립적으로 존재하지 않고, 서로 영향을 주고받으며 생성과 소멸을 반복하기 때문에, 우리가 경험하는 세계는 매 순간 변화하는 흐름일 뿐이다. 이처럼 모든 존재와 현상이 조건적으로 존재하며 영원하지 않다는 일체무상은 자연스럽게 '일체무아(一切無我)'의 깨달음으로 이어진다. 싯다르타는 우리가 '나'라고 믿는 존재가 실은 몸뚱이·느낌·생각·지어감·의식의 다섯 가지 쌓임[五蘊]이 조건적으로 결합한 현상에 불과하다고 보았다. 이 오온은 마치 흐르는 강물처럼 끊임없이 변화하기에, 그 안에 변하지 않는 자아나 영원한 영혼과 같은 고정된 실체는 없다. 결국, 존재란 무상한 조건들이 잠시 머물렀다 흩어지는 과정일 뿐이며, 거기서 고정된 '나'라는 실체를 찾는 것은 환상에 불과하다는 것이다.

싯다르타는 고통이 발생하는 원인을 '집착(集着)'이라 규정하며, 이를 '집성제(集聖諦)'로 설명하였다. 그가 말한 집착이란, 단순한 욕심이나 바람을 넘어서 우리의 내면 깊숙한 곳에서 일어나는 욕망(탐, 貪), 분노(진, 瞋), 어리석음(치, 癡)으로 이루어진 '삼독(三毒)'을 의미한다. 이 중 탐(貪)은 끊임없이 무언가를 갈망하며, 영원하지 않은 대상을 영원한 것처럼 착각하여 계속 붙잡으려 하는 마음이다. 이렇게 집착하는 마음이 있기에 인간은 원하는 것을 얻지 못했을 때 큰 괴로움을 느낀다. 분노(진, 瞋)는 그러한 탐욕이 좌절되거나 원하는 바를 이루지 못했을 때 솟구치는 원망과 증오의 마음이다. 사람들은 욕망이 좌절될 때마다 분노하고, 그 분노는 다시 더 깊은 집착과 괴로움을 낳으며 악순환을 일으킨다. 그리고 이러한 탐과 진을 일으키는 가장 근본적인 원인은 바로 어리석음, 즉 치(癡)이다. 어리석음이란 바로 세상의 모든 것이 무상하고 무아(無我)라는 진리를 모르고, 변화하는 것을 변화하지 않는 것으로 착각하는 근본적인 무지를 의미한다. 이 세 가지 독은 끊임없이 얽히고 설키며, 마치 그물처럼 우리의 마음을 단단히 구속하고 윤회(輪廻)의 굴레에서 벗어나지 못하게 만든다. 싯다르타는 이러한 삼독의 작용으로 인해 인간은 지속적으로 존재에 집착하고, 집착으로 인해 욕망이 일어나며, 욕망이 좌절되었을 때 다시 분노와 고통이 생겨나 윤회가 계속된다고 보았다. 이와 같은 삼독의 집착은 윤회를 끊임없이 지속시키는 원인이며, 결국 존재가 가지는 근본적 고통의 뿌리가 되는 것이다.

싯다르타는 고통을 멈추고 완전한 자유와 평화인 열반에 도달하는 방법으로 도성제(道聖諦)를 설파하였다. 도성제는 팔정도(八正道)라는 여덟 가지 올바른 실천 방법으로 제시되는데, 이는 바른 소견·바른 뜻·바른 말·바른 행동·바른 생활·바른 노력·바른 생각·바른 선정이다. 팔정도의 핵심은 탐(貪), 진(瞋), 치(癡) 삼독을 끊고 무상(無常)과 무아(無我)의 진리를 체득하여 고통에서 벗어나는 것이다. 바른 소견과 바른 뜻을 통해 진리를 정확히 이해하고 올바른 마음을 일으키며, 바른 말과 행동, 생활을 통해 삶의 질서를 바로잡고, 바른 노력과 생각, 선정을 통해 내면의 탐진치를 완전히 제거하는 수행을 행해야 한다는 것이다. 결국 도성제의 팔정도는 고통의 근본 원인을 제거하고, 무상과 무아의 깨달음 속에서 완전한 해탈의 경지로 안내하는 구체적이고 실천적인 방법이라고 할 수 있다.

싯다르타의 가르침과 21세기의 청년 세대

싯다르타가 제시한 탐(貪, 욕망), 진(瞋, 분노), 치(癡, 어리석음)의 삼독(三毒)과 무상(無常)·무아(無我)의 깨달음은 오늘날 무한 경쟁 속에서 살아가는 청년들에게 여전히 깊은 성찰을 제공한다. 하지만 현대 사회의 맥락에서 이 가르침을 무비판적으로 받아들이는 것에는 분명 한계가 있다. 본 글에서는 현대인의 삶을 날카롭게 분석한 한병철의 『피로사회』를 함께 읽으며, 싯다르타의 가르침이 현대 청년들에게 어떤 현실적 통찰을 줄 수 있는지 구체적으로 논의하고자 한다. 한병철은 현대사회가 과거의 외부적 억압과 부정성이 아닌, 과잉 긍정성과 끝없는 자기계발이라는 내면적 강요 속에서 개인이 스스로를 착취하도록 만든다고 진단한다. 이와 같은 자기착취는 싯다르타가 지적한 탐(貪)의 현대적 변형이라 할 수 있으며, 청년들이 사회적 기준을 내면화하여 자신을 끊임없이 채찍질하게 만드는 원인이 된다.

한병철의 관점에서 바라본 현대사회의 특징은, 싯다르타가 말한 진(瞋)의 변형된 양상에서도 드러난다. 과거의 분노가 외부의 억압과 부정의에 맞선 저항의 형태였다면, 오늘날 청년들의 분노는 자기 자신에게 향하는 내면적 분노와 자책으로 변화했다는 점에서 더욱 심각하다. 청년들은 외부가 아니라 자기 자신과 싸우며, 끊임없이 완벽해지지 못하는 스스로에게 화를 내고 비난하는 악순환 속에 놓여 있다. 이러한 내적 분노와 자책은 우울, 불안, 번아웃과 같은 심각한 정신적 문제를 야기한다. 또한 이러한 탐과 진의 바탕에는 근본적으로 치(癡), 즉 무지의 문제가 자리 잡고 있다. 싯다르타가 지적한 무지란 세상의 모든 것이 영원히 지속되지 않고 변화하며(무상), 영속적인 자아가 없다는(무아) 진리를 깨닫지 못하는 상태를 말한다. 현대인은 이러한 무지 속에서 삶을 완벽하게 통제하고 성취할 수 있다는 환상에 빠져 끊임없이 좌절과 고통을 경험하고 있다. 결국, 싯다르타의 가르침은 오늘날 청년들의 자기착취와 성과주의적 강박을 이해하는 데 중요한 통찰을 제공해준다.

하지만 현대사회에서 싯다르타가 제시한 무상과 무아의 진리, 팔정도(八正道)를 실천하는 것은 결코 간단한 일이 아니다. 오히려 현대인은 이마저도 또 다른 성취의 도구로 변질시키는 오류를 범할 위험이 크다. 예컨대 바른 노력이나 바른 생활을 성과주의적 관점에서 받아들이면, 이는 또 다른 자기착취를 낳는 결과로 이어질 수 있다. 따라서 현대 청년들은 팔정도의 수행을 성취의 수단이 아니라, 있는 그대로의 자신을 마주하고 수용하는 내적 성찰의 과정으로 접근해야 한다. 싯다르타가 말한 중도(中道)의 길, 즉 지나친 욕망도 극단적 절제도 아닌 적절한 균형을 추구하는 것이야말로 성과주의의 압력과 경쟁으로 지친 청년들이 내적 평화를 회복할 수 있는 구체적 방법이 될 수 있다. 악기의 줄이 너무 팽팽하면 끊어지고, 너무 느슨하면 소리가 나지 않는다는 싯다르타의 비유는 오늘날의 청년들에게 더욱 생생한 의미로 다가온다.

결론적으로, 싯다르타가 제시한 무상(無常)과 무아(無我)의 깨달음, 그리고 탐진치(貪瞋癡)의 극복은 현대 청년들에게 단지 추상적인 철학이 아니라, 자신을 있는 그대로 수용하고 삶의 균형을 되찾도록 돕는 실질적이고 비판적인 방법론을 제공한다. 특히 한병철이 지적한 과잉 긍정성과 자기착취의 악순환에서 벗어나기 위해서는 외부적 성과와 경쟁적 성취보다 스스로를 이해하고 존중하는 내적 태도를 회복해야 한다. 팔정도의 진정한 목적은 끊임없는 비교와 자기비판에서 벗어나, 자기 자신에게 친절과 연민을 베푸는 삶의 방식을 익히는 것이다. 청년들이 팔정도를 실천하며 스스로의 내면과 진정한 목소리에 귀 기울일 때, 비로소 자기착취와 성과주의의 고통에서 벗어나 삶의 본질적 의미를 찾을 수 있게 될 것이다. 결국 싯다르타를 통해 우리의 삶을 되돌아보는 경험은, 현대 청년들에게 자기 자신을 소모시키는 삶이 아니라 존재 그 자체를 존중하고 돌보는 삶, 내적 평화를 우선시하는 삶으로의 전환을 제시하는 귀중한 계기가 된다. 현대사회에서 성과와 경쟁이 요구하는 높은 기준에서 벗어나 자신의 존재 자체를 있는 그대로 받아들이며, 균형 잡힌 삶을 살아가는 지혜를 얻도록 돕는다는 점에서 싯다르타와의 만남은 더욱 깊고 풍부한 울림을 준다.

4장

맹목성에서 벗어나기

4장

맹목성에서 벗어나기

관련 덕목
- 비판적 사고
- 변화에 대한 용기

 역사학자의 이야기

📜 종교 개혁의 배경

중세 가톨릭교회의 부패와 모순을 고발하고 개혁을 이루기 위한 움직임은 14세기 이래 유럽 전역에서 전개되었다. 서유럽에는 약 천 년 이상 로마 가톨릭교회를 중심으로 하나의 크리스트교 세계가 전개되었다. 로마 가톨릭교회는 종교적 권위는 말할 것도 없고 중세인들의 생활과 사회를 지배하면서 막강한 권력과 부(富)를 독점하였다. 14세기경 교회의 권위가 흔들리면서 유럽인들은 인간의 개성과 합리성에 대해 다시 생각하기 시작하였다. 또한, 고대 그리스와 로마의 문화에 대한 관심이 높아졌는데, 이러한 움직임을 르네상스라고 한다. 르네상스는 이탈리아에서 먼저 시작되었는데, 오스만 제국의 침략을 피해 넘어온 비잔티움 학자들은 그리스·로마 고전 문화에 대한 관심을 자극하였으며, 무역 과정에서 형성된 이탈리아 인의 합리적인 탐구 정신과 물질적인 부(富)는 학자와 예술가를 뒷받침하였다. 이를 기반으로 인간과 세상을 새롭게 해석하는 인문주의(人文主義)가 형성되었으며, 교회의 권위를 넘어서서 자연과 인간을 그대로 묘사하게 되었다. 인문주의자는 '사람다움'을 뜻하는 라틴어 'humanitas(후마니타스)'에서 나온 말로 사람의 본성을 적극적으로 탐구하려는 정신을 보여 준다.

이탈리아에서 꽃핀 르네상스는 16세기에 알프스 산맥을 넘어 유럽 전역으로 확산되었다. 알프스 이북에서는 봉건적 위계질서가 유지되고 정치적 권위의 정당성을 지탱해 주는 교회의 영향력이 강하게 남아 있었다. 이탈리아와 달리 북유럽의 인문주의자들은 고전 연구와 더불어 초기 크리스트교의 전통에 깊은 관심을 두면서 현실 사회와 교회를 비판하는 개혁 성향이 강하였다. 르네상스의 인문주의자들은 신을 인간적인 모습으로 표현하였으며, 성서를 깊이 연구하며 참다운 신앙이 무엇인지 탐구하였다.

날로 심해지는 교회의 부패와 일부 성직자의 타락에 대한 비판의 목소리가 높아지는 가운데, 16세기 북유럽의 인문주의자들은 종교 개혁이 일어날 수 있는 토대를 만들어 갔다. 특히 성서 연구가 활발하였는데, 이러한 경향은 종교 개혁으로 이어졌다. 북유럽의 르네상스를 대표하는 네덜란드의 인문주의자 에라스무스는 『우신예찬(愚神禮讚)』에서 교회의 허식과 성직자들의 타락을 신랄히 비판하여 인문주의 발전뿐 아니라 종교 개혁에도 큰 영향을 주었다. 에라스무스는 네덜란드의 인문주의자로 파리 대학에서 신학을 공부하였는데 당시 교회의 부정과 부패를 비판하였다. 에라스무스의 『우신예찬』은 어리석음의 여신(女神)이 철학자와 신학자의 공허한 논리와 성직자의 위선을 신랄하게 풍자하는 형식으로 구성되어 있다.

성 베드로가 복음서에서 "우리는 그리스도 당신을 따르기 위해서 모든 것을 버렸나이다."라고 말했음에도 불구하고, 교황들은 그를 위한답시고 영토와 도시, 공물과 통행세 등으로 세습 재산을 만들어 문자 그대로 하나의 왕국을 세웠습니다. 그리스도에 대한 애정에 불타는 그들은 이 모든 것을 유지하기 위해 칼과 불로 싸움으로써 기독교인의 피를 강물처럼 흐르도록 만들고 있는 것입니다. (…)

요즈음의 교황은 가장 어려운 일들은 베드로와 바울에게 맡기고 호화로운 의식과 즐거운 일만 찾는다. 교황은 바로 나, 우신(愚神) 덕분에 누구보다도 우아한 생활을 하고 있는 것이다. 기적을 행한다는 것은 이미 시대에 뒤떨어진 낡아 빠진 관습이다. 민중을 교화하는 것은 피로한 것이다. 성서(聖書)를 설명하는 것은 학교에서나 할 일이다.

에라스무스의 영향을 받은 영국의 토머스 모어는 『유토피아』에서 부조리한 현실사회를 비판하고 빈부 격차가 없는 이상 사회의 모습을 제시하였다. 토머스 모어는 『유토피아』에서 미신(迷信)을 비난하고 교회의 부패를 풍자하였으며, 질병에 대한 치유력으로 믿고 받드는 종교적 관행뿐만 아니라 사회 구조적 모순까지도 신랄하게 비판하였다.

이 나라에는 왜 이렇게 많은 도둑이 들끓는가? 그렇게 온순하고 먹이를 조금 먹던 양들이 요즘에는 지나치게 많이 먹고 또 사나워져, 과장하여 말하면 인간들까지 다 먹어 치우고 있다. 그것은 비싼 양털을 얻을 수 있는 곳이면 어디든 귀족과 신사, 성직자인 수도원장까지도 백성의 경작지를 빼앗아 온통 목장 울타리로 둘러싸 버렸기 때문이다.

종교 개혁의 전개

이 시기에 발달한 실용적인 발명과 기술은 사회 전반에 걸쳐 큰 영향을 끼쳤다. 화약 무기의 사용은 전쟁의 양상을 바꾸어 놓았고, 점차 정밀해지는 시계의 확산은 사람들이 정해진 시간에 맞추어 생활하도록 하였다. 나침반과 같은 항해 도구들은 해상 무역의 팽창에 필수적인 도구였다.

지식을 전달하는 새로운 매체인 인쇄술은 새로운 사회를 만드는 데에 크게 기여하였다. 인쇄기는 인문주의자들이 주요 고전들의 정확하고 표준화된 판본을 유통시킬 수 있도록 도왔다. 이 가운데 가장 중요한 것은 성서(聖書)였고, 신의 세계로 간주되었던 것에 직접 접근할 수 있게 된 것은 종교 개혁의 주요 원인이 되었다.

판면에 글자를 볼록하게 새겨 인쇄하는 활판 인쇄술을 발명한 사람은 독일의 구텐베르크라고 알려져 있다. 구텐베르크는 알파벳의 각 글자를 돋을새김 형식으로 새긴 금속 형판(型板)을 인쇄술에 도입하였다. 나무틀 안에 활자를 배열하고[조판(組版)], 여기에 잉크를 묻혀 종이에 대고 누르는 방식이었다. 인쇄를 마친 뒤에는 조판을 해체하여 활자(活字)들을 다시 사용하였다. 유럽은 활판 인쇄술이 발달하기에 유리한 조건을 갖추고 있었다. 알파벳은 철자 수가 많지 않았고, 활자의 재료가 되는 금속의 가격이 저렴했을 뿐만 아니라, 활자에 잘 붙고 종이에 번지지도 않는 유성 잉크를 사용하였기 때문이다. 그 무렵 중국에서 값싼 종이가 아라비아를 거쳐 전래된 것도 활판 인쇄술의 발달에 영향을 주었다.

16세기 이후에는 북유럽으로 르네상스가 확산되었는데, 북유럽에는 교회의 권위와 봉건 사회의 관습이 강하게 남아 있었기 때문에 북유럽의 인문주의자들은 초기 크리스트교 연구를 통해 현실 사회와 교회를 비판하는 개혁적 성향을 보여 주었다. 또한, 제지술과 구텐베르크의 활판 인쇄술의 고안은 새로운 지식과 사상의 전파를 촉진하여 르네상스와 종교 개혁의 확산에 기여하였다. 구텐베르크가 고안한 활판 인쇄술은 제지법과 더불어 유럽 전역으로 확산되었다. 인쇄술의 발전으로 많은 사람들이 쉽게 책을 접하게 되어 새로운 지식과 사상의 보급이 촉진되었다. 이에 힘입어 르네상스와 종교 개혁이 널리 확산될 수 있었다. 15세기 중엽에 구텐베르크가 실용화한 활판 인쇄술은 그동안 일부 계층이 독점하고 있던 지식을 대중화하여 사람들의 생활을 바꾸어 나갔다. 인쇄술은 르네상스 문화를 뒷받침하였을 뿐 아니라 루터의 종교 개혁 또한 가능하게 하였다. 루터의 주장은 인쇄술에 힘입어 독일 전역으로 퍼져 나갈 수 있게 되었다.

중세 말에 교회 부패를 유발한 중요 원인은 교황청의 재정 문제였다. 14세기 이래로 중앙집권이 확립된 잉글랜드나 프랑스와 달리, 독일은 분권적인 세력들로 나뉘어 있어서 교황청의 영향력을 견제할 구심점이 없었다. 따라서 독일이 교황청의 궁핍한 재정을 채워주는 중요 수입원으로 기능했고, 독일은 '교황청의 젖소'라는 별명으로 불렸다. 교황은 독일에서 성직 매매(賣買)를 비롯하여 수입을 올렸다. 독일의 각 주교구에 할당된 부담은 일반 평민들에게 전가되었다. 따라서 독일 귀족들과 민중들 사이에는 교황청이 요구한 세금 부과에 대한 불만이 형성되었다.

당시 교회 폐단의 대표적 사례는 면벌부 판매이다. 민중들은 자신들이 구매한 면벌부와 자신들이 지불한 교회세가 교황의 사치와 교회의 건축 등에 사용되었다는 점에 주목하였다. 이는 독일 및 유럽 각국의 사회에 큰 파장을 일으켰고, 반교황적인 정서가 형성되는 계기가 되었다.

1517년 독일의 루터가 『95개조 반박문』을 제시하였을 때 서유럽의 종교적 통일성을 깨뜨리는 종교 개혁이 시작되었다. 교황 레오 10세가 성 베드로 대성당의 개축을 위해 면벌부를 판매한 것이 종교 개혁의 도화선이 되었다. 루터는 면벌부 판매를 비판하면서, 인간은 오직 신의 은총과 믿음에 의해서 구원을 받고 성서만이 신앙의 유일한 근거라고 주장하며 교황의 권위에 도전하였다. 교회로부터 파문당한 루터는 그를 지지하는 제후와 농민들의 도움으로 비텐베르크 성에 은신하면서 성서를 독일어로 번역하고 교회 개혁 운동을 추진해 나갔다. 루터가 발표한 『95개조 반박문』은 즉시 인쇄되어 퍼졌는데, "천사 스스로가 전령이 되어 전파한 것처럼 14일 만에 전체 크리스트교 세계(독일)에 퍼졌다."라는 말이 나왔을 정도였다.

제 6조: 교황은 신의 용서를 확증하는 이외에 어떠한 죄도 용서할 수 없다.
제 20조: 교황이 모든 벌을 면제한다고 선언한다면, 그것은 진정한 의미에서의 모든 벌이 아니라, 단지 교황 자신이 내린 벌을 면제한다는 것 뿐이다.
제 36조: 진실로 회개한 크리스트교도는 면벌부가 없어도 징벌이나 죄에서 완전히 해방되는 것이다.

특히 문맹(文盲)이 많았던 독일에서는 시각에 호소하는 목판 삽화가 많이 제작되어 종교 개혁을 뒷받침하였다. 또한 인쇄술의 발달에 의해 언어의 표준화가 진행되어 유럽 각국에서 단일하고 표준적인 '국어'가 성립되기에 이르렀다. 이처럼 인쇄술은 정보의 전달과 축적에 커다란 변화를 가져왔다.

루터 자신이 논제(論題)를 제기한 목적은 학술적이었는데, 루터는 당시 확립되어 있던 공개 토론 방식을 통해 학자들 사이에 면벌부에 대한 의견을 모으고 필요한 경우 공론을 형성하는데 기여하고자 하였다. 당대 교회의 입장에서 볼 때 루터는 매우 민감한 문제를 제기한 것이었고, 루터는 교회와 대립하게 되었다. 루터의 교회의 부패에 대한 비판이 널리 확산될 수 있었던 것은 인문주의자들과 도시민들이 적극적으로 호응했기 때문이다. 독일의 민중들과 도시민들은 루터를 자신들의 입장을 옹호하는 개혁가로 받아들이며 환영하였다. 루터가 알프스 이북 유럽의 인문주의자들로부터 환영받을 수 있던 것은 인문주의자들 사이에도 교회의 적폐(積弊)를 제거하는 것이 시급하다는 공감대가 형성되어 있었기 때문이다. 루터의 『95개조 반박문』이 독일 사회에서 파장을 불러일으키며 확산될 수 있던 것은 그만큼 종교적 모순(矛盾)을 절실하게 겪고 있었기 때문이다.

루터의 주장은 인쇄술의 발전에 힘입어 유럽 각지로 퍼져나갔고, 교황과 대립하던 독일 제후들은 루터를 옹호하였다. 루터파 제후들은 로마 가톨릭교회의 보호자를 자처한 황제에 끝까지 투쟁하였고, 아우크스부르크 화의에서 루터파 교회가 공식적으로 인정받게 되었다. 아우크스부르크 화의는 개인이 아닌 제후와 자유 도시는 종교 선택권을 가질 수 있다는 내용을 담고 있다. 이로써 교황의 지배를 벗어난 새로운 교회가 처음으로 인정받았다.

스위스에서는 츠빙글리를 계승한 칼뱅이 구원은 미리 결정되어 있다는 예정설을 주장하면서 종교 개혁에 성공하였다. 칼뱅은 인간의 구원은 태어날 때부터 예정되어 있으므로 현세에 주어진 직분에 최선을 다하는 것이 신의 선택에 부응하는 것이라고 주장하였다. 그의 주장은 최후의 심판에 불안감을 가지고 있던 금융업자와 상인층뿐만 아니라, 구원에의 희망을 통해 비참한 생활을 이겨 내고자 하였던 하층민의 환영을 받았다. 이렇듯 칼뱅의 신학은 구원 예정설을 통해 다양한 사회 집단에 침투하여 빠른 속도로 영국, 프랑스, 네덜란드로 전파되었다.

칼뱅은 성서에 나와 있지 않는 일체의 교리와 의식을 배격하는 한편, 장로 제도를 통해 교회에 자치적 요소를 도입하였다. 또한 칼뱅은 근면하고 검소한 직접 생활을 강조하면서 부자가 되는 것을 신의 은혜로 여겼다. 칼뱅은 『크리스트교 강요』에서 다음과 같이 말한다.

> 모든 사람은 동일한 상태로 창조된 것이 아니며, 어떤 사람에게는 영원한 삶이, 또 어떤 사람에게는 영원한 벌이 예정되어 있다. 그러므로 성서(聖書)가 명백히 밝히고 있는 바에 따라, 우리는 신이 그 영원의 섭리로서 누구를 구제하려고 원하고, 또한 누구를 멸망에 이르게 하는가를 그 영원불변의 섭리 속에 미리 정해 놓았다고 말하는 것이다. 일찍이 신께서는 당신의 영원불변한 섭리를 통해 구제해 주고자 하는 자들과 파멸에 빠뜨리고자 하는 자들을 결정하였다. 선택된 자들에게 이와 같은 섭리는 인간의 자질과는 아무런 관계가 없는 신의 자비에 근거한 것이며, 또 반대로 신께서 지옥에 떨어뜨리시려고 하는 모든 자에게는 생명으로 나아가는 길이 막혀 있음을 뜻하는 것이다.

이러한 주장은 당시 자본주의의 확산 경향과 맞물리면서 신흥 상공업자들 사이에서 큰 호응을 받아 영국, 네덜란드, 프랑스 등으로 확산되었다.

또한, 영국에서는 국왕 주도의 종교 개혁으로 영국 국교회가 성립되었다. 이러한 변혁으로 교황 중심의 종교적 통일이 무너지고, 유럽 대륙은 구교도(舊敎徒) 진영과 신교도(新敎徒) 진영으로 나뉘게 되었다. 다음은 막스 베버의 『프로테스탄티즘의 윤리와 자본주의 정신』 중 일부이다.

> 신이 크리스트교도에게 바라시는 것은 그들이 사회에서 맡은 일을 열심히 하는 것이다. 그것은 아마도 신은 인간 생활의 사회적 구성이 그의 가르침에 따라, 그 목적에 맞도록 조직되기를 원하기 때문일 것이다. 칼뱅파 신도가 현세에서 하는 사회적인 일은 바로 신의 영광을 드높이기 위한 것이다. 그들은 부(富) 자체를 목적으로 추구하는 것은 지극히 사악하다고 여기면서도, 직업 노동의 결과로 부자가 되는 것을 신의 은혜로 생각하였다. 그뿐만 아니라 더 중요한 것은, 끊임없이 세속적 직업 노동을 조직적으로 해 나가는 것을 최고의 금욕적 수단으로 삼고, 또 그것을 올바른 신앙에 대한 확실하고도 명료한 증명으로 존중한다.

종교 전쟁의 전개

종교 개혁이 확산되면서 치열해진 신교와 구교의 대립은 종교 전쟁으로 이어졌다. 네덜란드의 신교는 구교 국가인 에스파냐의 지배에 맞서 싸웠으며, 프랑스에서는 위그노 전쟁이 일어났고, 프랑스 신교도들은 낭트 칙령(1598)으로 신앙의 자유를 확립하였다. 독일의 종교 전쟁은 30년 전쟁으로 표출되었고, 30년 전쟁을 끝내기 위해 베스트팔렌 조약(1648)이 체결되어 칼뱅파에게도 종교 선택의 자유가 허용되었다.

한편, 신교의 확산을 막기 위한 가톨릭교회 내부의 개혁도 전개되었다. 트리엔트 공의회를 개최하여 교황의 권위와 교리를 재확인하였고,

신교의 확산을 막기 위해 종교 재판소를 설치하고 금서(禁書) 목록을 작성하여 신교의 팽창을 저지하려고 하였다. 에스파냐의 로욜라는 예수회를 설립하여 아시아, 라틴 아메리카, 아프리카 등지에 대한 포교 활동을 전개하였다. 예수회는 유럽 각지에 학교와 대학을 세우고, 가톨릭 교리를 옹호하고 전파하는 데 앞장섰다. 다음은 『예수회 헌장』 중 일부이다.

십자가의 깃발 아래 신을 위해 싸워서 신과 지상에서 신의 대리인인 교황에 봉사하려는 자는 먼저 영원한 순결을 맹세해야 한다. 이어 회원의 한 사람임을 밝히고, 주로 설교와 영적 훈련, 연민을 통해 특히 크리스트교 세계의 청소년과 아직 크리스트교의 진리를 모르는 자들의 교육을 통해 영성을 높이고 신앙을 전파하며 영적 위안을 주어야 한다.

🎓 철학자의 이야기

📜 맹목적 믿음에서 벗어나라(오캄)

　중세 가톨릭 교회는 신앙을 설명하는 과정에서 점점 더 복잡한 교리를 만들어냈다. 신의 뜻을 해석하는 것은 성직자들의 특권이었고, 신도들은 그들의 가르침을 의심 없이 받아들여야 했다. 교황은 신의 대리인으로서 절대적인 권위를 행사했으며, 면벌부 판매와 같은 종교적 제도들은 신앙의 본질과는 거리가 멀었다. 윌리엄 오캄(William of Ockham)은 이러한 상황에서 불필요한 가정을 제거하고 본질만을 남겨야 한다고 주장하며, 기존의 신학적 권위를 흔들었다. 그의 철학은 단순한 논리적 원칙이 아니라, 이후 루터가 종교 개혁을 일으키는 데 중요한 사상적 기반이 되었다. 오캄의 철학은 『논리학대전(Summa Logicae)』과 『신학-정치론(Tractatus Theologico-Politicus)』에서 드러난다. 그는 어떤 개념이 실제 존재하는지 판단할 때, 불필요한 가정을 덧붙이면 안 된다는 논리를 확립했다. 당시 교회는 신앙을 복잡한 신학적 해석으로 감싸 신도들이 직접 이해하는 것을 어렵게 만들었으며, 성직자 계층이 신학적 독점을 행사하는 구조를 만들었다. 오캄은 이러한 해석이 본질을 가리는 요소라고 보고, 신앙은 성경에 기반한 단순한 믿음이어야 한다고 주장했다. 그는 진리를 찾기 위해서는 교회의 복잡한 체계를 따르기보다는 훌륭하고도 간결한 증명을 탐구해야 한다고 강조했다. 오캄은 자신의 저서 『논리학대전』 서문에서 다음과 같이 적었다.

[사람들은] 참된 증명을 마치 수수께끼 문장처럼 배척하고 증명 대신 궤변을 수용하기 때문에 나는 이 논고를 쓰는 데 착수했다.

오캄의 면도날(Occam's Razor)은 어떤 현상을 설명할 때 불필요한 가정을 추가하지 말고, 가장 단순한 설명을 선택하라는 원칙이다. 오캄은 신앙 역시 논리학을 통해 해명될 수 있다고 보았다("논리학 없이는 어떠한 학문도 완전히 알려질 수 없다", 『논리학 대전』). 따라서 그는 난해하고, 애매하고, 복잡한 교리 및 해석은 신의 뜻을 왜곡하고 있다고 보았다.

이러한 철학적 문제의식은 영화 『장미의 이름』(The Name of the Rose, 1986) 속 수도원에서도 찾아볼 수 있다. 영화 『장미의 이름』은 중세 수도원의 지식 독점과 권위주의적 신앙 해석을 다룬다. 움베르토 에코(Umberto Eco)의 동명 소설을 원작으로 한 이 영화는 중세 수도원에서 벌어지는 연쇄 살인 사건과 그 배후에 감춰진 종교적 권력과 진리의 문제를 탐구한다. 영화의 주인공인 윌리엄 수도사는 수도원에서 벌어지는 미스터리를 해결하기 위해 논리적 탐구를 진행한다. 그는 신앙이 교회 권력의 도구로 전락하는 것을 비판하며, 기존의 권위를 맹목적으로 따르지 않고 본질적인 진리를 탐색한다. 영화에서 수도원의 지도부는 신학적 권위를 이용해 수도승들을 통제하고, 교회의 해석에 의문을 제기하는 이들을 위협한다. 영화는 신앙이 교회 권력의 도구로 전락하는 것을 비판하며, 오캄의 면도날 원칙에 따라 불필요한 신학적 개념을 제거하고 명쾌하고도 비판적인 탐구가 중요하다고 강조하는 듯 하다. 진리를 찾기 위해 질문을 던지는 것이 아니라 기존의 권위를 유지하는 것이 교회의 목표가 된 상황에서, 오캄의 철학은 신앙의 본질을 되묻게 한다. 그러나 윌리엄 수도사는 이 독점을 깨뜨리고 진실을 찾아가며, 신앙은 특정 계층이 독점하는 것이 아니라 모든 이들에게 열려 있어야 한다는 점을 몸소 행동으로 보여준다.

　이러한 모습은 마르틴 루터(Martin Luther)가 성경을 독일어로 번역하며 모든 사람이 직접 성경을 읽고 신앙의 의미를 깨달아야 한다고 주장한 것과 맥을 같이한다. 16세기 루터는 면벌부 판매와 교황 중심의 신앙 체계를 정면으로 비판하며, 신앙의 본질을 회복해야 한다고 주장했다. 그는 성경이야말로 신앙의 유일한 권위(Sola Scriptura)이며, 인간은 오직 믿음(Sola Fide)으로 구원받는다고 강조했다. 이러한 주장은 기존의 복잡한 교리를 단순화하고, 교황을 거치지 않고도 신과 직접 소통할 수 있어야 한다는 점에서 오캄의 철학과 유사한 맥락을 가진다. 루터가 교회의 부패를 비판할 수 있었던 것은 단순히 역사적 사건이 아니라, 궤변을 경계해야 한다는 철학적 기반이 마련되었기 때문이었다.

　오캄과 루터가 공통적으로 주장한 것은 권위를 무조건적으로 받아들이지 말고, 본질적인 질문을 던져야 한다는 점이었다. 당시의 교회는 "우리가 이렇게 가르쳐왔으니, 너희는 믿어야 한다"고 주장했지만, 오캄과 루터는 "왜 그래야 하는가?"라고 반문했다. 이 질문은 단순하지만, 사회를 뒤흔드는 엄청난 힘을 가졌다. 영화에서도 윌리엄 수도사는 수도원의 전통과 규율을 맹목적으로 따르지 않고, 논리적 탐구와 비판적 사고를 통해 진실을 찾으려 한다. 이 과정에서 교회 지도부의 위선과 지식 독점의 실체가 드러나며, 수도원에서 감춰졌던 진리 역시 드러난다. 루터의 개혁이 성공할 수 있었던 것은 단순히 교회의 부패 때문이 아니라, 사람들이 복잡한 권위를 벗어나 본질을 찾으려는 사고방식을 가질 준비가 되어 있었기 때문이다. 그는 "우리는 진리를 어떻게 찾을 것인가?"라는 질문을 던졌고, 종교 개혁의 본질적인 가치는 단순히 교회를 개혁하는 것이 아니라 "권위는 무조건 옳다는 믿음"을 깨뜨리고, 진리를 찾기 위한 노력을 기울이는 것이었다. 오캄과 루터, 그리고 윌리엄 수도사가 던졌던 질문은 현대 사회에서도 여전히 유효하다. "우리는 왜 그것을 믿는가?" 이 질문에 답할 수 없다면, 우리는 여전히 맹목적 믿음 속에 갇혀 있는 것인지도 모른다.

기존 권위에 맞서다(루터)

마르틴 루터의 종교 개혁은 단순히 기독교 역사에서 일어난 한 사건에 머무는 것이 아니라, 인간의 존재 방식과 삶의 태도를 근본적으로 바꿔 놓은 사유의 혁명이었다. 루터가 던진 질문은 인간이 어떻게 자신의 믿음을 형성하고 실천해야 하는지에 관한 것이었으며, 그것은 믿음, 자유, 용기라는 세 가지 핵심 개념으로 설명될 수 있다.

루터의 철학적 사상에서 가장 기초가 되는 개념은 믿음이다. 중세 시대까지 믿음은 교회라는 권력기관이 제공하는 진리를 받아들이는 방식이었다. 개인이 신앙을 형성하는 것이 아니라, 교황과 성직자들의 해석을 통해 믿음이 주어지는 것이었다. 그러나 루터는 이 개념을 근본적으로 뒤집었다. 그는 믿음이란 교회의 해석이 아니라, 성경을 통해 직접 주어진 하나님의 말씀을 받아들이는 것이라고 보았다. 즉, 믿음은 성경에 대한 신뢰를 바탕으로 형성되는 것이지, 종교적 권위에 의해 부여되는 것이 아니다.

> 그리스도인에게 믿음은 모든 것을 위해 충분하며, 의롭게 되기 위해 어떠한 행위도 필요하지 않다는 것이 명백하다. 그는 행위를 필요로 하지 않고 율법을 필요로 하지 않는다. (…) [믿음이 아닌 것으로 구

원을 설명한다면] 신을 거짓말쟁이로 간주하거나 참됨을 의심하는 것이 아니고 무엇인가? 이것은 자신에게 진리를 돌리고 신에게 거짓과 허황됨을 전가하는 것이니, 이로써 신을 부인하고 마음속에 자신의 우상을 세우는 것이 아닌가? 그러므로 이런 불경건에서 행한 행위가 설령 천사적·사도적 행위일지라도 무슨 소용이 있는가(『그리스도인의 자유에 대한 논설』).

루터는 인간이 의롭게 되는 데 있어 행위가 아니라 믿음이 유일한 조건이라고 주장했다. 즉, 구원은 율법을 지키는 행위가 아니라, 하나님의 약속을 신뢰하는 믿음을 통해 이루어진다. 믿음이야말로 신에 대한 온전한 순종이며, 믿음 없는 행위는 아무리 선해 보일지라도 구원의 가치가 없다고 강조했다.

루터 사상에서 더불어 중요한 개념은 자유이다. 그는 『그리스도인의 자유에 관한 논설』에서 "그리스도인은 모든 사물로부터, 모든 사물 위에서 자유로운 인간"이라고 선언했다. 여기서 말하는 자유란 신앙과 양심의 문제에서 어떠한 외부 권위에도 구속받지 않는 것을 의미한다. 루터에게 자유는 진정한 믿음을 형성하는 필수 조건이었다. 만약 외부의 압력이나 권위가 믿음을 결정한다면, 그것은 참된 믿음이 아니라 강요된 복종에 불과하다.

바울은 『고린도전서』 4장에서 이렇게 말한다. "누구나 우리를 그리스도의 일꾼이요 하나님의 비밀을 맡은 청지기로 여겨길 바란다". 그러나 이 청지기 직분이 지금은 저 화려한 권세부림과 치가 떨리는 폭군의 일종으로 발전했다. 그래서 비기독교적 나라들이나 이 지상의 어떤 다른 나라들도 이에 견줄만한 나라가 없을 정도가 되었다. 그리고 평신도들은 그리스도인이 아닌 다른 무엇이 되어버린 듯하다. 이것이 이렇게 거꾸로 되어버림으로써 기독교의 은혜와 믿음과 자유와 그리스도에 대한 지식이 완전히 몰락해 버렸다. 그리고 그 자리에 대신 인간의 행위와 율법에 갇혀있는 견딜 수 없는 노예 상태가 들어서 있다(『그리스도인의 자유에 대한 논설』).

따라서 루터는 바울의 가르침이 왜곡되어 성직자들이 권력을 휘두르고 신앙의 본질을 흐리게 되었다고 비판했다. 그는 신앙의 자유가 단순한 해방이 아니라, 하나님 앞에서의 참된 믿음을 가능하게 하는 필수 조건이라고 보았다. 루터에게 있어 '모든 사물로부터 자유롭다'는 것은 단순히 외적 속박에서 벗어나는 것이 아니라, 인간이 자신의 양심과 믿음을 통해 하나님과 직접 관계를 맺을 수 있다는 의미였다. 하지만 당시 교회는 신자들에게 믿음이 아닌 율법적 행위를 강요하며, 성직자들만이 신앙의 해석권을 독점하는 체계를 구축했다. 루터는 이러한 구조를 '견딜 수 없는 노예 상태'라고 비판하며, 기독교 신앙이 다시금 하나님의 은혜와 믿음을 중심으로 회복되어야 한다고 주장했다. 즉, 그는 외적 권위가 아니라 신자 개개인이 성경을 통해 직접 하나님을 만나야 한다고 강조하며, 이를 통해 신앙의 진정한 자유가 실현될 수 있다고 보았다.

마지막으로, 루터의 개혁을 가능하게 만든 핵심 요소는 용기였다. 그는 단순히 새로운 믿음을 형성하는 것에서 그치지 않고, 그 믿음을 현실에서 실천하려 했다. 그러나 믿음과 자유가 아무리 중요하더라도, 그것을 끝까지 지키고 실천할 용기가 없다면 의미를 갖기 어렵다.

나는 여기 서 있습니다. 나는 다른 어떤 것을 할 수 없습니다.

이 유명한 말처럼, 루터는 1521년 보름스 회의에서 교황과 황제의 압력 앞에서도 자신의 믿음을 포기하지 않았다. 카를 5세 황제는 루터에게 개혁 사상을 부인하고 용서를 구할 것을 요구했지만, 루터는 이를 거부했다. 그는 성경의 가르침에 어긋나는 명령을 따를 수 없다고 선언하며, 자신의 믿음을 끝까지 지켜냈다. "성경의 증거나 명백한 이성에 의해 설복되지 않는 한, 나는 번복할 수 없습니다. 하나님이시여, 나를 도와주소서. 아멘!" 루터에게 용기란 단순한 감정적 담대함이 아니라, 믿음과 자유를 지키기 위해 현실 속에서 실천하는 태도였다. 용기 없는 믿음이 외부의 억압에 굴복할 수밖에 없고, 자유 역시 공허한 개념에 그칠 것이다. 루터가 교황의 권위, 면벌부의 판매, 성경 해석의 독점 등에 맞서 싸운 것은 믿음과 자유를 현실에서 실현하기 위한 실천적 용기였다.

루터의 이러한 사상은 신과 인간, 그리고 인간의 내적 확신과 실천이라는 문제를 철학적으로 고민하게 만들었다. 신앙이 단순한 복종이 아니라 자유로운 믿음과 그것을 실천할 용기에 의해 이루어진다면, 인간은 신의 뜻을 따르면서도 독립적인 존재로서 서야 한다. 이는 곧 인간이 스스로 사유하고 도덕적 책임을 지는 주체로 자리하는 과정과 연결된다. 이와 같은 문제의식은 이후 철학자들에게도 중요한 영향을 미쳤다. 특히 루터가 강조한 믿음과 자유, 용기의 문제는 종교적 신념을 넘어 인간의 이성과 도덕성을 논의하는 출발점이 되었다. 인간이 외부의 권위에서 벗어나 스스로 생각하고 판단해야 한다는 문제의식은 근대 철학의 핵심 주제가 되었으며, 이는 결국 칸트의 철학적 사유로 이어진다. 루터가 개혁을 통해 제기한 신앙과 자유의 문제는 단순한 종교적 논쟁이 아니라, 인간이 어떻게 스스로 사고하고 도덕적 존재로서 살아갈 것인가라는 근본적인 철학적 질문으로 확장되었다.

📜 계몽이란 무엇인가(칸트)

칸트에게 있어, 계몽이란 무엇인가? 그는 다음과 같이 말한다.

> 계몽이란 인간이 스스로의 잘못으로 초래한 미성년 상태로부터 벗어나는 것이다. 미성년 상태란 다른 사람이 이끌어주지 않으면 자신의 지성을 사용할 수 없는 무능력 상태를 말한다. (…) 대다수의 사람들이 자연적 연령으로는 이미 오래전에 타인의 지도에서 해방된 (즉 자연인으로서는 성년이 된) 이후에도 평생토록 기꺼이 미성년 상태에 안주하는 이유는, 그리고 다른 사람들이 아주 쉽사리 주제넘게 그들의 후견인으로 자처하는 이유도 그들의 게으름과 비겁함 때문이다 (「계몽이란 무엇인가 하는 문제에 대한 답변」).

계몽은 외부의 권위자가 제공하는 교리를 받아들이는 것이 아니다. 개인이 자신의 이성을 사용하여 그것의 타당성을 검토해야 한다는 의미이다. 칸트는 '미성년'이라는 은유를 사용하였다. 미성년 상태의 아이들은 부모나 교사의 말을 통해 수많은 지식을 도입한다. 그러나 칸트에게 있어 계몽은 타인의 권위에 의존하지 않고 스스로 사고하는 과정이므로, 외부적 권위에 순치(馴致)되는 것은 참된 의미의 지적 성장이 아니다. 하지만 (생물학 나이로도 성년의) 많은 사람들은 "게으름과 비겁함" 때문에 기꺼이 스스로 생각하지 않으려 한다. 사람들은 사고하는 책임을 회피하며, 타인의 권위에 기대는 것을 더 편하게 생각한다. 따라서 칸트는 다음과 같이 말한다.

> 미성년 상태의 원인이 (…) 결단력과 용기의 결핍 때문이라면 미성

년 상태는 스스로의 잘못으로 초래한 것이다. 과감히 알려고 하라! 자기 자신의 지성을 사용할 용기를 가져라! 이것이 계몽의 슬로건이다(「계몽이란 무엇인가 하는 문제에 대한 답변」).

칸트에게 있어 계몽은 그의 독특한 자율성(autonomy) 개념과 맞닿아 있다. 그에게 자율성은 외부의 강제나 타인의 지시에 따라 행동하는 것이 아니라, 자신의 이성에 근거하여 도덕 법칙을 수립하고 그것을 따르는 능력을 뜻한다. 칸트는 인간이 도덕적 존재가 되려면 "너의 행위의 준칙이 동시에 보편적 법칙이 될 수 있도록 행위하라(『윤리형이상학 정초』)."는 원칙을 따라야 한다고 주장했다. 이는 도덕이 외부의 권위나 결과적 이익이 아니라, 이성에 의해 스스로 설정된 법칙에서 비롯된다는 점을 강조한다. 다시 말해, 계몽된 인간은 단순히 타인의 지시에 복종하는 것이 아니라, 자신의 이성을 통해 옳고 그름을 판단하고 스스로 도덕적 원칙을 실천하는 존재다.

하지만 칸트는 계몽을 단지 개인적 문제로 보지 않았다. 그는 인간이 계몽되는 과정에서 사회적 공론장의 필요성을 갈파하였다. 예를 들어 칸트는 "일반 사람들에게 자유를 허용하기만 하면 공중은 거의 틀림없이 스스로를 계몽할 수 있는데," 왜냐하면 "학자의 입장에 서면 [교회의 위임을 받아 강론을 해야 하는] 성직자도 글을 통해 자신의 독자층, 즉 세상을 향해 자신의 이성을 공적으로 사용하는 것이기 때문에 자신의 이성을 사용하고 자신의 인격으로 말할 수 있는 무제한의 자유"를 누릴 수 있기 때문이다(「계몽이란 무엇인가 하는 문제에 대한 답변」). 하지만 교회 총회라거나 성직자 회의가 모든 교회 구성원과 국민에 대해 지속적인 후견감독권을 행사하여, 기존의 규범을 영속화시킨다면 이것은 분명 계몽을 가로막는 행위다.

한 사람의 일생 동안 아무도 공적으로 의문을 제기하지 못하게 막고 완고한 종교체제를 고수함으로써 개선을 향한 인류의 진보를 일정 기간 가로막아 무익한 결과를 초래하고 그럼으로써 후손에게까지 해를 끼치는 일은 결코 용납될 수 없다(「계몽이란 무엇인가 하는 문제에 대한 답변」).

칸트는 이러한 사회적 경직성이 계몽을 방해한다고 보았다. 인간이 자유롭게 사고할 수 있는 환경이 조성되지 않는다면, 개인의 이성이 아무리 강해도 사회적 발전은 제한될 수밖에 없다. 따라서 그는 이성이 자유롭게 활용될 수 있는 공론장의 중요성을 강조하며, 종교적·정치적 권위가 절대적으로 군림하는 체제에서는 계몽이 불가능하다고 지적했다. 개인이 독립적인 사고를 할 수 있도록 보장하는 사회적 구조가 형성될 때, 인간은 비로소 미성년 상태에서 벗어나고 계몽된 존재로 성장할 수 있다.

이성과 자율성, 그리고 사회적 발전은 서로 긴밀하게 연결되어 있으며, 이는 칸트의 계몽론을 이해하는 데 필수적이다. 이성은 단순히 주어진 것을 따르는 것이 아니라 능동적으로 활용되는 것이며, 이를 위해서는 자율적인 사고가 필요하다. 그러나 자율적인 사고만으로는 충분하지 않으며, 이러한 사고가 공론장에서 활발히 논의되고 발전할 수 있도록 하는 사회적 환경이 마련되어야 한다. 이러한 환경이 조성될 때, 개인의 이성이 단순한 사적 사고에 머무르지 않고 사회적 변화를 이끄는 힘으로 작용할 수 있다. 이러한 과정이 지속될 때, 인간 사회는 보다 개방적이고 합리적인 방향으로 발전하며, 계몽이 현실 속에서 구현될 수 있다. 계몽은 단순한 개인의 지적 성장에 그치는 것이 아니며, 자유롭고 성숙한 개인들이 모여 사회를 변화시키는 과정이기도 하다. 따라서 계몽은 개인의 이성이 강화될 뿐만 아니라, 사회적 차원에서도 끊임없이 재구성되고 확장되는 과정이라 할 수 있다.

오늘날에도 우리는 다양한 형태의 권위에 둘러싸여 있으며, 정보가 넘쳐나는 시대 속에서도 비판적 사고 없이 기존의 믿음을 그대로 받아들이는 경우가 많다. 그러나 신념은 주어진 것을 그대로 수용하는 것이 아니라, 끊임없는 탐구와 검증을 통해 형성되는 것이다. 오캄은 논리적 간결함과 본질적 탐구를 강조하며 불필요한 가정을 제거할 것을 주장했고, 루터는 신앙의 핵심을 인간의 직접적인 경험과 믿음에서 찾으려 했다. 칸트는 이러한 태도를 더욱 확장하여, 인간이 스스로 사고하고 이성적으로 판단할 것을 요구했다. 우리는 신념을 어떻게 형성하고 있는가? 우리의 사고는 자유로운가? 그리고 부당한 권위에 대해 저항할 준비가 되어 있는가? 오캄이 제기한 논리적 비판 정신, 루터가 실천한 용기, 그리고 칸트가 강조한 계몽적 사고는 현대 사회에서도 여전히 중요한 문제로 남아 있다. 이들은 우리에게 "주어진 것을 그대로 받아들이지 말고 스스로 사고하라"는 메시지를 던지며, 인간이 성숙한 존재로 성장하기 위해 반드시 거쳐야 할 과정을 제시하고 있다. 신념을 맹목적으로 받아들이지 않고, 끊임없이 의문을 제기하며, 도덕적 책임을 다하는 것이야말로 진정한 계몽의 길이라 할 수 있다.

5장

저항과 침묵의 갈림길

5장

저항과 침묵의 갈림길

관련 덕목
- 용기
- 정의

 역사학자의 이야기

📜 독일사회와 유대인

중세 이래 소수자로서의 유대인은 종교적 폐쇄성, 근면함, 치밀한 금융 활동(고리대) 등으로 기회 있을 때마다 질시와 박해의 대상이 되었다. 특히 나폴레옹 침략과 해방 전쟁을 거치면서 순수한 독일 혈통과 독일 정신이 강조되면서 유대인 배척 경향이 강해졌다. 19세기 말 유대계 독일인의 수는 전 인구의 대략 1%, 약 56만 명 정도였다. 유대인들은 정치적으로는 결코 하나로 통일되지 않았으나, 대체로 자유주의 좌파의 성향을 강하게 내비쳤다. 유대인들은 주로 베를린 등 대도시에 살았으며 주로 상업이나 금융 계통 혹은 자유직업 등에 종사했다. 제국 헌법으로는 일반 독일인들과 완전히 평등한 대우를 보장받았으나, 사회적으로는 차별의 대상이 되어 관직이나 군대에서 배제되었다.

제국 통합 정책이 본격화되면서 다양한 반(反)유대주의가 표출되었다. 특히 1880년대에 프로테스탄트 측에서 반유대주의가 심화되었다. 1884년 독일 사회당이나 제국 개혁당이 내세운 "반(反)융커! 반유대인!"이라는 구호는 대다수 농민이나 수공업자들의 경제적 피해가 어디에서 왔는지를 명료하게 보여주었다. 급속한 산업화로 사회적 불안이 가중되는 가운데 유대인이 일종의 속죄양이 된 것이다.

유대인의 기업적 성공, 불타는 교육열, 특히 압도적인 대학 진학률은 우익 정당들의 반(反)유대주의를 자극했다. 19세기 말에 이들 정당들은 순수한 독일을 지키기 위해서 유대인이 뿌린 물질주의, 세계 시민 사상, 사회주의, 계급 투쟁을 극복해야 한다고 선전했다.

제2차 세계 대전과 유대인

제1차 세계 대전 이후 미국은 세계 최대의 공업국이자 채권국이 되어 호경기(好景氣)를 누렸다. 세계 각국의 자본도 미국에 투자하기 위해 모여들었고, 컨베이어 벨트 시스템으로 상품을 대량으로 생산하게 되었다. 그러나 소비가 이를 따라가지 못하는 문제가 발생하면서 시장의 마비와 소비 위축 현상이 나타났다.

그 결과 뉴욕 증권 거래소의 주가가 대폭락하는 사태가 일어났고, 미국 경제는 크게 악화되었다(대공황, 1929). 미국 경제는 전후(戰後) 호황 속에서 과다하게 이루어진 투자와 생산이 소비로 연결되지 못하여 공황(恐慌)으로 빠져들었다. 주식이 폭락하고 기업과 은행이 줄줄이 파산하였으며, 대규모 실업 사태가 이어졌다. 미국과 긴밀하게 연결되어 있던 유럽, 아시아 등지의 경제도 타격을 받아 공황은 전 세계로 확산되었다.

과잉 생산된 농산물이 소비되지 못하면서 농민들도 몰락하였다.

이에 미국과 유럽의 국가들은 자국의 산업 보호에 나섰다. 미국의 루스벨트 대통령은 뉴딜 정책을 추진하였다. 경제학자 케인스의 주장을 수용하여 산업, 시장, 금융 등 경제 분야 전반에 국가가 적극적으로 개입하는 수정 자본주의로 전환한 것이었다. 또 각국은 본국과 식민지를 경제적으로 묶어 블록화하였다(블록경제).

이와 같이 미국과 유럽 국가들이 대공황을 극복하기 위해 자국의 경제를 보호하는 정책을 실시하면서 세계 무역은 크게 위축되었고, 소비 시장은 더욱 축소되었다. 본국에서 생산된 상품을 떠안게 된 식민지의 고통은 더욱 컸다. 한편, 자본주의적 경제 기반이 취약하고 넓은 식민지를 갖지 못하였던 독일, 이탈리아에서는 침략 전쟁을 벌여서라도 경제 위기에서 벗어나야 한다는 목소리가 높아졌다.

> 물가는 믿을 수 없을 정도로 떨어졌습니다. 세금은 올랐습니다. 우리들의 지불 능력은 떨어지고 관청마다 심각한 세입(稅入) 감소에 직면하고 있습니다. 나는 이 위기에 대처하기 위한 지속적 수단을 의회에 요구합니다. 그것은 이 긴급 사태와 싸워 나가기 위한 광범위한 집행력입니다. 사람들을 다시 취업시키려면 구질서의 여러 가지 악폐가 다시는 반복되지 않도록 보호 장치를 마련해야 합니다. 모든 은행, 신용 기관, 투자에 대해 엄격한 감독을 실시해야 합니다(『루스벨트 연설[1933]』).

미국의 루스벨트 대통령은 자유방임주의 경제 원칙을 철회하고, 경제 분야에 대한 정부의 역할을 중시한 케인스의 주장을 받아들였다. 이를 토대로 공황을 극복하기 위해 뉴딜 정책을 입안하여 추진하였다. 미국 루스벨트 행정부의 대공황에 대한 사회·경제 정책, 농업 조정법, 국가 산업 부흥법, 테네시 강 유역 개발 공사 등 국가 차원의 적극적인 경제 부문 개입, 대규모 토목 공사를 통한 고용 창출, 사회 보장 제도 마련 등을 특징으로 한다. 영국과 프랑스 정부도 경제에 대한 국가 통제를 강화하고, 각기 식민지와 경제 블록을 만들어 공황에 대응해 나갔다.

　대공황의 사회 경제적 혼란이 확산되는 가운데 이탈리아, 에스파냐, 독일, 일본 등에서는 파시즘이 확산되었다. 이탈리아는 제1차 세계 대전의 승전국임에도 불구하고 큰 보상을 받지 못하였다. 또, 다른 유럽 국가들에 비해 경제적으로 뒤처지면서 노동자와 농민의 반발이 심화되었다. 이러한 상황에서 무솔리니가 파시스트당을 조직하고 로마로 진격하여 정권을 장악하였다(1922). 그리고 국가 지상주의와 군국주의를 내세우며 팽창 정책을 전개하였다. 무솔리니(1883-1945)는 카이사르의 후계자를 자처하고 '검은 셔츠단'을 친위 세력으로 삼아 반대파를 숙청하였다. 그리고 공공사업 실시, 보호 무역 정책 실시 등을 통해 이탈리아 국민들의 지지를 받았다. 대공황으로 경제 사정이 악화되자 무솔리니는 국가 지상주의와 군국주의를 강화하고 알바니아와 에티오피아를 점령하였다. 이탈리아와 독일은 미국이나 다른 유럽 국가와 달리 대공황을 극복할 수 있는 식민지와 자본이 충분하지 않았기 때문에 침략으로 위기를 극복하려 하였다. 이를 위해 배타적 민족주의와 파시즘을 내세워 국민들에게 집단과 국가를 강조하였다.

　독일은 제1차 세계 대전의 패전 책임과 배상금 부담 속에서 정치·경제적 혼란을 거듭하였다. 제1차 세계 대전에서 패하여 막대한 전쟁 배상금 지불 등의 책임을 져야 했던 독일은 대공황이 발생하자 심각한 경제 위기에 빠졌다. 국가의 위기를 극복하기 위해 국민들은 강력한 정부와 지도자를 원하였고, 이러한 분위기 속에서 히틀러가 나치스를 앞세워 권력을 장악하였다. 히틀러는 패전국의 굴욕에서 벗어나 독일의 자존심을 되살리자고 주장하였고, 극단적인 게르만 민족주의와 국가 사회주의를 내세웠다. 히틀러와 나치당은 베르사유 조약의 폐기, 극단적인 인종주의와 국가주의를 내세워 지지를 얻었다. 대공황의 혼란 속에서 집권한 히틀러는 국제 연맹을 탈퇴하고 독일의 재무장을 추진하였다. 독일은 라인란트 지방 점령을 시작으로 오스트리아와 체코슬로바키아를 합병하였다. 국민의 지지를 받은 나치스는 선거를 통해 제 1당이 되었으며, 히틀러는 총통에 취임하여 권력을 장악하였다. 히틀러(1889-1945)는 1933년부터 4개년 경제 계획을 실시하면서 군수 산업을 성장시켰다. 그리고 '인민 보호령'을 발표하여 독일인의 자유를 통제하고 비밀경찰인 '게슈타포'를 통해 독재 체제를 만들었다.

나치즘과 반(反)유대주의

나치당 간부들은 순수한 아리아인의 우수성을 유지하기 위해서 열등 민족을 제거해야 한다는 인종주의적인 사이비 과학 이론을 주장하였다. 그것은 일종의 과학 만능주의로서 문명의 병리 현상을 치유하고 교정하려는 것이었다. 의학과 공중 위생학으로 질병을 치유하듯이, 범죄 사회학과 교정 교육으로 범죄를 완전히 제거할 수 있다는 신념이었다. 이러한 확신의 결과, 교정될 수 있는 자와 교정될 수 없는 자를 가리기 위해서 인종 생물학이 동원되었다. 이로써 정상과 비정상의 이분법 위에서 정신 질환자들을 병동에 가두는 등 타자와 약자에 대한 폭력이 횡행하여 사회의 자율성이 파괴되었다. 이미 정신 질환자들을 학살한 경험이 있는 나치 정권은 흑인 및 집시와 아리아인의 결혼을 엄격하게 금지했고 그들을 격리시켰다.

문제의 핵심은 나치의 반(反)유대주의였다. 독일 제국시대에 보수 정당들은 유대인들의 자본과 상업으로 고통 받는 상인 등 중산층의 지지를 얻기 위해서 반(反)유대주의를 선동하였다. 실제 생활에서도 유대인에 대한 차별이 이어져, 그들에게는 장교나 교수가 되는 길이 봉쇄되었다. 유대인은 이미 흑사병 창궐 시대나 30년 전쟁 때에도 혹독한 시련을 겪은 바 있었다. 나치는 유대인을 독일 경제의 파탄, 국제주의, 마르크스주의, 도덕의 타락 등, 당시의 다수 독일인들이 혐오하던 죄악의 원천으로 만들었다. 1935년 9월 나치당은 뉘른베르크 당대회에서 반(反)유대인법을 통과시켰다.『제국 시민법』에 의해서 유대인은 2급 시민으로 분리되었고 선거권과 공직을 박탈당했으며『독일인 혈통 보호법』으로 독일인과 유대인의 성적 관계도 금지되었다.

이를 통해서 아리아인과 유대인 간의 결혼이 금지되고, 유대인의 경제생활이 봉쇄되는 한편 그들의 재산 신고가 의무화되었다. 나치는 이 법안에서 한 사람 이상의 (외)조부모가 유대인이면, 즉 피가 4분의 1이 섞여 있으면 4분의 1 유대인으로 규정했다. 그 결과 해외로 망명하려는 유대인이 증가하였고 잔류 유대인에 대한 강제 추방이 뒤따랐다. 뮌헨 회담 직후인 1938년 10월 말에는 유대계 폴란드인들에게 국외 퇴거 명령이 내려졌다. 이처럼 탄압 조치들이 잇따르는 가운데 1938년 11월 파리에서는 17세의 폴란드계 유대인 소년이 독일 외교관을 살해하는 사건이 일어났다.

이 사건은 나치 정권에게 유대인 박해를 강행할 수 있는 구실을 제공했다. 나치 정권은 이 사건을 국제적인 유대인들의 음모라고 단정하고 게슈타포와 친위대에 의한 조직적인 유대인 학살 계획을 꾸몄다. 1938년 11월 9일부터 10일까지 독일 전역에서 약 7,500개의 유대인 점포가 약탈당하고, 10여개 이상의 유대인 교회인 시나고그(Synagogue)가 파괴되었으며, 91명의 유대인이 구타나 총격으로 사망했다. 또 약 2만 6천여 명의 유대인이 체포되어 강제 수용소에 넘겨졌다. 파괴된 상점과 가옥의 유리창 파편이 가로등 불빛에 수정 조각처럼 반짝거리던 이 날 밤을 비유적으로 표현하여 '수정의 밤'(Kristalnacht)이라고 한다.

특히 이 사건에서 주목해야 할 것은 약탈과 방화에 직접적으로 가담한 나치 돌격대의 광기 어린 행동 이외에도 독일의 일반 시민들이 보인 행동으로, 나치 체제에 대한 독일 국민의 묵인을 잘 보여 주었다. 한 예로, 에센의 유대 교회가 불타고 있는 동안 출동한 소방대가 아무런 조치를 취하지 않는 기록 영화는 인간성에 대한 실망감을 느끼도록 하기에 충분하다. 출동한 소방관은 유대 교회의 불길이 주변의 다른 주택으로 번지지 못하도록 하는 조치만 하였다.

이제 유대인들은 김나지움, 대학, 극장, 음악회, 전람회, 공중목욕탕도 출입할 수 없었으며, 자동차, 전화, 신문, 고가의 의류, 가축 등을 구입하거나 판매하는 것도 제한당했다. 나치 정권은 유대인들을 국외로 강제 이송하기 위해서 유대인의 국외 이주를 위한 부서를 설치하고 유대인의 등록을 의무화했다. 1938년에는 4만여 명, 1939년에는 7만 8천여 명의 유대인이 강제 이주 당했으며, 유대인들은 가슴에 노란 별(다윗의 별)을 단 채 엄격한 감시를 받으며 생활해야 했다.

우리(유대인 여성들)가 끌려 들어간 방은 샤워장 같이 보이는 방이었습니다. 울고 있는 사람들도 있었고, 서로 주먹질을 하는 사람들도 있었습니다. 그런데 갑자기 꼭대기의 아주 조그만 창문에서 연기가 쏟아져 들어오는 것이 눈에 띄었습니다. 격렬한 기침이 걷잡을 수 없이 터져 나왔고, 눈에서는 눈물이 줄줄 흘러나왔으며, 목을 졸리는 것 같은 느낌이 일어났습니다. (병원으로 옮겨져) 6주일 있었습니다. 가스 때문에 두통과 심장 장애를 자주 겪었고, 맑은 공기를 쐴 때마다 눈에 눈물이 가득 괴었습니다(소피아 리트빈슈카, 『아우슈비츠 가스실[1941]』).

나치 체제의 특징 중 하나는 '피와 토지'로 대표되는 극단적인 민족주의이다. 이러한 나치의 게르만 민족주의, 아리아인종의 우월성을 강조하는 믿음은 전통적인 신앙을 대체하는 것이었다. 나치스에게 민족은 신앙의 대상이고, 민족을 위해 개인은 희생하여야 하는 것이었다. 이러한 생각에서 유대인의 '더러운 피'가 결혼을 통하여 '깨끗한' 독일인과 섞이는 것은 죄악이며, 범죄 행위였다. 학문에서도 이러한 민족주의에 적이 되는 모든 사상은 금지되었다. 1933년 5월 10일에 하인리히 만(1871-1950), 프로이트(1856-1939)와 마르크스의 서적들이 불태워지는 나치의 분서(焚書) 사건은 이러한 나치의 문화 정책을 잘 보여주는 것이었다. 또, 학교와 문화 예술 단체들을 나치의 조직으로 만들어 국가가 관리하고 통제하는 전체주의적 문화 정책을 수립하였다. 반(反)나치 성향의 예술가들은 공연이 금지되었고, 대학 교수들은 강단을 떠나야 했다. 이와 동시에 나치 체제의 민족주의적 이데올로기를 선전하기 위한 대대적인 숭배 의식이 행해졌다. 이미 나치 운동의 초기 희생자들을 국가적 영웅으로 만들고 이들을 기념하는 성대한 의식이 매년 행해졌다.

이러한 문화 정책은 인종 정책과 밀접한 연관관계를 가지고 진행되었다. 특히, 아리아인의 우수성을 보호하기 위해 열등 민족과의 혼혈에 대한 사회적 방어 장치를 마련하려고 하였다. 이미 1935년 9월의 뉘른베르크법을 통하여 유대인의 시민권을 박탈하고, 유대인과의 결혼을 금지시켰으며, 그들이 독일 내에서 경제 활동을 하는 것을 금지시켰다. 돌격대원들을 동원하여 유대인 상점에 대하여 불매 운동을 전개하고, 이들 상점에 대한 물리적인 테러를 자행하는 행위가 일반 시민들의 묵인 하에 공공연하게 벌어졌다.

극단적인 인종주의에 사로잡혔던 나치 독일은 독일과 유럽의 점령지 곳곳에 유대인 집단 수용소를 만들었다. 그중에서도 폴란드의 아우슈비츠를 비롯하여, 트레블링카, 소비보르, 벨제크 수용소 등은 독가스 학살이 자행된 죽음의 수용소였다. 전쟁 중 나치 독일에 의해 희생된 유대인은 약 600만 명에 달라는 것으로 알려져 있다.

제2차 세계 대전 종전(終戰) 후 침략 전쟁 도발, 민간인 학살, 전쟁 범죄 등에 책임을 규명하고 관련자를 처벌하기 위한 국제 군사 재판이 열렸다. 뉘른베르크 재판의 진행 과정에서 나치가 저지른 유대인 학살의 진상이 드러났으며, 괴링 등 12명에게 사형이 선고되었다.

🎓 철학자의 이야기

📜 전체주의의 본질과 인간성의 말살

한나 아렌트(Hannah Arendt)는 『전체주의의 기원』에서 전체주의를 단순한 독재 정치와는 전혀 다른, 현대에 나타난 전례 없는 정치 체제로 규정한다. 전통적인 독재는 권력을 장악한 개인이나 집단이 정치적 반대자를 억압하는 방식으로 작동하지만, 전체주의는 이보다 훨씬 더 포괄적이고 체계적인 억압과 통제를 특징으로 한다. 전체주의는 단순히 권력을 독점하거나 법을 악용하는 수준을 넘어서, 사회 전체를 하나의 거대한 이데올로기 아래 조직화하며, 인간 존재의 근본 조건-생각하고, 말하고, 함께 존재하는 삶-을 철저히 파괴한다는 점에서 독특하다. 아렌트는 전체주의가 출현하기 위한 배경으로 '전쟁'을 지목한다.

> 이 세대는 이 전쟁을 계급이 몰락하고 계급이 대중으로 변하는 드라마의 서막으로 기억했다. 변함없는 살인적인 자의성을 지닌 전쟁은 죽음의 상징이 되었고, 모든 것을 평등하게 만드는 '위대한 평형 장치'가 되었으며, 새로운 세계 질서의 진정한 아버지가 되었다. 평등과 정의에 대한 열정, 편협하고 무의미한 계급의 경계선을 넘어서고자 하는 갈망, 어리석은 특권과 편견을 버리고자 하는 열망은 억압받고 박탈당한 자들에 대한 동정이라는 낡은 겸손의 태도에서 벗어날 수 있는 길을 전쟁에서 발견한 것처럼 보인다(『전체주의의 기원』).

1차 세계대전 그리고 2차 세계대전은 기존의 사회 질서를 붕괴시키는 거대한 사건이었다. 전쟁은 죽음을 일상화시켜, 왕이든 농부든 모두를 죽음 앞에 평등하게 만들었다. 이런 상황에서 새롭게 등장한 "대중적 인간의 독특한 헌신은 여기서 익명성에 대한 동경, 단지 하나의 숫자로 존재하고 톱니바퀴로서만 일하고자 하는 마음"으로 나타났는데, 이를테면 "바쿠닌은 이미 '나는 *나*로 존재하기를 원하지 않는다. 나는 우리로 존재하기를 원한다.'고 고백했다(『전체주의의 기원』)." 즉 잉여 인간은 행위를 통해 자신의 삶에 의미를 부여할 수 없으므로 자신을 전체에 산입시키고 동일시함으로써 이 문제를 해결한다. 인간은 더 이상 '누구'로서의 고유성을 가지는 존재가 아니라, 기꺼이 체제를 유지하기 위한 '무엇'이 된다.

> 그들은 상식이 통하게 만드는 틀을 가진 공동체적 관계의 전체 영역을 상실했다. 정신적이고 사회적인 고향 상실의 상황에서 자의적인 것과 계획적인 것, 우연적인 것과 필수적인 것의 상호의존은 더 이상 작동할 수 없었다. 전체주의 선전은 상식이 타당성을 상실한 곳에서만 상식을 잔인 무도하게 모욕했다. 무질서한 성장과 쇠퇴의 자의성에 대처하는가 아니면 가장 강직하고 놀라울 정도로 허구적인 이데올로기의 일관성 앞에 굴복하는가의 양자택일에서 대중은 항상 후자를 택하고 그것을 위해 개인적인 희생을 치를 준비가 되어 있을 것이다. 그들이 어리석거나 사악하기 때문이 아니라, 일반적인 불행 속에서 이런 도피가 그들에게 최소한의 자존심을 허락하기 때문이다(『전체주의의 기원』).

인간은 더 이상 서로를 신뢰하지 못하고, 함께 말하며 판단할 수 있는 공통 세계를 상실하였다. 그렇게 공동체적 관계의 전체 구조가 붕괴되었을 때, 자의적인 것과 필연적인 것, 우연적인 것과 계획적인 것의 유기적 연결은 더 이상 작동하지 않게 된다. 이 틈을 파고드는 것이 바로 전체주의적 이데올로기다. 그것은 상식이 자리를 잃은 곳에서만 그 무시무시한 위력을 발휘한다. 인간이 일반적인 불행 속에서 어쩔 수 없이 선택하는 허위의 일관성, 그것이 바로 전체주의가 제공하는 세계다. 상식은 비웃음을 당하고, 이데올로기의 논리는 감각과 현실을 무시한 채 놀라울 정도의 일관성을 무기로 삼는다. 아렌트는 이러한 상황에서 대중이 강박적 허구에 자신을 내맡기는 이유가 단순히 어리석음 때문이 아니라, 최소한의 자존심이라도 지켜내려는 생존의 몸부림이라고 진단한다. "이런 도피가 그들에게 최소한의 자존심을 허락하기 때문"이다. 이처럼 전체주의는 허구와 거짓으로 엮인 세계를 조작하면서도, 그것이 진리라는 감각을 사람들에게 강요한다.

그리하여 전체주의 이데올로기의 구조는 폐쇄적이다. 어떤 반론도 내부에서 허용되지 않고, 질문하는 자는 체제의 적으로 간주된다. 나치 독일에서 인종은 과학이 아닌 신념의 문제가 되었고, 스탈린 체제에서는 계급이 모든 행위의 판단 기준이 되었다. 사람들은 감각으로 받아들인 현실보다, 이데올로기가 제공하는 해석에 더욱 귀를 기울이게 되며, 점차 실제를 볼 수 있는 능력을 상실한다. 이러한 '현실의 재구성'은 거짓이 단순한 왜곡이 아니라 하나의 새로운 질서가 되는 방식으로 작동하며, 바로 그 지점에서 전체주의는 인간의 '사유 능력'을 뿌리째 흔든다. 판단을 유보하는 습관, 생각을 남에게 맡기는 태도, 이러한 일상의 무사유가 체제를 지탱하는 힘이 된다. 아렌트는 전체주의가 외부의 폭력만으로 작동하지 않는다고 강조한다. 오히려 전체주의는 인간 내부에 자리한 '사유하지 않음(thoughtlessness)'을 연료 삼아 움직인다. 이 점에서 전체주의는 강압이 아니라 '내면의 순응'에 의해 유지된다.

> 운동이 자행한 모든 일에 대한 총체적 책임과 운동원 한 사람 한 사람과의 총체적 동일시 현상은 어느 누구도 자신의 행위에 대해 책임을 지거나 그 행위의 이유를 설명할 수 있는 상황을 경험해본 적이 없다는 실직적인 결과를 가져온다. 지도자는 설명의 권리와 가능성을 독점하기 때문에, 자신이 무슨 일을 하는지 알고 있는 유일한 사람, 다시 말하면 운동의 유일한 대표자로 외부 세계에 비쳐진다. 즉 그 혼자만이 우리가 비전체주의적인 개념으로 이야기할 수 있는 사람이며, 그가 비난받거나 반대에 부딪힐 때 "나에게 묻지 마, 지도자에게 물어"라고 말할 수 없는 사람이다(『전체주의의 기원』).

전체주의 체제에서는 '운동'이 모든 것을 결정하고 주도하므로, 그 운동에 속한 개개인은 자신의 행동에 대한 책임감이나 그 행동의 이유를 설명할 권한을 사실상 박탈당하게 된다. 즉, 한 사람 한 사람은 자기가 왜 그런 행동을 했는지 설명할 수도 없고, 그 결과에 대해 책임질 필요도 없는 상태에 놓이게 된다는 것이다. 이 구조 속에서 개인은 그저 운동의 일부일 뿐이며, 자신의 행위를 독립적으로 설명하거나 책임질 자격조차 없다. 그런데 이 체제에서 유일하게 예외인 인물이 바로 지도자(leader)다. 아렌트는 이 지도자가 오직 한 사람만이 모든 것을 알고 있는 듯 행동하며, 마치 운동 전체를 대표하는 유일한 존재처럼 비춰진다고 말한다. 지도자는 설명의 권리, 말하자면 '왜 이 일이 벌어졌는가'에 대한 서사를 만드는 권력을 독점한다.

이처럼 지도자가 유일한 설명의 주체로 자리매김하게 되는 구조를 더욱 공고히 만드는 장치가 바로 '비밀경찰'과 '수용소'이다. 이 두 장치는 단순한 억압의 도구가 아니라, 아렌트가 말한 전체주의의 본질-현실의 파괴와 허구의 구성-을 실현하는 핵심 기제다. 먼저 비밀경찰은 겉으로 드러난 행정 권력이나 공식 조직과는 별개로, 전체주의 국가의 심장부에 자리잡은 실질적인 권력의 중심이다.

> 국가의 위에, 표면적인 권력의 간판 뒤에, 여러 겹으로 중복된 관청들의 미로 한가운데, 모든 권력 이동의 배후에, 그리고 비능률의 혼돈 가운데에 국가의 권력 핵심, 능률적이며 유능한 비밀경찰의 부서들이 자리잡고 있다(『전체주의의 기원』).

이 말은 비밀경찰이 단순히 정치적 반대자를 색출하거나 감시하는 수준을 넘어서, 전체주의 체제 전체를 조직하고 유지하는 핵심 축이라는 점을 분명히 보여준다. 전체주의는 현실의 적을 모두 제거한 이후에도 자신을 정당화하고 유지하기 위해 끊임없이 새로운 적을 필요로 하며, 이때 비밀경찰은 현실에 존재하지 않는 '허구의 적'을 만들어내는 데 핵심적인 역할을 수행한다. 적의 존재는 실제보다 허구에 가깝고, 숙청의 기준은 행위가 아니라 정체성에 따라 결정된다. 유대인이라는 이유로, 부농이나 지식인 계층이라는 이유만으로 '객관적인 적'으로 지목되기도 한다. 유대인이나 부농이 독재 정권을 전복시킬 것이라는 "전적으로 일어날 법하지는 않지만 그래도 '객관적인' 이런 가능성"이 처벌되어야 하는데, 이는 "경찰의 능력 밖의 문제"로 "경찰은 그것을 적발할 수도 고안할 수도 없고 또 그것을 유발할 수도 없어서", "비밀 부서는 전적으로 정치 당국에 의존한다(『전체주의의 기원』)." 그러한 체제를 전복할 수 있다는 혐의는 유대인이나 부농 뿐만 아니라 "생각할 능력이 있다는 이유만으로" 모든 주민에게까지 확장된다. "생각할 수 있는 인간의 능력은 동시에 마음을 바꿀 수 있는 능력이기 때문이다(『전체주의의 기원』)." 그러므로 전체주의 체제에서는 누구나 언제든지 용의자로 전락할 수 있으므로, 공포는 특정 계층에 국한되지 않고 사회 전반에 확산된다. 누구든지 언제든지 적이 될 수 있는 상황이 반복되면서, 개인은 스스로를 검열하게 된다.

한편 수용소는 "모든 것이 가능하다는 전체주의의 기본 신앙이 실증될 수 있는 실험실(『전체주의의 기원』)"이다. 이 말은 전체주의가 법과 도덕, 현실과 상식이라는 인간 세계의 기반을 완전히 무력화한 상태에서, 자신의 절대적 권력을 실험할 수 있는 유일한 공간이 바로 수용소라는 의미다.

> 한 사람을 다른 사람과 구분하는 개성은 그대로 두어서는 결코 안 된다. 모든 인간이 똑같이 쓸데없는 것이 되지 않는 한—이는 강제 수용소에서만 이루어질 수 있는 일이다— 전체주의 지배의 이상은 아직 달성되지 않았다. 전체주의 국가는 꾸준히, 설령 완벽하게 성공한 적은 없지만, 인간이 쓸모없어지는 상황을 만들고자 노력한다. 즉 여러 집단을 자의적으로 선발하여 강제 수용소에 보냄으로써 통치 조직의 부단한 숙청과 대량학살을 통해(…) (『전체주의의 기원』).

아렌트에게 수용소는 단지 정치적 반대자를 제거하는 수단이 아니라, 전체주의의 이데올로기가 현실을 재구성하는 중심축이다. 그곳에서 인간은 더 이상 '누구'로서 존재하지 않으며, 사회적 관계 속의 주체가 아니라, 기계적 체계 속에서 교체 가능한 부속품으로 전락한다. 바로 이 지점에서 전체주의는 물리적 폭력을 넘어, 인간의 존엄과 사유 능력, 고유성을 말살하는 체제로 자리 잡는다. 그 안에서 인간은 자신만의 이름과 고유한 이야기, 행위의 맥락을 모두 박탈당하고, 하나의 숫자, 하나의 부품, 하나의 대상물로 환원된다. 따라서 전체주의 국가는 특정 집단을 자의적으로 선별해 강제 수용소로 보내고, 그곳에서 반복적인 숙청과 학살을 통해 인간의 개별성과 존엄을 철저히 해체하려 한다. 이러한 수용소 체제에서 중요한 점은, 처벌이 범죄에 대한 응보가 아니라 존재 그 자체에 대한 제거라는 것이다. 죄가 없어도 처벌받고, 해명할 기회조차 주어지지 않으며, 심지어는 왜 처벌받는지조차 설명되지 않는다. 수용소는 인간이 더 이상 생각하고 말하며 판단할 수 없는 존재로, 즉 행위 불가능한 객체로 전락하는 장소이다. 이는 결국 인간이 책임을 지고 의미를 창출할 수 있다는 믿음을 파괴하며, 전체주의가 지향하는 '비인간적 인간'을 실험하고 생산하는 가장 극단적인 공간으로 기능한다.

　이 두 장치('비밀경찰'과 '수용소')는 결국 전체주의 체제가 현실을 억압하는 것이 아니라, 현실 자체를 재구성하려는 목적을 드러낸다. 전체주의는 인간의 행위를 통제하려는 것이 아니라, 인간의 생각, 말, 존재 방식 자체를 바꾸려는 체제이다. 비밀경찰은 언제 어디서나 반역자가 나올 수 있다는 공포를 퍼뜨리고, 수용소는 그런 공포가 현실이 될 수 있다는 사실을 보여준다. 이는 단순한 폭력이 아니라, 인간 존재 조건의 붕괴를 통한 통치다. 따라서 아렌트는 전체주의를 단지 '폭압적 정치체제'로 이해해서는 안 된다고 강조한다. 그것은 인간의 자유, 책임, 사고, 판단과 같은 근본 조건들을 해체함으로써 작동하며, 외부의 강압만이 아닌 내면의 무사유와 자발적 순응을 통해 유지되는 체제이기 때문이다. 바로 이러한 점에서, 전체주의는 단순한 권력의 독점이 아니라 현실 전체를 지배하는 하나의 세계관이자 존재 방식을 바꾸는 힘인 것이다.

📜 악의 평범성과 도덕적 마비

전체주의 체제가 수용소와 비밀경찰을 통해 인간의 개성과 판단력을 제거하고, 허구의 질서를 강요하는 구조 속에서 가장 심각한 문제는 결국 인간 내면의 파괴, 곧 생각하지 않으려는 습관의 형성이다. 한나 아렌트는 1961년 예루살렘에서 열린 나치 전범 아돌프 아이히만 재판을 직접 참관하고, 그 경험을 통해 '사유하지 않음'에 관한 통찰을 끌어낸다. 그녀가 마주한 것은 잔혹한 악인의 얼굴이 아니라, 말쑥한 정장을 입고 행정적 효율성과 출세를 말하는 평범한 중년 남성이었다. 그는 유대인 학살이라는 역사상 최악의 범죄를 실행한 인물이었지만, 스스로는 "나는 단지 명령을 따랐을 뿐"이라며 죄책감도, 반성도 보이지 않았다.

> 피고는 전쟁기간 동안 유대인에게 저지른 범죄가 기록된 역사에 있어서 가장 큰 범죄라는 것을 인정했고, 또 피고가 거기서 한 역할을 인정했습니다. 그런데 피고는 자신이 결코 사악한 동기에서 행동한 것이 결코 아니고, 누구를 죽일 어떠한 의도도 결코 갖지 않았으며, 결코 유대인을 증오하지 않았지만, 그러나 그와는 다르게 행동할 수는 없었으며, 또한 죄책감을 느끼지 않는다고 말했습니다. (…) 피고는 또한 최종 해결책(the final solution)에서 자신이 맡은 역할을 우연적인 것이었으며, 대체로 어느 누구라도 자신의 역할을 떠맡았을 수 있으며, 따라서 잠재적으로는 거의 모든 독일인들이 똑같이 유죄라고 말했습니다. 피고가 말하려는 의도는 모든 사람, 또는 거의 모든 사람들이 유죄인 곳에서는 아무도 유죄가 아니라는 것입니다(『예루살렘의 아이히만』).

아이히만은 자신이 단지 맡은 일을 했을 뿐이며, 누구나 그 자리에 있었으면 같은 일을 했을 것이라 주장한다. 아렌트는 이처럼 도덕적 판단의 유보와 책임 회피 속에서 행해지는 악을 통해, '악의 평범성(the banality of evil)'이라는 개념—비록 이 용어 자체는 저작에서 강조되진 않지만—을 사유의 핵심으로 끌어들인다.

> 나는 재판에 직면한 한 사람이 주연한 현상을 엄격한 사실적 차원에서만 지적하면서 악의 평범성에 대해 말한 것이다. 아이히만은 이아고도 맥베스도 아니었고, 또한 리처드 3세처럼 "악인임을 입증하기로" 결심하는 것은 그의 마음과는 전혀 동떨어져 있는 일이었다. 자신의 개인적인 발전을 도모하는 데 각별히 근면한 것을 제외하고는 그는 동기도 갖고 있지 않았다. 그리고 이러한 근면성 자체는 결코 범죄적인 것이 아니다. (…) *이 문제를 흔히 하는 말로 하면 그는 단지 자기가 무엇을 하고 있는지 결코 깨닫지 못한 것이다*(『예루살렘의 아이히만』).

아렌트는 아이히만을 셰익스피어의 전형적인 악인들과 의도적으로 비교한다. 그녀는 아이히만이 이아고도, 맥베스도, 리처드 3세도 아니라고 단언한다. 이아고는 오셀로를 파멸시키기 위해 정교한 음모를 꾸미는 냉소적인 악인이고, 맥베스는 권력에 대한 욕망 속에서도 죄책감과 도덕적 고뇌를 겪는다. 리처드 3세는 아예 "나는 악인이 되기로 결심했다"고 선언하며, 자신의 악을 기획하고 자각한다. 반면, 아이히만은 악을 의도하지도, 인식하지도 않은 채 자신의 역할을 수행했을 뿐이다. 그는 자신이 한 일이 무엇을 의미하는지, 왜 문제가 되는지를 스스로 이해하지 못했고, 이해하려 하지도 않았다.

이러한 차원에서 '악의 평범성'이란, 악이 반드시 사악한 의지나 증오에서 비롯되는 것이 아니라, 도덕적 사고를 중단한 채 체제에 복종하며 자신의 책임을 망각하는 '평범한 인간'에 의해 아무렇지 않게 실행될 수 있다는 통찰이다. 아이히만은 유대인을 향한 깊은 증오나 학살의 쾌감을 지닌 사람이 아니었다. 그는 단지 자신에게 주어진 업무를 처리하며, 오히려 행정의 효율성과 명령 체계의 충실함을 자랑스러워했다. 그는 자신이 죽음의 운송을 담당한 수십만 명의 사람들을 단 한 번도 실제 인간으로 상상하지 않았고, 그저 '할당량', '이동 계획', '수송 절차'로만 이해했다. 아이히만의 '사유하지 않음'은 모종의 무능력함과 연관된다.

아르헨티나나 예루살렘에서 회고록을 쓸 때나 검찰에게 또는 법정에서 말할 때 그의 말은 언제나 동일했고, 똑같은 단어로 표현되었다. 그의 말을 오랫동안 들으면 들을수록, 그의 말하는 데 무능력함(inability to speak)은 그의 생각하는 데 무능력함(inability to think), 즉 타인의 입장에서 생각하는 데 무능력함과 매우 깊이 연관되어 있음이 점점 분명해진다. 그와는 어떠한 소통도 가능하지 않았다. 이는 그가 거짓말하기 때문이 아니라, 그가 말(the words)과 다른 사람들의 현존(the presence of others)을 막는, 따라서 현실 자체(reality as such)를 막는 튼튼한 벽으로 에워싸여 있었기 때문이다(『예루살렘의 아이히만』).

아렌트가 본 아이히만의 문제는 단순한 도덕적 무감각을 넘어, 세계와의 관계 맺기 자체가 차단된 존재라는 데 있다. 그는 말하는 데 무능력했다. 그런데 '말'이란 본질적으로 타자를 향한 행위이며, 타인과의 공유를 통해 현실을 형성하는 방식이다. 언어는 근본적으로 관계적이고 공적이라서, '사적 언어(private language)'란 존재할 수 없다. 말은 그 자체로 [타자적] 세계와의 접촉을 전제로 하며, 타자의 응답 가능성을 내포한다. 그러나 아이히만의 진술은 언제나 동일한 단어로 반복되었고, 그의 언어는 타자에게 도달하지 못하는 공허한 반복에 불과했다. 이는 단지 언어 능력의 문제가 아니라, 타자의 관점에 서서 생각하는 능력 자체가 결여되어 있었기 때문이다. 그는 타인의 고통을 상상하지 못했고, 말이 가져야 할 '공동의 세계'로 향하는 방향성을 상실한 채, 자기 안에 갇혀 있었다. 아렌트는 이러한 상태를 도덕적 판단이 가능한 조건의 붕괴로 이해한다. 타인을 전제하지 않는 사고는 도덕에 이를 수 없으며, 말이 더 이상 세계를 공유하지 못할 때, 사유 없는 악은 평범한 얼굴로 현실을 파괴할 수 있게 된다.

악의 평범성은 우리에게 묻는다. "나는 지금 사유하고 있는가?" 아렌트가 말하는 악은 괴물 같은 존재가 아니다. 그것은 일상의 말투로, 공무원의 형식으로, 문서의 언어로 다가온다. 우리가 익숙해진 제도와 규칙, 효율이라는 이름으로 반복하는 행위 속에, 사유 없는 복종이 자리 잡을 때, 그 안에서 악은 조용히 확장된다. 아렌트는 아이히만을 통해 도덕적 판단이 중단된 세계에서 어떤 일이 벌어지는지를 목격했고, 그것이야말로 전체주의보다 더 깊은 위협이라고 경고했다. 그렇기에 아렌트는 말한다. "이러한 무사유가 인간 속에 아마도 존재하는 모든 악을 합친 것보다도 더 많은 파멸을 가져올 수 있다는 것, 이것이 사실상 예루살렘에서 배울 수 있는 교훈이었다(『전체주의의 기원』)."

📜 도덕적 사유·판단의 회복

우리는 어떻게 도덕적으로 사유하고 판단할 수 있을까? 이 물음은 단순히 윤리학적 범주의 문제에 그치지 않는다. 이는 인간으로서 살아간다는 것, 다시 말해 스스로의 행위에 책임을 지고 타인과 세계 속에서 공존한다는 것이 과연 무엇을 의미하는지를 되묻는, 보다 근본적인 철학적 성찰을 요구한다. 특히 도덕적 판단이 사라져버린 듯한 오늘날의 현실, 즉 타자의 고통 앞에서도 무감각해지고, 사유 없는 복종과 판단 유보가 일상화된 시대에, 우리는 다시금 '도덕'의 가능성과 조건을 묻지 않을 수 없다. 여기에서는 한나 아렌트의 사유(thinking)와 판단(judging) 개념을 중심으로, 도덕적 존재로서의 인간이 어떻게 형성되는지를 탐색하고자 한다.

아렌트에게 '사유'란, 일반적으로 말하는 '문제를 해결하는 능력'이나 '정보를 분석하는 지적 기능'과는 전혀 다른 차원의 정신 활동이다. 그녀는 칸트를 따라 인간의 지성(intellect)을 [증명할 수 있는] 지식을 획득하는 능력으로 보고, 반면에 사유는 증명할 수 없는 삶의 의미에 대해 이해하려는 것으로 본다. 즉 사유는 우리 삶 속에서 자명하게 여겨지던 현상들에 대해 일시적으로 거리를 두고 그 의미와 전제를 낯설게 바라보게 만드는 이탈의 운동이라고 볼 수 있다. 사유는 무엇인가를 주장하거나 정리된 해답을 제공하는 것이 아니라, 세상과의 익숙한 관계를 잠시 중단하고 그 안에서 묻지 않았던 질문들을 가능하게 하는 공간을 여는 행위다.

> 칸트가 '이념'이라고 표현하는 여러 가지 사유—사물, 즉 신, 자유, 불멸성은 결코 경험하지 못하며, 이에 따라 인지할 수 없지만, 우리를 위해 존재한다(『정신의 삶-사유』).

아렌트에게 있어 이처럼 사유는 확실함을 밝히려는 것이 아니라, 우리가 이미 확실하다고 믿어온 것들의 기반을 의심하고, 그 의미를 재구성하려는 실천적·윤리적 노력이다. 그래서 그녀는 말한다.

> 사유하는 내가 일체의 현실감을 상실한다는 의미를 담는다. 즉 현실에 존재하는 '자기 자신'은 사유하지 않는다는 의미인 셈이다(『정신의 삶-의지』).

그러나 아렌트는 사유에 머무르지 않는다. 아렌트에게 있어 '판단'은 단순한 옳고 그름의 결정이 아니라, 타인의 입장에서 세계를 다시 바라보는 정신의 운동이다. 아렌트에 따르면, 나의 사유가 정당함 즉 불편부당성(impartiality)임을 가지려면 "타인들의 관점을 고려함으로써(『칸트의 정치철학』)" 가능하다. 그녀는 칸트의 『판단력 비판』에 기대어 다음과 같이 판단을 설명한다.

> 여기서는 '불편부당성'이라는 말이 언급되지 않았습니다. 그 대신 타인의 생각을 고려하기 위해 사람들은 자신의 생각을 '확장'할 수 있다는 관념이 발견되지요. '정신의 확장(enlargement of the mind)'은 『판단력 비판』에서 결정적인 역할을 합니다. 여기에서는 '이는 우리의 판단을 타인의 실제적 판단이 아닌 가상적 판단과 비교함으로써, 그리고 우리 자신을 타인의 입장에 놓음으로써' 이루어집니다. 이러한 것을 가능하게 하는 기능을 상상력이라고 부르지요. (…) 비판적 사유는 여전히 고독한 작업이기는 하지만 '다른 모든 사람'에게서 분리될 수 없습니다. 고립 속에서 진행되기는 하지만 상상력의 힘으로 타자들을 등장시킴으로써 잠재적이며 공적이며 모든 입장에 공개된 공간으로 들어가게 됩니다. 다른 말로 하자면, 그것은 칸트가 말하는 세계시민

의 입장을 채택하는 것이지요(『칸트의 정치철학』).

사유가 *자기 내면에서* 의미를 묻는 활동이라면, 판단은 *타인의 관점에서* 세계를 바라보며, 도덕적으로 응답하려는 능력이다. 즉 아렌트는 판단을 통해 비판적 사유의 '공공성'을 확보하려고 한다. 다시 말해 판단은 단독으로 이루어지지만 결코 고립된 활동이 아니다. 아렌트는 "비판적 사유는 여전히 고독한 작업이지만, '다른 모든 사람'에게서 분리될 수 없다"고 말한다. 우리가 상상력을 통해 다양한 타자의 입장을 불러들이는 순간, 판단은 더 이상 개인적인 사고가 아닌, 잠재적으로 공적이며 세계 시민적 관점을 담은 공간으로 확장된다.

이러한 판단은 단지 법이나 규칙을 적용하는 것이 아니라, 공동 세계를 향한 감응이자, 도덕적 상상력의 작동이다. 그리고 이 능력은 공통 감각(common sense), 즉 '다른 사람들과 세계를 공유한다는 감각'에서 비롯된다. 타인의 입장을 상상하고 그 입장에서 세상을 바라보며, 함께 살아갈 수 있는 길을 모색하는 것, 그것이 바로 아렌트에게 있어 도덕 판단의 본질이다. 따라서 판단이란 혼자 생각하되, 결코 자기만의 시선에 갇히지 않고, 상상력으로 타자의 자리를 비워두는 행위이다. 그것은 공정함을 넘어, 공동 세계 속 타자와의 관계를 살아 있는 문제로 받아들이는 윤리적 응답이다. 그리고 바로 이 지점에서 사유와 판단은 하나의 흐름으로 맞닿는다. 사유는 나로부터 세계를 비추고, 판단은 그 세계를 타인과 함께 살아갈 수 있는 공간으로 재구성하는 노력이다.

이처럼 사유와 판단은 인간이 도덕적 주체로 존재하기 위해 반드시 함께 작동해야 하는 것이다. 사유는 삶의 의미를 묻고, 판단은 그 질문에 세계 속에서 응답하게 한다. 둘은 분리될 수 없으며, 어느 하나가 결여될 때 도덕은 쉽게 붕괴된다. 이 점을 아렌트는 『예루살렘의 아이히만』에서 가장 극단적인 형태로 보여준다. 나치 전범 아이히만은 사악한 의도를 가진 악인이 아니었다. 그는 특별히 광기 어린 신념을 지녔던 것도 아니다. 오히려 지극히 평범한 인간, 사유하지 않고, 판단하지 않은 인간이었다. 그는 자신이 무엇을 하고 있는지 질문하지 않았고, 타인의 고통을 자신의 내면으로 끌어들이려는 상상력도 발휘하지 않았다. "나는 명령을 따랐을 뿐이다"라는 그의 말은 단지 책임 회피의 언어가 아니다. 그것은 사유하지 않음의 상태가 얼마나 인간의 도덕적 감각을 마비시킬 수 있는지를 보여주는 상징이 된다. 아이히만의 사례는 우리에게 묻는다. "사유하지 않는다는 것 그리고 타인의 입장에서 판단하지 않는다는 것이, 얼마나 손쉽게 악으로 이어질 수 있는가?" 아렌트에게 있어서 도덕이란 위대한 원칙의 암기가 아니라, 자기 자신에게 끊임없이 묻는 사유의 지속, 그리고 타인을 향해 자신을 확장하는 판단의 용기 위에 놓여 있다.

6장

연대의 가치

6장

연대의 가치

관련 덕목
- 협력
- 공감

🎓 역사학자의 이야기

📜 식민지 국가의 기근 배경

오늘날 많은 개발도상국에서 반복되는 기근은 단순히 자연재해의 불운으로 환원할 수 없다. 기후 변화나 가뭄, 홍수와 같은 자연 조건이 분명 중요한 요인으로 작용하지만, 그 이면에는 제국주의 시기부터 이어져 온 구조적 불평등이 뿌리 깊게 자리하고 있다. 역사적으로 식민지배는 토착 공동체의 식량 자급 체제를 붕괴시키고, 식민지 주민을 국제 시장에 종속된 노동력과 소비자로 재편하였다.

가장 대표적인 사례는 19세기 인도 대기근이다. 인도는 오랜 기간 지역별로 쌀, 보리, 조 등을 생산하며 비교적 안정적인 식량 순환 구조를 가지고 있었다. 그러나 영국 식민 정부는 인도를 '제국의 곡창'이 아닌 '제국의 원료 공급지'로 만들고자 했다. 그 결과 농민들은 면화, 홍차, 아편 등 수출 작물 재배에 강제 동원되었고, 쌀이나 밀과 같은 주식 생산은 크게 위축되었다. 1876~1878년 가뭄이 닥쳤을 때, 영국 당국은 오히려 쌀과 곡물을 영국으로 계속 수출했으며, 기근 구호를 위한 공적 자원 투입을 최소화했다. 이 과정에서 약 500만 명 이상이 아사했고, 이후 19세기 말까지 반복된 기근으로 총 1,500만 명 이상이 희생되었다. 이는 단순히 자연재해가 아니라, 제국주의적 경제 구조가 낳은 인위적 재난이었다.

아일랜드 대기근(1845~1852) 역시 비슷한 맥락에서 이해할 수 있다. 감자 역병으로 인해 주식 작물이 대량으로 썩어버렸지만, 아일랜드는 여전히 밀과 보리를 영국 본토로 수출해야 했다. 식민 지배 구조 속에서 현지인의 생존보다 제국의 이익이 우선되었기 때문에, 약 100만 명이 굶어 죽었고 또 다른 100만 명은 미국 등으로 이주해야 했다. 이 사건은 오늘날에도 '기근은 식량 부족의 문제가 아니라 분배와 권력 구조의 문제'라는 중요한 교훈으로 남아 있다.

아프리카 대륙에서도 식민지배의 흔적은 뚜렷하다. 1884~1885년 베를린 회의를 통해 유럽 열강은 아프리카를 임의로 분할했다. 국경은 부족과 민족 공동체의 삶과 무관하게 그어졌으며, 토착 농업은 파괴되고 카카오, 고무, 목화, 커피 등 단일 수출 작물이 강제되었다. 특히 프랑스령 서아프리카에서는 농민들이 현지 공동체를 위한 곡물 대신 땅콩과 목화를 재배해야 했고, 이로 인해 사헬 지대의 자급 구조가 약화되었다. 그 결과 독립 이후 반복된 가뭄과 기후 충격 속에서 기근이 쉽게 발생했다.

라틴아메리카에서도 유사한 구조가 자리잡았다. 과테말라, 온두라스 등에서는 커피와 바나나가 주력 수출 작물이 되었고, 이는 미국 기업의 이익을 위해 생산 체계가 개편된 것이었다. 현지 주민의 토지는 빼앗겨 대농장으로 통합되었고, 농민들은 식량을 생산하기보다 임금 노동자로 편입되었다. 이 과정에서 발생한 만성적 식량 부족은 훗날 사회 불안정과 정치적 폭력으로 이어졌다. 이처럼 식민지 시기 형성된 단일 작물 경제와 불평등한 분배 구조는 단순한 역사적 사건이 아니라, 오늘날 기근의 구조적 배경으로 여전히 작동하고 있다.

신자유주의와 기근 문제

20세기 중반 탈식민화가 진행되면서 많은 국가들이 정치적 독립을 이루었지만, 경제적 자립은 또 다른 문제였다. 특히 1970년대 이후 세계 경제가 불황에 빠지고 국제 유가가 급등하자 많은 개발도상국은 막대한 외채를 떠안았다. 이들은 국제통화기금(IMF)과 세계은행의 차관을 의존하게 되었고, 그 대가로 구조조정 프로그램(SAP)을 도입해야 했다. 구조조정 프로그램의 핵심은 신자유주의적 경제 개혁이었다. 곡물 보조금 축소, 공공 부문 민영화, 무역 자유화, 외국인 투자 유치 등이 강제되었는데, 이는 기근 상황을 악화시켰다. 예컨대 잠비아는 구리 가격 하락으로 재정 위기에 몰리자 IMF의 권고에 따라 곡물 보조금을 철폐했다. 그 결과 옥수수 가격이 폭등했고, 도시 빈민층은 식량을 구하지 못해 굶주림에 내몰렸다.

말라위의 사례는 더욱 극적이다. 1990년대 말 IMF의 권고로 곡물 비축 제도를 폐지한 말라위는 2001년 가뭄이 발생하자 국가적 비상 사태에 직면했다. 이전 같으면 국가 비축미로 대응할 수 있었지만, 시장 개방으로 비축 체제가 사라진 탓에 수백만 명이 기근의 위협에 노출되었다.

이 사건은 신자유주의 정책이 자연재해와 결합할 때 얼마나 치명적인 결과를 낳는지를 보여준다.

라틴아메리카에서도 신자유주의는 식량 위기를 심화시켰다. 멕시코에는 1994년 북미자유무역협정(NAFTA) 체결 후 값싼 미국산 옥수수가 대량 유입되었고, 그 결과 전통적 농민 경제가 붕괴되었다. 자급적 농업이 무너진 농민들은 도시 빈민으로 전락하거나 불법 이주민이 되었으며, 이는 멕시코 사회의 만성적 불평등과 불안정의 배경이 되었다.

신자유주의적 세계화는 식량 문제를 '시장 메커니즘'에 맡기도록 요구했다. 하지만 곡물 시장은 국제 곡물 메이저(카길, 아처다니엘스미들랜드 등)와 투기적 자본에 의해 좌우된다. 그 결과 2007~2008년 세계 곡물 가격이 폭등했을 때, 아이티에서는 "우리는 배고픔을 참을 수 없어"라는 구호와 함께 대규모 폭동이 일어났고, 이집트와 방글라데시에서도 식량 폭동이 발생했다. 이는 곡물이 단순한 상품이 아니라, 생존과 직결된 권리임을 다시금 확인시켜 주었다. 결국 신자유주의 체제는 기근을 단순한 지역적 문제가 아니라 국제 시장의 불안정성, 불평등한 교역 구조, 외채 종속과 맞물린 구조적 문제로 만들었다.

협력을 위한 국제사회의 노력

기근 문제는 특정 국가가 단독으로 해결할 수 없는 전 지구적 과제다. 따라서 국제사회는 다양한 차원에서 대응을 시도해왔다. 유엔 세계식량계획(WFP)은 대표적으로 기근 지역에 긴급 구호 식량을 공급하고 있으며, 아프리카 뿔 지역이나 예멘 내전처럼 인도적 위기가 발생할 때마다 가장 먼저 활동하는 기구이다.

하지만 단순한 구호만으로는 기근을 근본적으로 해결할 수 없다. 이에 따라 최근에는 식량 안보(Food Security)와 식량 주권(Food Sovereignty) 개념이 강조된다. 전자는 모든 사람이 언제 어디서나 충분한 식량에 접근할 권리를 뜻하고, 후자는 각 지역 공동체가 스스로 식량 체계를 결정할 권리를 의미한다.

아프리카에서는 실제로 전통 작물을 복원하고 지역 농민의 협동조합을 통해 자급 기반을 강화하려는 시도가 이루어지고 있다. 예컨대 에티오피아 일부 지역에서는 수수, 테프 같은 토착 곡물 재배가 다시 장려되고 있으며, 이는 기후변화에 더 강한 품종을 활용하는 전략과도 맞물린다.

또한 기후변화 대응과 기근 문제는 불가분의 관계다. 사헬 지역이나 아프리카 뿔 지역은 기후변화로 가뭄과 홍수가 반복되면서 식량 불안정이 더욱 심화되고 있다. 이에 따라 국제사회는 '기후 스마트 농업(Climate-Smart Agriculture)'을 확산시키고 있으며, 이는 농업 생산성을 유지하면서도 온실가스 배출을 줄이고, 동시에 기후 변화에 적응할 수 있도록 하는 접근이다.

한편 국제 원조 체계 자체도 변화하고 있다. 과거에는 선진국이 '시혜적 원조'를 제공하는 방식이 주류였다면, 최근에는 현지 농민으로부터 직접 곡물을 구매하여 분배하거나, 농업 기술과 인프라를 지원하는 방식으로 전환되고 있다. WFP의 현지 조달 프로그램이 대표적 사례로, 이는 단순히 식량을 공급하는 것을 넘어 지역 경제를 활성화하는 효과도 가져온다.

마지막으로, 협력은 단순히 경제적 차원을 넘어 정치적 안정과 평화 구축과도 연결된다. 내전과 분쟁은 언제나 기근과 맞물려 나타나며, 실제로 예멘이나 수단, 소말리아의 기근은 전쟁과 정치 불안정과 분리해서 설명할 수 없다. 따라서 국제사회의 기근 해결 노력은 평화 구축, 인권 보장, 민주적 거버넌스 강화와 긴밀히 맞물려야 한다.

기근은 단순히 '먹을 것이 없는 상태'가 아니라, 역사적 불평등, 신자유주의 세계 질서, 기후변화와 분쟁이 교차하는 복합적 문제다. 아일랜드, 인도, 아프리카, 라틴아메리카 등 역사적 사례는 기근이 언제나 정치적이고 구조적인 배경을 가지고 있음을 잘 보여준다. 현대에도 2007~2008년의 세계 식량 위기, 아프리카 사헬 지대의 반복적 기근, 중동 분쟁 지역의 식량 위기는 그 연속선상에 있다.

따라서 기근 문제 해결은 단순히 인도적 원조를 넘어서야 한다. 식민 지배 시기부터 이어진 역사적 불평등을 시정하고, 신자유주의적 세계 시장 구조를 재검토하며, 기후변화와 전쟁이라는 현대적 도전에 대응하는 다층적이고 국제적인 협력이 필수적이다. 인류의 기근 문제는 특정 지역의 비극이 아니라, 전 지구적 불평등과 불안정이 응축된 현상이며, 이를 해결하는 과정은 곧 지속가능한 미래를 위한 인류 공동의 과제가 될 것이다.

🎓 철학자의 이야기

📜 가까운 사례에서 생각해보기

피터 싱어(Peter Singer)는 '도덕'과 관련하여 자명하다고 생각하는 사례들을 제시한다. 여기에서 우리가 살펴볼 사례는 세 가지이다. 첫째는 '연못에 빠진 아이', 둘째는 부가티를 포기해야 하는 '밥(Bob)' 이야기, 마지막으로는 영화 『중앙역』의 '도라' 이야기이다.

먼저 연못가와 관련한 이야기를 살펴보자. (사실 이 이야기는 동양고전 『맹자』의 '우물에 빠진 아이' 사례와 유사하다.)

> 만약 내가 얕은 연못가를 지나가다가 아이가 연못에 빠져서 허우적대는 것을 본다면, 나는 그 연못에 들어가서 아이를 구해야 합니다. 이로 인해 내 옷이 진흙으로 더러워지겠지만, 이는 사소한 일인 반면 아이의 죽음은 매우 나쁜 일일 것입니다(『기근, 풍요, 도덕』).

만약 길을 걷다가 한 아이가 얕은 연못에 빠져 허우적거리는 모습을 본다고 하자. 우리는 망설이지 않고 연못에 뛰어들어 아이를 구할 것이다. 비록 옷이 젖고 더러워질 수 있으며, 일정에 차질이 생길 수도 있지만, 그것은 누구나 기꺼이 감수할 수 있는 사소한 불편일 뿐이다. 왜냐하면 그 아이의 생명은 그러한 불편함과는 비교할 수 없을 만큼 소중하기 때문이다. 그런데 만약 어떤 사람이 그런 상황에서 아이를 구하지 않고 외면한 채 지나친다면, 우리는 당연히 그의 인격 자체에 문제를 제기할 것이다.

이어서 두 번째 이야기, 부가티를 포기해야 하는 밥의 이야기이다.

밥은 은퇴를 앞두고 자신이 아끼는 고가의 부가티 자동차를 철로 옆에 주차해 두고 산책을 나간다. 그때 그는 폭주하는 열차가 선로를 따라 달려오고 있으며, 그 앞에 어린아이가 서 있는 것을 발견한다. 아이를 구하려면 선로전환기를 작동시켜야 하지만, 그렇게 하면 열차는 측선에 주차된 자신의 부가티를 들이받아 파손시킨다. 밥은 결국 부가티의 가치를 잃지 않기 위해 전환기를 작동하지 않기로 결정하고, 그 결과 아이는 치여 죽고 만다(『세계 빈곤에 대한 피터 싱어의 해결책』에서 요약).

이 사례에서 밥은 은퇴를 앞두고, 오랜 시간 아끼고 투자해온 부가티 자동차를 철로 옆에 주차해 둔 채 산책을 나선다. 그러다 그는 예기치 않게 폭주하는 열차와, 그 앞에 서 있는 어린아이를 동시에 목격하게 된다. 밥은 단 한 가지 선택지를 갖고 있다. 선로 전환기를 눌러 열차를 측선으로 돌리는 것. 그렇게 하면 아이는 살 수 있지만, 그 대신 자신의 부가티는 열차에 의해 망가질 것이다. 피터 싱어는 이 극단적인 상황을 통해 우리에게 도덕적으로 불편한 질문을 던진다. "밥이 부가티를 희생하지 않고 아이를 죽게 놔둔다면, 우리는 그를 도덕적으로 용납할 수 있을까?" 대부분의 사람들은 밥의 선택을 분노와 경악으로 바라볼 것이다. 누군가의 생명을 자신의 사적인 소유물, 그것도 단지 자동차와 맞바꾸는 결정은 명백한 도덕적 잘못처럼 보인다.

마지막 이야기는 영화『중앙역』의 '도라' 이야기이다

브라질 영화『중앙역』에서 도라는 은퇴한 교사로, 기차역에 앉아 글을 모르는 사람들을 위해 편지를 써주며 생계를 꾸려 갑니다. 그러던 중 그녀에게 갑자기 1000달러를 챙길 기회가 생깁니다. 그녀가 해야 할 일은 집 없는 아홉 살 소년을 설득해 그녀가 받은 주소로 데려가는 게 다입니다. (도라는 그 아이가 부유한 외국인에게 입양될 거라고 들었습니다.) 그녀는 소년을 데려다주고 돈을 받습니다. 그중 일부를 텔레비전 세트에 쓰고 새롭게 구입한 물건을 즐기며 안락하게 지냅니다. 그러나 그녀의 이웃이 그 소년은 입양되기에는 나이가 너무 많았다고, 결국 살해당해 장기가 이식용으로 팔릴 거라고 말하며 흥을 깹니다. 어쩌면 도라는 처음부터 이를 알았을지 모르지만, 이 이웃의 직설적인 말 한마디에 그녀는 괴로운 밤을 보냅니다. 아침이 되자 도라는 소년을 다시 데려오기로 결심합니다(『세계 빈곤에 대한 피터 싱어의 해결책』).

『중앙역』은 단지 한 개인의 변화나 후회를 보여주는 드라마가 아니다. 관객은 도라가 소년을 데려다주고 돈을 받는 장면에서 불편함을 느끼고, 이내 그녀가 마음을 바꿔 다시 아이를 찾아가는 결말에 이르러 안도와 감동을 느낀다. 대부분의 사람들은 그녀의 행동이 옳았다고 판단하며, 아이를 외면한 그녀의 과거를 비판할지도 모른다. 그러나 피터 싱어가 이 사례를 인용하는 진짜 이유는 거기에 있다. 그는 관객의 도덕적 직관과 실제 행동 사이의 불일치를 문제 삼는다. 도라의 행위에 분노하면서도, 관객 자신은 극장을 나서며 아프리카의 기근과 질병으로 죽어가는 수많은 아이들을 향한 책임에 대해서는 별다른 고민조차 하지 않는다.

연못가 사례 그리고 부가티를 둘러싼 밥의 선택, 그리고 도라를 바라보는 우리의 시선은 우리의 도덕적 직관이 실제 삶에서 어떻게 작동하고 있는지를 날카롭게 되묻는다. 대부분의 사람들은 연못에 빠진 아이를 외면하는 이를 비난할 것이고, 밥이 자신의 고급 스포츠카를 희생하지 않기 위해 선로 전환기를 작동하지 않고 아이를 죽음에 이르게 했을 때, 우리는 그의 결정에 분노를 느낀다. 그러나 싱어는 우리에게 묻는다. 그러한 우리들의 직관은 일관적으로 작동하고 있는가?

지구 반대편 사람들을 위해 기부하지 않는 것은 왜 부도덕한 것인가

1971년, 서파키스탄 정권이 동파키스탄의 독립운동을 무력으로 진압하면서 수많은 난민이 발생하였다. 이에 대해 싱어는 『기근, 풍요, 도덕』에서 다음과 같이 말한다.

> 내가 이 글을 쓰는 1971년 11월, 동벵골(오늘날의 방글라데시)에서는 사람들이 식량, 주거, 의료 서비스가 부족해 죽어 가고 있습니다. 지금 그곳에서 일어나고 있는 고통과 죽음은 어떤 운명론적 의미에서 필연적인 것도 불가피한 것도 아닙니다. 끊임없는 빈곤, 사이클론, 내전으로 인해 최소 900만 명의 사람들이 궁핍한 난민이 되었습니다. 그렇지만 부유한 나라들이 그들의 고통을 아주 작은 규모로 줄일 수 있을 만큼 충분한 지원을 제공하는 것은 불가능한 일이 아닙니다. 인간의 결정과 행동은 이런 종류의 고통을 예방할 수 있습니다. 그러나 불행하게도 우리는 필요한 결정을 내리지 않았습니다. 개인 수준에서 사람들은 극소수의 예외를 제외하고는 상황에 의미 있는 방식으로 대응하지 않았습니다(『기근, 풍요, 도덕』).

싱어는 1971년 방글라데시아의 비극적인 상황을 서술하면서, 이 고통이 단순한 자연재해나 운명 같은 '불가피한 재난'이 아니며, 막을 수 있었던 인재(人災)라고 강조한다. 사이클론과 내전, 그리고 구조적 빈곤으로 수백만 명이 난민이 되었지만, 그들이 겪는 굶주림과 죽음은 단지 그 지역 내부의 문제가 아니라, 부유한 나라들의 무관심과 외면에 의해 방치된 결과라는 것이다. 싱어는 수많은 방글라데시아 사람들의 고통을 줄이기 위한 수단과 자원이 선진국에 충분히 존재했음을 상기시킨다. 즉, 선진국들은 능력이 없어서가 아니라, 그들을 구제하기 위한 결정을 내리지 않아 아무 것도 하지 않았다는 것이다. 이는 도덕적 무책임으로 해석될 수 있다. 또한 싱어는 정부 차원의 개입만이 아니라 개인 수준의 응답 부재도 함께 지적한다. *대부분의 개인들은 상황을 알고 있었음에도 실질적이고 의미 있는 행동을 하지 않았으며,* 그로 인해 수백만 명의 고통은 그저 단편적 뉴스가 되어 소비되고 말았다.

예를 들어 영국은 대부분의 국가보다 훨씬 더 많은 지원을 했습니다. 지금까지 1475만 파운드를 지원했습니다. 비교하기 위한 목적으로 말하자면, 영국이 프랑스와 공동으로 진행한 콩코드 프로젝트에 투자한 회수 불가능한 개발비가 이미 2억 7500만 파운드를 넘어섰고, 현재 추산으로는 4억 4000만 파운드에 이를 것으로 보입니다. 영국 정부가 초음속 여객기의 가치를 900만 난민의 생명보다 30배 이상 높게 평가한다는 뜻입니다. 오스트레일리아는 1인당 기준으로 보면 '벵골 원조' 순위표에서 상위에 있는 또 다른 국가입니다. 그러나 오스트레일리아의 원조 금액은 시드니에 새로운 오페라 하우스를 짓는 데 들어간 비용의 12분의 1에도 미치지 못합니다(『기근, 풍요, 도덕』).

피터 싱어는 선진국의 도덕적 우선순위가 얼마나 왜곡되어 있는지를 구체적인 예산 비교를 통해 강하게 비판한다. 그는 영국이 방글라데시 난민을 돕기 위해 1,475만 파운드를 지원한 사실을 언급하면서, 그 액수가 영국이 프랑스와 공동으로 추진한 콩코드 초음속 여객기 개발에 이미 투입한 회수 불가능한 개발비 2억 7,500만 파운드, 그리고 최종적으로 4억 4,000만 파운드에 이를 것으로 보이는 전체 예산과 비교해볼 때 얼마나 작은지 지적한다. 싱어는 오스트레일리아 사례도 함께 언급하는데, 이 나라는 1인당 기준으로는 상위권의 원조국이었지만, 그 원조액은 시드니 오페라 하우스 건설 비용의 12분의 1에도 미치지 못했다. 그는 이러한 비교를 통해, 선진국들이 인도주의적 위기 앞에서 자원이 부족해서가 아니라, 자원을 어떻게 쓸지를 결정하는 도덕적 판단의 우선성이 잘못되어 있기 때문에 무관심과 외면을 선택한다고 비판한다.

　여기에서 피터 싱어가 중대하게 지적하는 점은, 어떤 사람이 눈앞의 고통을 외면하고 아무런 조치를 취하지 않는다면 우리는 그의 인격을 비난할 하면서도 정작 우리 스스로도 고통에 처한 수많은 전 세계 사람들을 위해 아무런 행동도 하지 않는데 어떠한 모순감도 느끼지 않는 데 있다. 우리는 이미 지금 이 순간에도 지구 반대편에서는 굶주림과 질병으로 누군가가 죽어가고 있다는 사실을 알고 있는가? 그럼에도 우리는 침묵하고 무관심 속에 일상을 살아가면서도, 자신이 '부도덕하다'는 평가를 받길 원하지 않는다. 그리하여 이 글을 읽은 독자들은 앞서 싱어가 제시했던 사례(연못가, 부가티)와 지구 반대편의 아이를 구하는 것은 중대하게 다르다고 지적할 수 있다. 이를테면 연못가나 기찻길의 사례에서 우리가 구해주어야 하는 사람은 눈앞에 보이지만, 지구 반대편의 죽어가는 사람은 우리 눈앞에 보이지 않는가. 또 연못가나 기찻길의 사례에서 구해주어야 하는 사람은 '나'로 특정되지만, 전지구적 기근에 도덕적 책임을 지는 사람은 너무나도 많지 않은가.

그러나 싱어는 "만약 우리가 도덕적으로 중요성이 비슷한 다른 것을 희생하지 않고도 나쁜 일이 일어나는 것을 막을 수 있다면, 우리는 도덕적으로 그렇게 해야 한다(『기근, 풍요, 도덕』)"는 도덕적 명제는 '도덕적 주체와 대상 간의 가깝고 멀고'를 고려하지 않으며 '내가 어떤 일을 할 수 있는 유일한 사람인 경우와 내가 같은 입장에 있는 수백만 명 중 한 명에 불과한 경우'를 구분하지 않는다. 휴대폰으로 간단하게 기부하여 지구 반대편의 굶주린 사람을 '쉽게' 구할 수 있음에도 단지 그 대상이 나와 멀리 떨어져 있다는 이유만으로 돕지 않는 것은, '부도덕에 대한 변명'일 뿐이다. 마찬가지로 나와 비슷한 [도덕적] 위치에 있는 사람이 수많더라도, 그것은 나의 도덕적 의무에 경감을 주지 않는다. 물론 그 대상이 멀리 떨어져있거나 도덕적 도움을 줄 수 있는 사람이 많다면, 우리가 도덕적 의무를 느끼는 데 일종의 위안감을 들 수 있다. 그러나 그것은 단지 심리적인 문제이지, 다른 존재의 고통을 예방해야 하는 우리의 도덕적 의무에 필연적인 변화를 줄 수 없다.

더군다나 효율적인(effective) 이타주의를 위해서라면, 오히려 우리는 선진국 자국의 사람에게 기부금을 투여하기 보다는 최빈국에 있는 생면부지의 사람에게 기부금을 투여해야 한다. 선진국의 경우 사회적 안전망이 존재하므로 생사를 오가는 사람을 거의 없지만, 최빈국에는 1분에도 굶주림과 풍토병으로 몇 명씩 죽고 있다. 또한 같은 10달러의 돈으로 선진국 사람의 행복의 질에 변화를 주는 것은 어렵지만, 같은 돈으로 최빈국의 한 아이는 풍토병을 피할 수 있으며 수일간의 식량으로 사용할 수 있다.

그러므로 싱어의 주장은 "'선진국' 사람들 대부분이 누리는 수준의 풍요 속에서 살고 있는 사람이, 굶주림에 처한 남을 구하기 위해 돈을 보내는 것을 자선 행위로 만드는 현행의 구분 방식"은 옹호될 수 없다는 것이다. 자선은 '하면 좋은 것이지만, 하지 않는다고 해서 나쁜 일도 아닌' 초과의무적인 것이다. 하지만 연못가에 빠진 아이를 구하는 것이 우리의 도덕적 '의무'이고 지구 반대편의 아이를 구하는 것은 해도 좋고 안 해도 그만인 '초과의무적'이라는 것은, 거리라는 도덕과 무관한 요소를 과중하게 고려하는 것이다. 분명 [굶주림으로 죽어가는 지구 반대편의 사람에게] 우리는 돈을 나눠 주어야 하며 그렇게 하지 않는 것은 비도덕적인 일이다. "부유한 나라의 사람들이 그들이 줄 수 있는 것보다 적게 줌으로써 10억 이상의 사람들이 어려운 상황 속에서 계속 살게 하고 일찍 죽도록 용납하고 있다는 것을 의미한다(『실천윤리학』)"

물론 이러한 주장에 대해 많은 사람들은 싱어의 주장이 너무 가혹하다고 생각할 수 있다. 지구 반대편의 사람들에게 온힘을 다해 기부하는 것은 성인(聖人)이나 할 수 있지 않을까? 여기서 분명 싱어는 "만약 우리가 도덕적으로 중요성이 비슷한 다른 것을 희생하지 않고도 나쁜 일을 막을 수 있다면" 우리의 의무가 발생한다고 했으므로, 싱어가 모든 재산을 털어서 유니세프에 기부하라고 한 것은 아님을 지적해야겠다. 그러나 어떤 사람들은 여전히 10,000원의 돈을 굶주리는 최빈국의 사람을 위해 기부하는 것도 다른 사람들은 하지 않는 것이라면서 아까워할 지도 모른다. 싱어는 다음과 같이 말한다. "대부분의 사람이 어느 정도 자기 위주이기 때문에 우리 중 아주 소수만이 우리가 마땅히 해야 할 모든 일을 할 가능성이 있다. 그러나 이를 우리에게 그런 의무가 없다는 논거로 받아들이는 것은 전혀 정직하지 못한 것이다(『기근, 풍요, 도덕』)."

📜 세계적 차원에서 기근 구제하기

그렇다면 우리는 구체적으로 어떻게 지구 반대편의 사람들을 구할 수 있을까? 물론 "즉 더 줄 경우 나 자신이나 내 부양가족에게 나의 기부가 덜어줄 고통만큼의 고통을 초래하게 될 수준"(『기근, 풍요, 도덕』)까지 주는 것이 합당하다고 하겠다. "절대적으로 풍요로운 사람은 그들의 이웃과 비교하여 풍요할 필요가 없다. 그들은 기초적인 삶의 필수품들을 자신들에게 적합하게 공급하기 위해 필요한 것 이상의 수입만 가지면 된다(『실천윤리학』)." 그러나 싱어는 「억만장자는 무엇을 해야 하고 당신은 무엇을 해야 하는가」를 통해 실제적인 구제 방안을 제시한다. 2000년 유엔 밀레니엄 정상회의에서 설정한 밀레니엄 개발 목표를 우리의 목표로 삼아보자.

- 극심한 빈곤(하루 미화 1달러의 구매력에 해당하는 돈보다 적은 돈으로 생활하는 것)에 처한 세계 인구의 비율을 절반으로 줄이기
- 굶주림에 시달리는 사람들의 비율을 절반으로 줄이기
- 모든 곳의 어린이가 초등교육을 전부 이수할 수 있도록 하기
- 교육에서 성 불평등을 종식하기
- 5세 미만 아동의 사망률을 3분의 2로 줄이기
- 모성사망률을 4분의 3으로 줄이기
- HIV/AIDS 확산을 중단 및 역전시키고, 말라리아와 기타 주요 질병의 발생률을 중단 및 감소시키기
- 안전한 식수를 지속 가능하게 이용할 수 없는 사람들의 비율을 절반으로 줄이기

유엔 특별기구는 이러한 목표를 달성하는 2006년에는 1,210억 달러, 2015년에는 1,890억 달러의 연간 비용이 들 것으로 추정했다. 그렇다면 이러한 비용을 충당하기 위해서 우리들은 어떻게 실천해야 할까? 미국의 사례를 살펴보자.

> 미국 상위 0.01%에 해당하는 약 1만 4400명의 납세자는 연 평균 1,277만 달러를 벌며, 이들이 수입의 3분의 1을 기부해도 총 610억 달러를 모을 수 있고, 각자에게는 연간 330만 달러 이상이 남는다.
> 다음으로 상위 0.1%의 12만 9600명이 소득의 4분의 1을 기부하면 약 650억 달러가 모이며, 각자 연간 최소 84만 달러 이상을 유지할 수 있다.
> 상위 0.5%인 약 57만 5900명은 평균 62만 달러의 수입 중 20%를 기부해 총 720억 달러를 마련할 수 있으며, 각자 최소 32만 달러 이상을 보유하게 된다.
> 상위 1%의 71만 9900명은 평균 32만 달러 중 15%를 기부하면 총 350억 달러가 모이며, 개인당 최소 23만 달러를 유지할 수 있다.
> 마지막으로 상위 10%에 속하는 약 1300만 명이 평균 소득 13만 2000달러의 10%를 기부하면 약 1,710억 달러가 마련되며, 각자에게는 최소 8만 3000달러가 남는다(「억만장자는 무엇을 해야 하고 당신은 무엇을 해야 하는가」에서 요약).

이러한 절차를 거친다면 미국에서 모이는 금액은 4,040억 달러이고, (전 세계 부 가운데 34% 정도가 미국의 것이지만 책임을 더 하여 50%로 가정해보면) 전 세계 나머지 국가에서도 이런 방식으로 4,040억 달러를 부담할 수 있다. 그렇다면 총 8,080억 달러가 모이는 셈이고, 그러한 계산이라면 밀레니엄 개발 목표를 이행하는 데 드는 금액의 여섯 배 이상이다. 전 세계의 부자들이 자신의 생활수준을 거의 조금도 해치지 않으면서도 전 세계적인 빈곤 문제를 '너무나 쉽게' 해결 할 수 있다.

물론 여기서의 논점은 전 세계적인 기근 문제를 '부자들만이' 해결해야 한다는 것이 아니다. 피터 싱어는 더 많이 가진 사람이 더 많이 기여해야 한다는 입장을 분명히 하며, 그것이 정당한 도덕적 원칙임을 주장한다. 그러나 그 책임이 부자에게만 국한된다는 뜻은 아니다. 오히려 그는 모든 이가 자신의 책임을 나누어 져야 한다는 원칙을 함께 강조한다. 부자는 부자대로 자신이 가진 부와 영향력에 걸맞은 책임을 져야 하고, 중간 계층이나 평범한 시민들도 자신의 몫을 책임져야 한다는 것이다. 값비싼 리조트로 여행을 가고 뷔페 요리를 기분 내서 갈 수 있는 한국의 일반 시민들 역시 세계 기근을 구할 의무가 있다는 사실은 변함이 없다.

이 결론에 비추어 볼 때, 많은 독자들이 전화기를 들고 200달러를 기부할 거라고 믿습니다. 이 글을 더 읽기 전에, 먼저 기부를 하는 것도 좋겠습니다(「세계 빈곤에 대한 피터 싱어의 해결책」).

7장

전염병 시대의 돌봄

7장

전염병 시대의 돌봄

관련 덕목
- 상호 돌봄
- 공동체 의식

역사학자의 이야기

📜 유럽 사회에서 신체에 대한 인식

서구 근대 사회에서 인간 신체 관리 행위의 역사는 많은 학자들의 주목을 받아왔는데, 그중에서도 푸코(Paul-Michel Foucault)의 연구는 가장 큰 영향력을 끼쳤다. 그는 근대 사회가 어떤 신체를 유용하다고 판단하고, 또 어떤 신체를 불필요하거나 문제적인 것으로 간주했는지를 제도적 맥락 속에서 분석하였다. 푸코에게 신체는 단순한 생물학적 실체가 아니었다. 그것은 권력이 개입하고 지식이 이데올로기로 조직되는 장 속에 놓여 있었으며, 근대 사회는 이 권력과 지식을 통해 신체를 끊임없이 규율하고 관리하였다. 근대 사회의 권력이 작동하는 지점은 군대, 감옥, 학교, 병원과 같은 제도였고, 그 안에서 신체는 길들여지고 생산성을 높이는 방향으로 규정되었다. 따라서 신체는 개인의 소유물이면서 동시에 국가와 사회가 관리해야 할 공적 자산이 되었다. 이러한 문제의식은 기존에 사회를 구조적으로만 분석하던 사회학에도 큰 변화를 불러왔다. 인간의 집합적 형태만을 바라보던 사회학 안에서, 개인 신체에 대한 관심을 본격화하는 '몸의 사회학'이 독립적 영역으로 자리 잡게 되었던 것이다. 이는 곧 근대 사회가 인간 그 자체에 대한 관심을 망각해 왔음을 성찰하는 계기가 되었으며, 포스트모던적 전환의 한 단면이기도 하다.

근대 초의 사회문화적 현상은 신체를 바라보는 새로운 관점과 함께 시작되었다. 인문주의로 명명된 르네상스의 문화운동은 고대 그리스 아테네의 인문교육을 재현하면서, 인간의 가치가 이성에 있다는 사실을 다시금 강조하였다. 이성적 존재로서의 인간을 교육하고 계몽하는 것이야말로 사회적 진보를 위한 핵심이라고 생각되었고, 이는 곧 신체와 정신을 별개의 차원으로 나누어 사고하는 바탕이 되었다. 프랑스의 인문주의자 라블레(Rabelais)는 사냥, 승마, 창 던지기, 공놀이 등 신체를 강화하는 활동을 중요하게 여겼다. 그는 육체적 건강과 정신적 수양을 분리할 수 없는 것으로 보았으며, 신체가 병들면 수술과 치료를 통해 관리해야 한다는 관점까지 제시하였다. 이러한 인식은 신체가 단순히 영혼을 담는 그릇이 아니라 사회적으로 관리와 통제가 필요한 대상으로 자리 잡게 되는 계기가 되었다.

18세기에 들어오면서 신체에 대한 인식은 한층 더 심화되었다. 해부학과 생리학의 발달은 인간의 내부 구조를 탐구할 수 있게 했고, 이는 인간 신체를 하나의 정교한 기계로 보는 시각을 확산시켰다. 르네상스 인문주의가 인간 신체의 자유로운 발전을 긍정했던 것은, 신체가 단순히 물질적 기관이 아니라 정신 세계와 긴밀히 연결되어 있다는 자각에서 비롯되었다. 계몽주의에서도 이러한 흐름은 이어졌다. 전근대 사회에서 태어날 때부터 부여된 위계질서, 절대적 종교적 권위, 집단적 문화에 저항하면서, 계몽주의는 모든 인간이 이성적 존재로서 동등하다는 주장을 내세웠다. 그 과정에서 신체는 자유와 재산과 더불어 자연법적 권리의 증거로 간주되었다. 인간은 신체를 가졌다는 이유만으로 권리의 주체가 될 수 있었고, 이는 법과 제도의 변화로도 이어졌다. 영국의 『인신보호법(1697)』은 이러한 관점을 제도적으로 담아내며, 신체에 대한 법적 보호와 존중을 명문화하였다.

이러한 신체관의 변화는 단순한 철학적·사상적 논의에 머물지 않았다. 의학과 위생학, 체육교육, 인종학, 우생학의 발전은 국민국가를 형성하고 유지하는 데 필수적인 조건으로 작용했다. 건강한 신체를 가진 시민은 곧 국가를 떠받치는 기둥이었다. 국가는 의무를 다하는 국민을 필요로 했으며, 시민은 노동을 통해 부를 창출하고 소득 일부를 세금으로 환원함으로써 국가 재정을 지탱했다. 따라서 건강한 신체는 곧 국가의 존립을 가능케 하는 기반이었다. 반대로 노동에 기여하지 못하는 신체, 즉 빈자, 노인, 어린이, 병자의 신체는 비정상적이고 무가치한 것으로 규정되었다. 이는 중세에서 신체를 영혼의 수행 도구로만 여겼던 인식과는 달리, 근대 이후 신체가 독자적인 의미와 사회적 가치를 가진 대상으로 새롭게 자리 잡았음을 보여준다.

신체는 이처럼 시대에 따라 서로 다른 의미를 담았다. 르네상스 시대에는 세계를 인식하고 이해하는 수단이었고, 계몽주의 시대에는 모든 인간이 이성적 존재임을 증명하는 근거였으며, 자본주의 사회에 들어서는 노동을 통해 상품의 가치를 생산하는 수단으로 이해되었다. 특히 국민국가 형성이 늦었던 독일의 경우, 나폴레옹에 대한 적대감 속에서 민족주의가 확산되면서 건강한 신체 만들기가 중요한 과제로 떠올랐다. 얀(Jahn)의 체조운동은 이러한 역사적 맥락에서 나타난 것으로, 강한 신체를 가진 국민이야말로 국가를 지킬 수 있다는 신념을 드러냈다. 이처럼 건강한 육체는 19세기 유럽에서 남성 중심적 사회 이데올로기와 결합해 중요한 문화적 가치로 부각되었다.

그러나 모든 신체가 긍정적으로 평가된 것은 아니었다. 근대 사회는 건강하고 생산적인 신체를 사회 발전의 핵심으로 여겼기 때문에, 반대로 병들거나 빈곤한 신체는 사회 질서를 위협하거나 부담을 주는 문제적 존재로 인식되었다. 이들은 사회의 도덕적 기준 속에서 게으름과 무능, 심지어 도덕적 타락의 상징으로까지 연결되었다. 가난한 이들이 도시의 거리를 배회하거나 구걸하는 모습은 단순히 개인적 불행으로 이해되지 않았고, 사회 전체의 생산성과 규율을 흐트러뜨리는 요소로 간주되었다. 따라서 건강한 몸이 국가와 사회의 이상적인 규범으로 제시되면서, 그 반대편에 놓인 신체는 정상에서 벗어난 '비정상적 신체'로 낙인찍혔다.

푸코의 분석은 이러한 신체에 대한 사회적 시선을 권력의 문제로 읽어냈다. 그는 병든 신체와 빈곤한 신체가 단순히 사회적 동정의 대상이 아니라, 경제 발전을 방해하는 부정적 요소로 여겨졌음을 강조한다. 국가와 제도는 이들을 단순히 방치하지 않고, 오히려 규율과 훈육의 대상으로 삼았다. 즉, 병자와 빈곤층을 다시 노동 가능한 신체로 전환하는 과정은 사회 전체의 번영을 위한 필수적 과제이자 권력의 중요한 임무로 여겨졌다. 이를 위해 구빈원, 병원, 감옥, 노동시설 등이 제도적으로 확립되었고, 이러한 공간에서 신체는 단순히 보호나 돌봄의 대상이 아니라, '생산성을 회복해야 하는 몸'으로 재구성되었다. 이처럼 신체를 노동력으로 환원하려는 시도는 근대 권력이 인간의 육체를 어떻게 사회적 자원으로 조직했는지를 잘 보여준다.

이러한 관점은 중세 사회와 근대 사회를 분명하게 구분하는 지점이기도 하다. 중세에서 질병은 신의 벌이나 시험으로 이해되었고, 환자는 신의 섭리에 따라 격리되거나 공동체의 경계 바깥으로 밀려나곤 했다. 그러나 근대에 이르러 신체는 초월적 해석을 벗어나, 철저히 세속적이고 합리적인 기준, 즉 생산성과 효율성의 틀 속에서 평가되기 시작했다. 몸은 더 이상 개인적 생물학적 특성이나 단순한 병리적 상태에 머물지 않았으며, 사회 전체의 부와 번영에 기여하는 수단으로 자리 잡았다. 따라서 근대 사회에서 신체는 노동 투입량과 경제적 가치로 환산되는 대상으로 변모했으며, 권력은 이러한 신체를 길들이고 조직화함으로써 사회를 통제했다. 결국 이는 근대 권력이 신체를 바라보는 방식이 어떻게 변화했는지를 잘 드러내는 동시에, 신체가 권력과 지식이 교차하는 지점에서 규율되고 관리되는 존재였음을 보여준다.

결국 근대적 제도와 지식의 발전은 건강한 근대인을 발견하고 만들고 유지하는 방향으로 진행되었다. 푸코가 강조하듯, 신체는 단순히 개인적 차원에 머물지 않고 권력이 작동하는 지점이자 지식이 제도화되는 매개체였다. 권력은 신체를 통제하고 길들이는 동시에, 지식을 통해 신체를 국가적·사회적 규율의 장치로 전환시켰다. 따라서 근대의 신체는 한편으로는 자연법적 권리의 주체로 존중받았지만, 동시에 국가와 사회의 필요에 따라 철저히 관리되고 규율되는 대상이었다.

이 모든 과정을 종합하면, 근대 신체 인식의 역사는 곧 권력이 신체를 통해 사회 질서를 유지하고 확립하려 한 역사였다. 신체는 개인적 존재이자 사회적 자산이었고, 이중적 성격 속에서 끊임없이 재해석되었다.

르네상스의 인문주의, 계몽주의의 평등 사상, 자본주의의 생산 논리, 국민국가의 시민 이데올로기 속에서 신체는 시대의 요구를 담는 그릇으로 작동했다. 그러나 푸코적 관점에서 보자면, 이러한 과정은 단순한 발전의 기록이 아니라 권력이 어떻게 신체를 통제하고 길들이며, 결국 사회 전체를 지배하는 수단으로 삼았는지를 보여주는 생생한 사례였다. 근대 사회의 신체 관리 행위는 결국 권력과 지식이 결합하여 신체를 규율하는 방식이었으며, 인간의 육체는 이 권력의 역사 속에서 끊임없이 의미가 부여되고 재편되었다.

서양의 질병 역사와 공간 분리

전염병의 역사에서는 일찍부터 각종 정책을 통해 시민들의 건강과 질병 관리를 해왔던 것을 확인할 수 있으며, 그 중 대표적인 질병 확산 방지 방법은 공간 관리 방식이었다. 고대 이래로 전염병은 수많은 전쟁과 이동, 팽창 과정에서 전염력을 확보하고 정치적 위기를 초래하면서 인간의 삶에 함께 해왔던 것이다. 즉, 국가 간 전쟁으로 인한 이동이나 교역과 문명의 교체는 전염병을 확산시키는데 일조하였으며, 그 과정에서 전염병에 대한 최선의 대처 방식은 공간을 분리하는 것이었다. 고전적으로 전염병에 대해서 사회로부터 환자를 구분하는 공간을 나누는 집단 구분은 거리와 지형의 특징이 반영된 지역적 구분에 의해서 이루어졌다.

로마제국 시대를 지나 공동체 문화가 강했던 중세시대에는 종교 전파를 통해 감염병이 퍼져나갔다. 물론 중세에도 지역 간 교역이 있긴 했지만 순례자와 기사, 십자군 원정대 같은 종교 전파를 통해 무서운 감염병들이 퍼져나갔다고 기록된다. 따라서 이때의 감염병 대처 방법은 종교적인 일상과 규칙을 통해 관리되었다. 또한 중세를 강타한 대표적 감염병인 흑사병은 1347년 말 이탈리아 항구도시에서 시작되어 유럽 본토로 퍼졌다고 하며, 유럽 중북부까지 전파되는 데 수개월이 걸렸음에도 그동안 적절한 대응체제를 갖추지는 못했던 것으로 보고된다.

특히 흑사병은 전염력이 큰 감염병이었기에 장례와 관련하여 공적으로든 사적으로든 장례식에 사람들을 소집하는 것이 금지되었다. 조문객은 교회의 입구까지만 접근할 수 있었으며, 망자(亡者)의 집에 방문할 수도 없었다. 장례미사의 참석도 망자(亡者)의 가족만으로 제한했고, 장례식에 참석한 후 일주일 동안 다른 집회에의 참석도 금지되었다. 이러한 중세의 방식들은 감염병에 대한 처리 방식이 공간적 거리두기임을 잘 보여준다. 더불어 감염이 의심되는 자를 보면 즉시 신고하게 했으며 중세 의사들은 환자와 이야기하거나 환자의 옷을 만지는 것만으로도 병을 옮길 수 있다고 보았고, 열악한 위생조건이 전염병의 확산을 부추긴다고 확신했던 것으로 나타난다. 종교행사나 축제 등에 사람들이 모이면 전염병이 다시 폭발적으로 확산된다는 사실을 알고 종교 축제 등의 집회를 자제하게 했는데, 이러한 점은 코로나19로 인한 국내 종교시설 및 축제에서의 집회를 금지하게 한 오늘날의 조치와도 같다.

중세를 지나 산업 사회로 진입하는 18세기 이후 공간 관리는 일상과 연결되어 있었다. 특히 도시 내 공간 불평등이 사회적 이슈 및 감염병과 연관되었다고 보고된다. 19세기에 유럽인들은 페스트, 천연두, 이질, 콜레라 등 다양한 전염병으로부터 고통을 받았다. 무엇보다 산업 사회로 진전 중이던 19세기 유럽사회에서의 대량빈곤의 발생이 질병 확산에 크게 양향을 미쳤다. 결국 산업화와 관련한 발병이나 회복 책임은 개인이 아닌, 사회적 관계에 있는 것은 물론, 산업화로 인한 사회적 불평등, 정치적 환경과도 연관되어 있었던 것이다. 그리하여 19세기에 와서 전염병은 사회적 문제로 인식되었고 결국 이는 사회적 개혁을 그 변화의 방법으로 모색하게 하는 계기가 되기도 했다.

한국 역사 속 질병 문제

한국에서는 전염병을 역병(疫病)으로 불렀다. 더불어 전염을 통해 집단적으로 발병하기에 '돌림병'이라고도 불렸고, 환자를 모질게도 고통스럽게 한다 하여 '모진 병'이라고도 불렀다. 삼국유사에는 신라 헌강왕 때 역신(疫神)의 존재와 행위에 대해 기록하고 있는데 역신은 천연두(天然痘), 두창(痘瘡) 등을 상징하며 민간에서는 이를 두고 '손님, 마마'라 칭했다.

두창의 최초 발원지로는 인도가 가장 유력한데 인도에서 실크로드를 따라 유럽으로 전파되고, 중국을 거쳐 우리나라에 들어와서 다시 일본으로 전파되었다고 한다. 두창에 걸리면 고열을 동반하고 얼굴을 중심으로 온 몸에 검붉은 반점이 낟알처럼 돋는다고 하였다. 또한 두창에 걸리면 많은 경우 사망하거나, 치료를 하여 낫게 된다 하여도 흔적이 남기 때문에, 당시에는 더 무서운 병으로 여겼던 것으로 보인다. 사망한 사체(死體)는 호구별성(戶口別星) 귀신의 노여움을 샀기 때문에 사체(死體)를 풍장(風葬)하기도 했는데, 이 같은 생각 때문에 환자가 있는 곳에 출입할 때는 일일이 이름을 대고 떠들썩한 것을 삼가도 금하였다. 결국 이러한 금기들은 서양과 마찬가지로 전염병을 통한 공간의 분리가 중요한 처방의 수단이었음을 보여준다.

결국 동·서를 막론하고 어느 사회에나 전염병이 돌아 많은 사람들의 목숨을 잃는 일이 비일비재했으며, 그 처방으로써 오랜 경험에서 얻은 공간의 분리, 혹은 출입금지와 같은 방식들이 민간의 주요 처방법으로 존재했다고 할 수 있다. 특히 국내 역사서에서는 처용가와 같은 사례를 통해 전염병이 주로 백성들에게서 퍼져나간 것을 기록하면서 공간의 격리와 주술(呪術), 처용무와 고려와 조선시대에 거쳐 나례(儺禮)를 통해 질병을 막고 예방하려는 전근대 사회의 전통적인 대응 방식을 보여 주고 있다.

『삼국사기』나 『삼국유사』에서 전염병에 해당하는 표현은 역(疫)이다. 이것은 중국 후한시대부터 사용했던 것으로 우리나라도 그 용례(用例)를 따른 것으로 보인다. 병(病)이 개인 수준의 현상이라면 역(疫)은 집단적인 현상이며 전염병과 같은 개념이라 할 수 있다.

> 12월에 눈이 내리지 않았고, 전염병이 크게 돌았다(『고구려본기 중천왕 9년[256]』).

> 7년 겨울 10월인데도 눈은 내리지 않고 천둥이 치는 기상이변(氣象異變)이 있었다. 백성들은 겨울인데도 여름에 생기는 전염병에 걸렸다(『고구려본기 소수림왕 7년[377년]』).

> 겨울 10월 지진이 있었다. 12월 우레가 있었다. 전염병이 크게 돌았다(『고구려본기 안원왕 14년[544년]』).

> 군사들은 식량이 떨어지고 또 전염병에 걸렸다(『고구려본기 영양왕 9년[598년]』).

6년, 봄에 전염병이 크게 돌았다. 3월부터 5월까지 비가 내리지 않아서 시냇물과 연못물이 말랐다(『백제본기 무령왕 6년[506년]』).

전염병이 크게 돌아 많은 사람들이 죽었다. 겨울 11월 얼음이 얼지 않았다(『신라본기 남해왕 16년[19년]』).

흥미로운 것은 역을 기술하면서 병의 원인, 특징, 증상에 대한 정보는 없고, 역의 발생과 천재지변(天災地變)이 무언가 인과관계가 있는 것처럼 천재지변과 역을 함께 기록한 경우가 총 26개 중 절반을 넘는다는 점이다. 즉, 천재지변이 흉조하면 역도 사람들에게 일어나는 흉조(凶兆)의 하나로 본 것이다. 이렇게 전염병을 의학적으로 바라보지 않고 흉조나 길조로 보는 것을 재이론(災異論)적 해석이라고 부른다. 재이론이란 사람이 잘못을 하면 하늘이 벌을 내리며, 그것은 천재지변, 홍수, 가뭄, 흉작, 돌림병, 지진, 이상기후 등으로 나타난다고 믿는 사상이다. 이것은 동서고금(東西古今)을 막론하고 흔하게 발견할 수 있는 사상이며, 우리나라의 경우 삼국시대와 이후 고려, 조선시대까지 적용된 사상이었다.

앞서 파악했듯이 삼국시대 전염병에 대응하는 방식은 하나의 구휼사업이었으며 다른 한 방향은 무속적 축신(逐神)행위였다. 통일신라시대의 기록에 따르면 전염병이 발생했을 때 그것을 의학적으로 대처하기보다 전염병과 함께 발생한 기근이나 재해를 처리하거나 도움을 주는 쪽으로 구휼사업을 시행하였다.

고려시대의 사서류(史書類)와 의서류(醫書類)에 나타난 역병의 명칭은 학(瘧), 악질(惡疾), 이질(痢疾), 임질(淋疾), 악창, 완두창 등이다. 고려시대에도 삼국시대처럼 전염병을 재앙의 하나라고 여겼고, 재앙은 기록으로 남겨야 한다는 원칙에 의거해 단독으로 기술하거나, 가뭄, 지진,

겨울에 눈이 내리지 않는 현상 같은 다른 천재지변(天災地變)과 함께 기술되었다.

> 금년에 전염병이 크게 돌아 사람의 뼈가 길거리에 가득합니다(『고려사 권 13 예종실록[1110]』).

『고려사(高麗史)』에는 예종 시기 사천대(司天臺)에서 전염병으로 죽은 시체가 길거리에 가득하니 시체를 치워줄 것을 청원하는 것이 나와 있다. 사천대(司天臺)는 고려시대의 역법(曆法) 등 천문관측을 담당하던 관서(官署)였다. 천문관측은 농업국가의 군주로서 지속적으로 천문현상을 관찰하여 하늘의 의지를 파악하고 이에 따른 선정(善政)을 베풀어야 한다는 정치적 행위의 일부였다. 그런데 기후나 강우량, 천문의 이상을 관측하며 기상과 관련된 재이(災異)를 담당하는 사천대가 전염병도 담당한 것은 고려 시대가 전염병을 천재지변과 같은 여러 재이(災異) 중 하나로 범주화했음을 확인시켜주는 대목이다.

고려시대에 가장 근간이 된 사회·경제적 구조는 서민의 건강한 몸이 제공하는 노동력에 있었고, 그 노동력에 저해가 되는 천재지변이나 전염병은 국가유지에 장애가 되는 요소였다. 고려는 이런 여러 장애요소를 통치자의 부덕(不德)의 소치(所致)이거나 악정(惡政)의 결과라고 여겨 정치적 사면, 구휼정책, 또는 종교적 의식 등으로 문제를 해결하고자 했다. 한편 고려시대에 와서 동·서대비원, 제위보(濟危寶), 혜민국(惠民局) 등의 의료기구가 설치된 것은 의학적으로 진일보한 면이지만 운영과 혜택범위는 한정되어 있었다.

조선시대에 오면 과거에 모든 전염병을 역 또는 여역(癘疫)으로 통칭하던 것을 세분화하고 정형화하기 시작한다. 일단 전염병은 발진을 일으키는 질병, 열성 전염병에 속하는 온역질(溫疫疾), 기침하는 종류의 해병(咳病) 세 가지로 분류했고, 첫 번째 범주에 두창, 수두(水痘), 마진, 풍진, 홍역을, 두 번째에는 말라리아와 콜레라를 포함시켰다. 그리고 명칭도 말라리아는 학질, 이질은 역리(疫痢), 페스트는 서역(西疫), 콜레라는 괴질(怪疾)로 불러 병명을 정리하였다.

『조선왕조실록』에는 1392년부터 1910년에 걸친 518년 동안 전염병 기록이 총 1,455건 수록되어 있다. 이 사례들을 빈도수에 따라 연도별로 나누어 보면 빈번한 수치를 보인 세 시기는 1500년 전후, 1670년 전후, 1700년 전후이다. 이 시기들은 다음의 특징을 지녔다.

첫째, 자연재해가 있던 시기이다. 위에서 언급한 세 시기는 지구의 온도가 낮아졌던 소빙기(小氷期)에 속한다. 소빙기는 여름이 춥고, 겨울이 따뜻한 이상 고온을 보였다. 그러면 그 뒤 틀림없이 전염병이 돌기 시작하였다. 그리고 홍수나 가뭄이 극심할 때도 전염병이 돌곤 했다. 둘째, 전쟁 등을 겪은 역사적 난세였다. 전염병의 빈번한 수치를 기록한 1500년 전후는 연산군 치세(1494-1506)이었고, 1670년 전후는 왜란(倭亂)과 호란(胡亂) 양난(兩難)을 겪고 후유증에 시달리던 시기였다.

조선시대 전염병이 창궐할 때마다 기록상 뒤따르는 대응방식은 정부 차원의 의료행위, 구휼행위, 주술행위 세 가지로 압축된다. 조선시대 전염병을 다루는 곳은 혜민서(惠民署)였다. 혜민서는 서울과 지방에 전염병이 발생할 때를 대비하여 특별히 경외별구료관(京外別救療官)이 마련되어 있어 전염병이 발생하였을 때 조정의 명을 받아 진료하던 곳이었다. 빈민구제의 성격이 강한 활인서(活人署)는 전염병이 발생하면 전염된 자를 건강한 자로부터 격리하는 방법을 씀으로써 전염병을 관리하였다. 이런 의학적 대응은 조선시대의 의료기관이 재정부족, 관리들의 나

태함 등이 원인이 되어 나중에는 유명무실함에 따라 그다지 영향력이 끼치지 못하였다.

이런 의학적 대응 이상으로 자주 나타난 반응은 정치적 행위였다. 기근, 가뭄, 홍수가 나거나 역병이 돌면 통치자는 주로 그것을 자신의 부덕함의 소치로 여기고, 과세를 줄이거나, 죄인을 재심하거나 창고의 곡식을 풀어 배고픔을 채우는 식으로 백성을 위로하였다. 전염병도 이상 기온, 천재지변과 똑같이 인간의 사악함의 결과라고 생각하는 재이론적(災異論的) 해석이 여전히 강세를 띠었기 때문이다.

그리고 조선시대에서 질병에 대한 대응방식 중 하나는 초자연적 무속행위였다. 조선시대 예조에서는 사관을 파견하여 매년 음력으로 청명과 7월 15일, 10월 1일에 여제(厲祭)를 지냈다. 여제(厲祭)는 조선시대에 전염병을 치료하거나 전염병으로 희생당한 사람들의 원혼을 달래기 위한 제사로 받들었다.

조선 의학의 특성 가운데 가장 대표적인 것은 정부가 의료 정책을 강화했다는 점이다. 의학을 뜻하는 활인(活人)이 조선의 이상적 정치론인 인정(仁政)의 하나로 부각되었고, 그 실현의 방법으로 진휼정책을 추진하고 의료정책을 정비했다. 의학(醫學)은 성리학적 정치론의 중요한 부분으로 인식되었고, '이상정치의 큰 일' 혹은 '지극히 인자한 정치'의 표본으로 여겨졌다.

조선의 국왕 중 정조는 『수민묘전(壽民妙詮)』의 편찬자이다. 『수민묘전』은 조선시대 국왕이 직접 편찬한 유일한 의서(醫書)로서 큰 의의를 가지며, 정조의 의학관을 볼 수 있는 의서이다. 정조의 치세 하에서 발견할 수 있는 감염병 대응 방식에서 주목되는 점은 '환자의 격리', '중요 행사의 연기나 금지', '사전 예방' 등과 같이 오늘날의 질병 대응 방식을 실시하고 있었다는 것이다. 이러한 일련의 일들이 통치자의 정치와 국가 운영을 의학에서 아픈 환자를 고치는 치병(治病)으로 인식되는 가운데 행해졌다는 점도 주목된다.

철학자의 이야기

혐오의 기제로서 '질병'

전염병은 항상 두 개의 얼굴을 갖는다. 하나는 의학적 진단의 얼굴이고, 다른 하나는 상징과 은유의 얼굴이다. 수잔 손택(Susan Sontag)은 『은유로서의 질병』에서 질병에는 여러 문학·문화적인 상상력이 결부되어 있음을 지적한 바 있다. 이를테면 많은 사람들은 질병이 우리를 '침략'한다고 여기는가 하면, 또 질병을 "늘 사회가 타락했다거나 부당하다는 사실을 생생하게 고발해 주는 은유(『은유로서의 질병』)"로도 사용한다.

암은 '살인마' 같은 질병이며, 암을 앓고 있는 사람은 '암의 희생양'이다. 표면적으로, 이 질병은 범죄자나 마찬가지다. 그렇지만, 암 환자 또한 범죄자 취급을 받는다. 많은 사람들이 믿고 있는 질병에 관한 심리학적 이론에 따르자면, 질병에 걸리는 것이나 질병을 극복하는 것이나 전부 불행한 환자에게 책임이 달려 있는 것이다. 또한, 암을 질병으로 여기는 것이 아니라 악마 같은 적으로 취급하는 관습 때문에, 암은 치명적인 질병이 아니라 수치스러운 질병이 되어버린다. 나병도 한창 기승을 부릴 때에는 이와 비슷한 공포감을 불러 일으켰다. 중세시대의 경우, 나병 환자는 사회적 타락을 보여주는 일종의 사회적 텍스트, 즉 타락의 사례이자 상징이었다. (…) 그 사망자의 수가 차마 입에 담지 못할 정도로 많고, 별다른 치료도 먹혀들지 않는 중요한 질병일수록, 그 질병은 무수한 의미들에 시달리는 경향이 있다(『은유로서의 질병』).

수잔 손택은 우리가 질병을 바라보는 문화적 시선, 특히 상징과 은유의 폭력성을 정확히 꿰뚫어 보고 있다. 암과 같은 질병은 단순히 생물학적 상태로 받아들여지지 않으며, 도덕적 판단이 투사된 상징으로 변형된다. 암은 '살인마'처럼 묘사되며, 그 병에 걸린 사람은 '희생양'이 되지만 동시에 책임을 지는 주체로 소환된다. 질병의 원인을 개인의 심리나 태도, 억눌린 감정 탓으로 돌리는 사회적 통념은, 환자를 동정의 대상이 아닌 비난과 수치심의 대상으로 만든다. 이렇게 질병이 생물학적 사실을 넘어서 심리적 허약함, 자기 관리 실패, 도덕적 나약함의 표지로 상징화되는 순간, 질병은 더 이상 개인의 고통이 아니라 사회적 낙인의 대상이 된다.

이러한 은유 구조는 과거 나병(한센병)의 경우에서도 반복되었다. 손택은 중세의 나병 환자를 '사회적 타락을 보여주는 텍스트'라 표현한다. 그들은 신체의 병만 가진 것이 아니라, 영혼의 타락, 도덕적 결함, 심지어 신의 벌을 받은 자로 간주되었다. 그래서 나병은 단순한 병이 아니라, 사회에서 제거되어야 할 존재를 구분 짓는 기호로 기능했다. 매독은 "소름끼치는 질병일 뿐만 아니라 위신을 떨어뜨리는 상스러운 질병"이고, 결핵은 "연약함, 감수성, 슬픔, 무력함을 나타내는 은유"였으며, 암은 "냉혹하고, 무자비하고, 타인의 희생을 가져오는 것"이었고, 페스트는 "도덕적 타락이라는 관념과 견고하게 맺어져" 있었다(『은유로서의 질병』). 이렇게 질병 및 감염의 공포는 윤리적 판단 체계와 결부되면서, 감염자 존재를 결함 있고 일탈적인 것으로 낙인찍는다.

수잔 손택은 에이즈를 이야기하며, "오늘날에는 병을 앓고 있거나 질병을 옮긴다고 의심받는 사람들과 환자들을 격리하기 위해서, 그리고 외국인들이 가져온다는 실제의, 상상의 오염을 막기 위해서, 모든 사람이

'검사'받아야만 한다는 요구가 강요되고 있다(『에이즈와 그 은유』)"고 말했다. 이 지적은 최근의 COVID-19 상황에서도 그대로 되풀이되었다. COVID-19가 전 세계를 휩쓴 첫 해, 질병은 다시금 '책임을 져야 할 무언가'로 전환되었고, 확진자는 '어딘가 실수한 사람', 혹은 '방역의 구멍'으로 낙인찍혔다. 바이러스는 무작위로 퍼졌지만, 사회는 '누가 잘못했는가'를 찾기에 바빴다. 감염 가능성은 단지 보건의 문제가 아니라 사회적 감시와 통제의 근거가 되었고, 방역은 점차 의료의 영역을 넘어 도덕적 처벌과 감정적 비난의 장치로 확대되었다. 한국 사회에서 성적소수자 및 소수종교 집단은 전염의 '주범'으로 규정되었고, 확진자의 동선 공개는 방역 효율을 넘어 수치심을 유도하는 도구로 작동했다. 감염자들은 실수한 개인, 나쁜 시민, 무책임한 존재로 간주되었고, 심지어 '혐오 받아도 마땅한 사람들'로 낙인찍혔다. 바이러스보다 더 빠르게 퍼진 건 사회적 혐오였다.

이러한 윤리적 통찰은 오늘의 공중보건 현장, 나아가 공동체의 회복 논의에서도 매우 중요한 시사점을 준다. 전염병은 언제나 혐오와 함께 온다. 질병은 몸의 문제가 아니라, 사회가 '누구를 위험한 존재로 취급할 것인가'를 결정하는 과정이기도 하다. 손택이 말하고자 했던 핵심은 질병을 둘러싼 은유를 걷어내야 한다는 것이다. 병에 걸린 사람은 그 자체로 아무런 의미나 상징을 짊어지지 않아야 하며, 환자는 질병 그 자체 이상도 이하도 아니라는 것이다. 손택에게 진정한 윤리는 바로 그 은유를 벗겨낸 시선에서 출발한다. 감염자에게 도덕적 책임을 묻거나, 특정 집단을 낙인찍는 방식은 질병과 싸우는 것이 아니라, 우리가 해야 할 일은 '병의 은유'를 벗기고 그 자리에 돌봄의 언어, 책임의 윤리, 응답의 자세를 세우는 것이다. 즉 전염병의 시대에 진정으로 필요한 것은 질병을 감시하는 눈이 아니라, 사람을 다시 바라보는 눈이다.

📋 팬데믹 시대의 '돌봄'

팬데믹은 단지 바이러스의 확산이나 방역의 문제가 아니었다. 그것은 인간이 더 이상 도덕적 주체나 정치적 시민으로서가 아니라, '살아 있는 몸' 그 자체로만 다뤄지는 상황을 적나라하게 드러낸 시간이었다. 우리는 어느 순간부터 생존 여부만으로 분류되었고, 체온과 산소포화도 같은 수치로 존재를 증명해야 했으며, 병상이나 인공호흡기처럼 한정된 자원을 기준으로 삶의 우선순위가 결정되었다. 정부의 통제는 공공의 안전이라는 이름으로 정당화되었고, 인간의 자유나 존엄은 점점 더 협소한 범주 안으로 밀려났다. 그리고 그 명령 앞에서 우리는 자주 침묵하거나, 체념하거나, 분노할 수밖에 없었다. 인간을 생물학적 생존의 단위로만 바라보는 시선, 바로 그것이 팬데믹 시대의 가장 뼈아픈 풍경이었다. 21세기를 대표하는 학자 중 한 명인 조르조 아감벤(Giorgio Agamben)은 다음과 같이 말한 바 있다.

> 벌거벗은 삶을 다스리고자 하는 것은 이 시대의 광기다. 순순한 생물학적 존재로 축소된 인간은 더 이상 인간이 아니며, 정부가 인간 외 사물을 지배하는 것과 같은 이치다(『얼굴 없는 인간』).

아감벤의 말은 팬데믹 상황에서 국가가 인간을 더 이상 정치적 존재나 도덕적 주체로 바라보지 않고, 단지 '생존해야 할 신체'로만 간주한 현실을 날카롭게 비판한 것이다. 그의 '벌거벗은 삶'이라는 개념은, 인간이 단지 생물학적으로만 살아 존재하게 되는 극한의 조건을 뜻한다. 팬데믹 동안 우리는 바로 이러한 장면들을 목격했다. 감염 여부에 따라 격리되고, 병상 수에 따라 생명이 우선순위로 평가되며, 생존을 위한 최소한의 조치만을 보장받는 방식으로 인간이 다뤄졌다.

이 지점에서 '돌봄(care)'은 단순한 감정적 태도를 넘어, 인간 존재의 조건을 근본적으로 되묻는 윤리적 개념으로 다시 부상했다. 인간을 인간답게 하는 것은 무엇인가? 누구나 언젠가는 누군가의 손길에 의지해야 하는 존재임을 인정할 때, 우리는 인간됨의 본질을 보다 분명히 마주할 수 있다. 버지니아 헬드(Virginia Held)는 『돌봄: 돌봄윤리』에서 돌봄이야말로 가장 근본적인 가치라고 주장한다.

> 돌봄윤리는 도덕적으로도 인식론적으로도 개인을 관계적이고 상호의존적인 존재로 바라본다. 모든 개인은 우리에게 돌봄을 표현해주는 누군가에 의존한 영유아시절에서 시작하며, 삶을 통틀어 볼 때 근원적이고 원초적인 방식부터 타인과 상호의존관계로 남아있다. (…) 우리의 관계는 우리 자신의 정체성을 구성하는 한 부분이다(『돌봄: 돌봄윤리』).

그녀가 말하는 돌봄윤리는 인간을 독립적이고 자율적인 개인이 아니라, 관계 속에서 형성되고 유지되는 존재로 본다. 갓난아기로서 전적으로 타인의 돌봄에 의존해 삶을 시작한 우리는, 살아가는 내내 다양한 방식으로 서로에게 기대며 존재를 구성해 간다. 도덕적 판단은 추상적 규범이 아니라, 관계 안에서 구체적이고 감정적인 방식으로 형성된다. 다시 말해, '나는 누구인가'라는 질문은 '나는 누구와 어떤 관계 안에 있는가'를 떠나서는 성립할 수 없다. 돌봄은 단지 행동이 아니라, 정체성을 구성하는 필수적인 방식인 것이다. 하지만 돌봄은 공적 가치이기는 하지만 가장 중요하게도 '노동'이라는 점에서, 우리 사회에서 불평등하게 분배되어 있다. 특히나 "지난 몇십 년간 사회복지와 공동체에 대한 아이디어들은 급격히 팽창 중인 '셀프케어' 산업이 홍보하는 회복탄력성, 웰빙, 그리고 자기계발 등의 개인화된 개념에 밀려났다. 셀프케어 산업은 돌봄을 자신을 위해 각자 개인적으로 돈을 주고 사야 하는 것으로 격하시켰다(『돌봄선언』)."

팬데믹 사태를 다시 생각해 보자. 공공의료와 복지 체계는 붕괴 되었는데, 불안정 노동자, 저소득층, 장애인, 이주민 등은 감염병 대응의 사각지대에 방치되었고, 필수노동자들은 생계를 위해 감염 위험 속에서도 일터에 나서야 했다. 사회의 가장 취약한 이들은 돌봄의 책무를 맡았지만 자신은 돌봄의 대상에서 가장 먼저 제외되었다. 돌봄의 단절은 단지 인간관계의 위기를 넘어, 불평등한 체계가 누구를 먼저 고립시키고 희생시키는지를 명확히 보여주었다. 팬데믹 사태를 거쳐 우리가 마주해야 할 질문은 더욱 분명해졌다. "돌봄은 누구의 몫인가?" 그리고 나아가 "우리는 왜, 그리고 어떻게 돌보아야 하는가?"이다. 이 질문에 대한 답은, 우리 사회가 인간의 취약성과 상호의존성을 어떤 눈으로 바라볼 것인가에 대한 철학적 태도의 문제이자, 정치적 전환의 문제이다.

버지니아 헬드의 말처럼 인간은 자율적인 개체이기 이전에 관계 속에서 살아가는 존재이며 그 관계의 기초에 돌봄이 있다면, 돌봄은 곧 삶의 중심에 자리 잡아야 한다. 이제 우리는 가장 취약한 이들이 '버려지지 않는' 새로운 미래를 제시해야 한다. 더 이상 돌봄은 개인의 선의나 가족의 책임 같은 사적인 차원으로 환원될 수 없다. 돌봄은 '우리 모두의 몫'임을 직시하고, 돌봄을 공적 책임으로 명확히 규정하는 제도화가 뒤따르지 않으면 안 된다. 오늘날 세계적으로 돌봄이 마주한 심각한 위기 사항을 해결하기 위한 학술모임인 '더 케어 컬렉티브(The Care Collective)'는 '보편적 돌봄'을 의제화한다.

우리는 또 이 돌봄 이론을 좀 더 발전시켜 '보편적 돌봄' 개념을 홍보하고자 한다. 이는 돌봄을 삶의 모든 수준에서 우선시하며 중심에 놓고, 직접적인 대인 돌봄 뿐만 아니라 공동체를 유지하고 지구 자체를 유지하는 데 필요한 모든 종류의 돌봄봄에 대해 모두가 공동의 책임을 지는 사회적 이상을 말한다(『돌봄선언』).

그들이 말하는 보편적 돌봄은 단지 병원, 복지제도의 문제를 넘어, 우리가 삶을 유지하는 전반의 구조를 어떻게 설계해야 하는가에 대한 비전이다. 여기에서 그러한 설계 전략을 모두 언급하기는 어렵지만, 대략 추려보면 다음과 같다.

첫째, 돌봄노동의 사회적 인정과 보상 체계 구축이다. 돌봄노동을 정식 노동으로 인정하고, 정당한 임금과 노동권을 보장하는 법적·제도적 장치가 마련되어야 한다. 둘째, 돌봄을 사회 인프라로 재구성해야 한다. 의료·교육·복지시설은 단순한 서비스 공간이 아니라 삶을 지탱하는 기반 시설로 간주되어야 하며, 이에 상응하는 예산과 정책적 우선순위를 재편해야 한다. 셋째, 다중 주체 기반의 지역 돌봄 생태계 조성이다. 중앙정부뿐 아니라 지방정부, 시민사회, 지역공동체가 함께 참여하는 협력적 돌봄 체계를 만들어야 한다. 넷째, 돌봄 감수성을 확산하는 교육과 문화 정책이 병행되어야 한다. 돌봄을 권리이자 사회 윤리로 인식하도록 학교 교육, 미디어, 공공 캠페인 등에서 지속적인 인식 전환 노력이 필요하다.

이러한 전략들은 돌봄을 개인의 부담에서 사회 전체의 책임으로 옮기는 길이며, 궁극적으로 돌봄 중심의 민주주의와 지속 가능한 공동체를 구현하는 기초가 된다. 아감벤은 벌거벗은 삶이 지배되는 시대를 '광기'라고 표현했다. 돌봄 없는 시대야말로, 그 광기의 진정한 풍경일지도 모른다. 그 광기에서 벗어나는 길은 멀고 험하지만, 우리는 이미 한 번 그 풍경을 보았다. 그렇기에 이제는 외면할 수 없다. 돌봄은 선택이 아니라, 인간으로서의 책무이며, 그것은 국가적 차원에서 보장되고 실현되어야 할 의무이다. 모두가 모두를 책임진다는 말이 선언이 아니라 삶의 윤리가 될 때, 우리는 진정한 회복의 길에 들어설 수 있을 것이다.

📜 '지구적 돌봄'의 가능성

COVID-19 팬데믹은 국경과 인종, 계급, 성별, 종을 초월해 모두에게 영향을 미쳤지만, 그 피해는 결코 평등하게 분배되지 않았다. 여기에서는 지구적 문제에 중점을 두어 이야기하겠다.

팬데믹이 발생하자 선진국들은 앞다투어 백신 확보 경쟁에 나섰다. 자본력과 정치력에 따라 수억 회분의 백신이 확보되었고, 일부 국가는 자국 인구의 몇 배에 달하는 백신을 사재기하기도 했다. 반면, 다수의 개발도상국은 백신 확보에 어려움을 겪었고, 그로 인해 접종률이 현저히 낮은 채 위기에 내몰렸다. 국제 공공백신 프로젝트였던 COVAX는 자금 부족과 공급망 불안정으로 제 기능을 하지 못했다. 그 결과는 어땠는가? 돌봄(보건 및 의료)이 취약한 곳에서 바이러스는 더 빠르게 퍼졌고, 델타와 오미크론 등 강력한 변이 바이러스가 이들 지역에서 발생하여 결국 전 세계에 다시 퍼졌다. 돌봄의 국제적 불평등은 결국 전 인류의 생존을 위협하는 구조적 역습으로 되돌아왔다.

재앙 직전인 세상을 되돌리기 위해서 사회의 모든 수준과 계층과 영역에서 돌봄이 우선시되고 제대로 기능해야 한다. 가족 단위부터 공동체에 이르기까지, 국가에서부터 현재는 글로벌 기업들과 금융자본의 영역인 초국가적 전략에 이르기까지. 현재 우리가 사는 세상의 황폐함 밑바닥에는 바로 전 지구적 불평등이 있다(『돌봄선언』).

많은 정부와 기업들은 돌봄을 공공의 책임으로 보지 않고, 시장 논리 안에서 처리 가능한 하나의 서비스로 취급한다. 그 결과, 돌봄은 민영화되고 외주화되며, 책임은 분산되고 비용은 개인에게 전가된다. 이러한 시장 중심의 돌봄 전략은 한 국가에 그치지 않고 국제적으로 확산되고 있으며, 이는 결국 전 지구적 차원의 새로운 불평등을 만들어낸다. 겉보기에 중립적이고 효율적인 것처럼 보이는 이 체계 속에서, 가장 취약한 사람들은 점점 더 돌봄의 바깥으로 밀려나고 있다. 지금 우리가 마주한 세계의 황폐함, 그 근저에는 바로 전 지구적인 돌봄의 위기와 불평등이 자리하고 있다.

또한 여기서 반드시 짚고 넘어가야 할 중요한 지점은, 팬데믹이 단지 인간 사회 내부의 문제만이 아니라 인간과 자연, 그리고 인간과 비인간 존재들 간의 관계를 근본적으로 다시 사유하게 만들었다는 점이다. COVID-19는 박쥐에서 인간으로 전파된 것으로 알려져 있다. 이 전염의 경로 자체가 단순한 우연이 아니라, 인간의 활동이 야생 생물의 서식지에 침투하고 교란한 결과로 발생한 구조적인 문제라는 점에 주목해야 한다. 과도한 개발로 인한 산림 파괴, 생물 다양성의 훼손, 야생동물 거래와 산업화된 축산 시스템 등은 모두 인간이 자연을 '관리'하거나 '소유'의 대상으로 바라보는 태도에서 비롯된 것이다. 이 체계 속에서 자연은 착취되고, 동물은 밀집 사육되며, 전염병의 발생 가능성은 점점 더 높아진다. 따라서 COVID-19는 자연과의 관계를 다시 설정하지 않으면 동일한 재난이 반복될 수밖에 없다는 경고이기도 하다.

지금까지의 엄청난 환경파괴에 대한 책임은 바로 힘있는 국가에 느슨하게 연결되어 있는 글로벌 기업들과 금융기관들에 있다. 황폐해진 환경은 세계의 가장 빈곤한 국가 경제와 사람들에게 불균형하게 영향을 미쳤다. 이러한 어려운 경제 상황은 많은 경우 서구 제국주의와 신식민주의의 유산이다. 예전에 식민지였던 곳들이 빚을 갚느라 수십 년간 돈에 쪼들리면서 서비스 인프라를 약화시키고 많은 사람들을 빈곤에 몰아 넣었다. 글로벌 돌봄을 우선시하는 것은 필연적으로 글로벌 불평등을 해소하기 위해 힘쓰는 것을 의미한다(『돌봄선언』).

환경 파괴는 언제나 사회적 불평등과 결합되어 있으며, 특히 돌봄의 접근성과 수준에 있어서도 뚜렷한 격차를 만들어내고 있다. 기후위기, 생태 재난, 감염병과 같은 위기는 자연환경의 붕괴와 더불어, 사회적·경제적으로 취약한 집단에게 더욱 큰 피해를 안기며, 이들로부터 '돌봄받을 권리'를 우선적으로 박탈해왔다. 이처럼 환경 문제는 곧 돌봄의 문제이기도 하며, 두 가지 위기는 서로 긴밀하게 맞물려 있다. 우리는 팬데믹을 통해 이러한 구조를 보다 분명하게 목격했다. 환경 파괴와 감염병의 확산은 인간이 만들어낸 전 지구적 불평등과 긴밀히 얽혀 있다는 점이다.

『돌봄선언』은 이 지점에서 우리가 그동안 간과해온 핵심적인 사실을 지적한다. 지금까지의 환경 파괴와 그에 따른 재난의 책임은 주로 자원을 집중적으로 소비하고 통제해온 강대국들과, 이들과 연결된 글로벌 기업 및 금융기관에 있다. 이들은 성장과 이윤을 최우선 가치로 삼아 세계경제를 운용해왔고, 그 과정에서 자연은 돌봄의 대상이 아니라 끊임없이 활용 가능한 자원으로 간주되어 왔다. 문제는 이 시스템이 만들어낸 위기들이 모두에게 똑같이 작용하지 않는다는 데 있다. 기후위기와 팬데믹, 생태 재난 등은 대체로 저소득 국가와 사회적 약자에게 더욱 집중적인 피해를 입혀 왔고, 이들 중 많은 국가와 지역은 과거 식민 지배를 경험한 곳들이다. 이러한 국가는 외채 상환 부담으로 인해 필수적인 공공 서비스와 돌봄 인프라를 축소할 수밖에 없었고, 그 결과 수많은 사람들은 구조적인 빈곤 속에서 반복되는 재난을 감당하고 있다.

결국 팬데믹은 우리에게 다음과 같은 통찰을 남겼다. 지구 환경과 인간의 삶, 그리고 전 지구적 불평등은 결코 분리될 수 없는 문제이며, 이 위기들을 동시에 심화해 온 구조의 중심에는 폭주하는 자본주의 시스템이 자리하고 있다. 이윤과 효율을 중심에 둔 세계경제 구조는 생태계를 파괴했을 뿐 아니라, 그 피해를 취약한 이들에게 전가하며, 그 과정에서 돌봄은 점점 더 시장화되고 주변화되어 왔다. 따라서 '지구적 돌봄'을 중심에 둔다는 것은 단순한 도덕적 호소가 아니라, 우리가 처한 다층적인 위기를 직시하고, 세계가 앞으로 어떤 질서와 기준 위에 다시 세워져야 하는지를 근본적으로 되묻는 일이다. 그리고 이러한 작업은 '민주주의의 의미'를 되새기는 것일 수 있다. 조안 트론토(Joan C. Tronto)는 『돌봄민주주의』에서 "현대 민주주의 사회의 가장 핵심적인 문제는 (…) 경제적 생산의 가치를 다른 어떤 가치보다 우위에 두고 있"다고 지적하면서, 다음과 같이 말한다.

> 민주적인 돌봄이 더 좋은 돌봄일 뿐만 아니라 돌봄적인 민주주의 삶이 결과적으로 더 좋은 민주주의를 만든다. 이러한 이유로 민주주의는 인간이 인간 서로를, 세상의 다른 생명체를 그리고 세상 그 자체를 돌볼 수 있게 하는 최상의 정치적 장치이기 때문에, 민주주의는 가장 좋은 정치체제다(『돌봄민주주의』).

COVID-19 팬데믹은 지구적 돌봄이 왜 민주주의의 핵심 가치인지 우리 앞에 생생하게 펼쳐 보였다. 백신은 공공의 자산이 아니라 경쟁과 이윤 추구의 도구로 변질되었고, 이를 확보할 힘과 돈이 부족한 취약한 국가의 사람들은 돌봄에서 가장 먼저 배제되었다. 그 결과는 모두가 목격한 대로였다. 불평등하게 퍼진 바이러스는 다시 전 세계로 돌아와 모든 이의 삶을 위협했고, 우리는 서로 돌보지 않으면 누구도 안전하지 못하다는 사실을 분명하게 깨달았다.

이러한 위기의 중심에는 끝없이 성장과 효율, 이윤을 추구해온 폭주적 자본주의가 자리 잡고 있다. 돌봄을 시장에서 거래되는 상품으로 축소시키고, 연대 대신 경쟁을 조장하는 이 시스템은 결국 사회의 가장 약한 이들을 돌봄의 바깥으로 밀어냈다. 또한 팬데믹은 인간이 자연을 단지 이용하고 착취의 대상으로 여겨온 태도가 얼마나 위험한지도 분명히 보여주었다. 생태계의 파괴와 자연에 대한 무관심은 또 다른 팬데믹을 불러올 수 있는 위협으로 남아 있다. 이제 우리가 나아가야 할 길은 명확하다. 지구적 돌봄을 민주주의의 중심 가치로 삼고, 국제사회가 적극적으로 인류 공동의 문제에 협력하고 투자해야 한다. 선진국과 국제기구는 빈곤 국가의 보건체계를 지원하고, 백신과 같은 필수 의료 자원을 공평하게 배분할 책임을 다해야 한다. 이는 단순한 정치적 이상이 아니라 우리가 직면한 현실적이고 필수적인 과제다. 서로 돌보지 않으면 누구도 안전하지 않다는 교훈을 가슴 깊이 새기며, 우리는 전 지구적 돌봄을 향한 첫 걸음을 내딛어야 한다.

8장

배움의 윤리학

8장

배움의 윤리학

관련 덕목
● 인내
● 끈기

# 역사학자의 이야기

📜 유교의 제왕학(帝王學)

유교적 제왕학(帝王學)의 기초에는 도의 계승을 중시하는 도통론(道統論)이 있었다. 도통은 단순한 정치적 권력의 계승보다 더 중요한 정당성의 근본으로 여겨졌으며, 군주는 도를 올바르게 계승해야만 참된 통치자로 인정받을 수 있었다. 따라서 군왕에게 요구된 공부는 권세를 유지하기 위한 기술이나 정략이 아니라, 도덕적 원리를 배우고 내면화하여 정사(政事)에 구현하는 일이었다. 다시 말해, 제왕학의 근본 목적은 군주가 하늘의 명을 이은 도덕적 지도자로서 이상정치를 실현하도록 만드는 데 있었다.

이러한 맥락에서 경전과 역사서의 학습은 분명한 위계를 가졌다. 경전은 군주의 마음을 바르게 하고 몸을 닦는 규범적 근본이었으며, 모든 정치의 기준은 여기에 두어야 했다. 역사서는 경전을 보완하는 자료로서, 구체적 사례와 교훈을 제공하는 역할을 했다. "경전을 위주로 하고 역사서로 보충한다[主經翼史]", "경전을 날줄로 하고 역사서를 씨줄로 한다"는 표현은 이를 단적으로 보여준다. 조선시대 군주들은 『상서(尙書)』, 『춘추(春秋)』, 『자치통감(資治通鑑)』과 같은 역사서를 학습하면서 역대 군주의 치국(治國) 방략과 흥망의 전례를 살폈다. 그러나 역사서를 통해 얻은 교훈 역시 도덕적 판단의 틀 안에서 수용해야 했으며, 역사 학습은 결국 감계(鑑戒)와 교화의 성격을 지녔다.

조선 후기의 영조와 정조는 이러한 공부론을 적극적으로 실천한 군주였다. 특히 정조는 성리학을 정학(正學, 바른 학문)으로 규정하고 진흥시켰다. 동시에 정조는 군사(君師)의 이상을 스스로 자임하였다. 『상서』에서 비롯된 군사의 개념은 군주가 천명을 이어받아 백성을 기르고 가르치는 스승임을 뜻하는데, 정조는 이 전통적 이상을 자신의 정치적 정체성으로 삼았다. 성왕(聖王)은 본래 정치와 학문을 함께 주도하는 이상적 군주상으로 이해되었으나, 세습 군주 체제 이후 정치와 학문은 분리되어 군주는 학자에게 배우는 위치에 머물렀다. 그러나 정조는 학문을 깊이 익히고 직접 신하들을 교화하며, 군사적 권위를 통해 정치와 학문의 단절을 극복하고자 했다. 결국 유교적 제왕학은 군주가 경전을 본으로, 역사서를 보조로 삼아 도덕적 이상정치를 실현하고 동시에 군사로서 백성을 교화할 것을 요구했으며, 정조는 이를 몸소 구현한 군주였다.

영조의 왕세자 교육

조선의 국왕 가운데 영조는 특별히 자신이 군사의 지위에 있음을 자부하며 학문을 장려했다. 영조는 성균관(成均館) 유생(儒生)에게 학업을 권하거나 「권학문(勸學文)」을 지어 전국에 반포할 때에는 자신이 군사의 지위에 있음을 강조했다. 군사를 실현해야 한다는 사명감을 가진 영조는 장차 왕위를 계승하게 될 정조의 교육에 많은 관심을 기울였다. 어린 손자인 정조를 성왕으로 키워냄으로써 군사를 실현할 수 있다고 생각했기 때문이다. 영조가 군사(君師)로서 모든 신민(臣民)의 교육을 이끌어가려고 할 때, 가장 중요한 교육대상은 바로 정조였다. 정조는 1752년 사도세자와 그의 부인 혜경궁 홍씨의 아들로 태어나, 8세가 되던 1759년 왕세손으로 책봉되었다. 정조는 사도세자가 사망한 직후인 1762년 왕세손으로 동궁이 되었고, 1775년 영조를 대신하여 대리청정을 하다가 영조의 사후(死後) 1776년 25세의 나이로 즉위하였다.

영조는 신하의 손에 맡겨져 있던 손자의 교육을 자신이 직접 주관하면서 자신의 제왕학을 전수하려고 하였다. 영조는 6세였던 원손(元孫) 정조에게 『동몽선습(童蒙先習)』의 학습 정도를 직접 확인하였다. 정조가 7세가 되었을 때 영조는 원손인 정조에게 『소학(小學)』을 외우게 함으로써 학습 진도를 직접 점검하였다. 정조가 장성해 감에 따라 영조는 경연석상(經筵席上)에 손자를 불러 조손(祖孫)간에 함께 학문을 토론하는 경우가 잦아졌다. 이후 임오화변(壬午禍變)으로 영조의 아들이자 정조의 아버지인 사도세자의 죽음 후, 정조가 왕세손으로서 동궁(東宮: 조선시대 왕위 계승자를 칭하는 용어)으로 책봉된 후 영조의 정조에 대한 학습 강조는 더욱 높아졌다.

1749년 사도세자는 영조를 대신하여 대리청정(代理聽政: 왕위 계승자가 왕의 권한을 대행)을 하였는데, 이때부터 사도세자에게 정치적 위기가 닥쳤다. 사도세자와 대립하던 노론계 세력이 영조의 계비(繼妃: 임금

이 후취로 맞이한 왕비)인 정순왕후(貞純王后)와 동조하여 사도세자를 무고(誣告)하여, 영조가 세자를 불러들여 꾸짖는 일이 잦았다. 이로 인해 사도세자는 정신적 고통에 시달려 후궁이나 환관 등을 죽이는 기행(奇行)을 하였고, 정순왕후 부친의 사주(使嗾)를 받은 나경언이 세자의 비행(非行)을 영조에게 알렸다. 이러한 정치적 사건과 세자 훈육에 대한 과정에서 사도세자와 갈등을 빚었던 영조는 임오화변(1762년 임오년 영조가 대리청정 중인 사도세자를 폐위하고 뒤주에 가두어 죽인 사건)으로 사도세자를 제거하였다.

영조는 국왕이 신하에게 교육을 받는 수준에서 벗어나 모든 신민의 교육을 이끌어 가야 한다고 생각했는데, 영조가 가장 역점을 둔 교육 대상은 바로 자신의 손자인 정조였다. 영조는 보양청(輔養廳) 교육 단계에서부터 정조의 교육에 깊은 관심을 두어, 손자의 학습 진도를 챙기고 손자를 가르칠 스승을 선발했다. 1762년 사도세자가 당쟁(黨爭)에 휘말려 사망하자, 영조는 국가와 왕실의 안위(安危)가 세손인 정조에게 달려 있다고 판단하여 정조의 교육에 더욱 주의를 기울였다. 훗날 정조는 세손 시절의 스승인 남유용(南有容), 서지조(徐志祖), 박성원(朴聖源)이 모두 훌륭한 스승이었다고 회고했는데, 이들은 영조가 손자의 교육을 위해 특별히 선발한 인물들이었다.

정조의 학문이 일정한 수준에 이르게 되자 영조는 자신이 직접 손자를 가르쳤다. 영조는 손자의 교육을 위해 『어제조훈(御製祖訓)』이라는 교재를 만들었고 자신이 집필한 『어제자성편(御製自省篇)』, 『경세문답(警世問答)』을 손자에게 학습시킴으로써 자신의 정국(政局) 구상과 사업을 이해하도록 했다.

조선의 국왕교육 시스템과 정조(正祖)의 제왕학

　유학의 도통을 계승하는 것은 조선의 성리학자들이 경연을 통해 국왕에게 끊임없이 요구해 온 사항이었다. 정조는 이를 적극적으로 수용하여 주자 이후의 학문적 도통을 계승하고 군사(君師)를 실현하는 데까지 나아간 군주로 평가된다. 정조는 신하에게 배우는 위치에서 벗어나 신하를 가르치고, 각종 서적의 편찬을 주도하며 개혁 정책을 입안(立案)하고 실천한 국왕이었다.

　정조의 제왕학이 형성된 과정을 검토할 때 제일 먼저 고려해야 하는 것은 조선의 국왕 교육 시스템이다. 조선시대의 국왕 교육은 궁중에 왕자가 태어나 국왕으로 사망할 때까지 보양청(輔養廳)교육, 시강원(侍講院)교육(왕세자교육: 서연[書筵]), 경연(經筵: 조선시대 어전에서 경서 강론)이라는 과정으로 구성되어 있었다.

　보양청 교육은 유아기 때 양육을 담당하는 것이고, 강학청 교육은 3, 4세의 아동에게 실시하는 초등교육으로, 여기까지는 왕자(王子)라면 누구나 받는 기초 교육이었다. 왕자가 세손이나 세자로 책봉되면 장차 왕위에 오를 후계자가 되었으므로 본격적인 국왕 교육이 시작되었다. 세자는 시강원 교육을 통해 당대의 학자들을 모시고 국왕으로서 갖춰야 할 학문과 덕성을 교육받았다. 그리고 국왕이 된 후에도 경연을 통해 평생토록 학문과 덕망이 뛰어난 신하를 스승으로 삼아 교육을 받아야 했다. 정조는 이러한 교육 과정을 충실히 수행한 국왕으로 평가받는다. 정조는 국왕 교육의 과정을 정상적으로 거쳤고, 손자를 성군으로 키우려는 할아버지 영조의 특별 교육도 받으며 성장했다. 정조는 어렸을 때부터 독서를 좋아하고 학문에 깊은 흥미를 갖고 있었다. 또한 생부(生父)인 사도세자가 사망한 이후 자신의 생명을 노리는 세력들에 둘러싸여 성장기에 불안정한 환경에서 성장하였다. 정조는 세손 시절 항상 정적(政敵)들의 감시를 의식하며 생활하였고, 정조가 밤낮으로 학문에 몰두하는 모습을 보인 것은 자신의 생명을 지키기 위한 보위(保衛) 수단이기도 했다.

18세기라는 시대적 분위기도 정조의 학문 습득에 유리한 배경이 되었다. 한국사 연구에서 18세기는 '문예부흥의 시대'로 평가받고 있다. 특히 18세기 후반은 사회의 역량이 정점(頂點)에 달하여 조선 후기의 문화가 집대성된 시기였고, 정조는 그러한 흐름의 중앙에 서서 시대적 분위기를 주도했다. 정조가 활동한 시기는 조선과 중국, 일본 사이에 평화가 지속되며 각국이 커다란 발전을 이룩한 시기였다. 정조는 세손 시절부터 청나라에서 출판되는 서적에 많은 관심을 가지고 청에서 구입할 도서 목록을 작성했다. 북학(北學)이라 불리는 청나라 문물의 도입론이 활발하던 시기에 청에서 도입된 고증학(考證學)과 서학(西學)에 대한 정보는 정조의 학문 습득에 유리한 조건이 되었다.

어려서부터 영조의 제왕학 교육을 받은 정조는 왕위에 오른 이후 자신의 정치도 영조의 뜻과 사업을 계승하겠다는 방침을 분명하게 밝혔다. 정조의 제왕학은 조부인 영조의 뜻과 사업을 계승하겠다는 방침을 분명하게 밝혔다. 정조의 제왕학은 영조의 제왕학에서 한 걸음 더 나간 것이었다. 영조는 국왕이 신하에게 교육받는 단계에서 벗어나 군사(君師)로서 신민의 교육을 주도하려 했고, 자신의 후계자인 정조에게 본인이 정립한 제왕학을 가르친 국왕이었다. 정조는 영조의 제왕학을 계승하여 신민의 교육을 실제로 주도했으며, 이상적 군주상인 군사(君師)를 실현한 군주이자, 다산 정약용 등의 실학자들과 더불어 조선 후기의 중흥을 추구한 군주로 평가받는다. 정조는 고위 문신들과 함께 신해통공 등 개혁 정책을 추진하였다. 그는 규장각을 통해 인재를 폭넓게 등용하는 한편, 초계문신제를 시행하여 임금이 스승으로서 신하들의 재교육을 직접 주도하고자 했다. 또한 지방 유생들의 소외를 막기 위해 과거 제도를 운영하였으며, 백성을 교화하기 위해 윤음을 반포하였다.

군사(君師)로서 정조

정조가 가진 학자로서의 면모는 그의 방대한 저술을 통해 입증된다. 정조의 문집(文集)인 『홍재전서(弘齋全書)』는 총 분량이 184권이다. 정조대에는 153종 4천여 권에 이르는 방대한 문헌들이 편찬되었다. 정조가 직접 편찬한 『어정서(御定書)』와 정조가 제시한 지침을 따라 신료들이 분담 편찬한 『명찬서(命撰書)』가 있는데, 어떤 경우든 정조는 편찬 과정을 주도했다. 정조는 경전(經典)의 원문을 강조한 정본(正本)을 편찬하거나 원문을 간추린 선본(選本)을 편찬하였는데, 이는 청나라가 고증학이 발달함에 따라 경서의 주석이 크게 늘어나고 책의 분량이 늘어나는 추세와 대조를 보였다. 정조는 경전의 원문을 강조함으로써 학자들의 주석에 구애됨이 없이 유학의 본지(本旨)를 발견하기를 기대했다.

교육정책은 정조의 군사(君師)로서의 면모가 가장 잘 나타나는 분야이다. 정조는 국왕이 된 이후 고위 문신에서 일반 백성에 이르기까지 각계의 인재를 양성하고 선발하는데 진력했다. 특히 정조는 과거 시험 출제, 채점, 선발에 이르는 인재 선발의 전 과정을 직접 관리함으로써, 당대의 신민 교육을 이끌어가는 군사의 역할을 수행했다. 규장각은 숙종대에 처음 세워진 것으로 원래 국왕의 어제(御製), 어필(御筆), 어서(御書) 등을 보관하는 전각이었다. 정조는 사도세자의 죽음 이후 자신이 경험한 국가적 위기 상황이 외척과 환관들이 권력을 장악했기 때문에 발생한 것으로 보고 국가를 이끌어 나갈 사대부(士大夫)를 양성하겠다는 방침을 천명했다. 이때 사대부를 대표하는 사람들이 바로 학식이 높고 문장력이 뛰어난 규장각 각신(閣臣)이었다. 정조는 규장각 각신을 측근에 두고 이들과 함께 백성들의 고통, 정치의 득실, 이전 시대의 치난(治亂)을 함께 토론했고, 각신(閣臣)들은 학문을 연구하거나 국가 문물을 정비하는 편판 사업을 주도함으로써 정조의 문화정치를 보좌했다.

정조가 규장각을 통해 인재를 양성하려 할 때 그 핵심은 초계문신제에 있었다. 초계문신제는 37세 이하의 초급 문관 가운데 재능 있는 사람을 선발하여 교육시키다가 40세가 되면 졸업하게 하는 일종의 재교육 프로그램이었다. 정조는 당대의 문풍(文風)이 부진한 것은 젊은 관리들이 관리에 합격한 이후에 학문에 관심을 두지 않기 때문이라 판단하고 일정 기간 동안 경서(經書)와 역사서를 공부하고, 문장 짓기를 집중적으로 수련하는 방안을 마련했다.

초계문신들은 규장각에서 습득한 내용을 가지고 매월 시험을 보았고, 그 결과에 따라 상벌(賞罰)을 받았다. 또 이와는 별도로 국왕이 주관하는 친림(親臨) 시험을 매월 1차례씩 보아야 했다. 친림 시험은 문제의 출제에서 답안지의 채점에 이르기까지 일제의 과정을 정조가 직접 관리했다. 정조는 초계문신을 학문적 동료로 생각하고, 도서 편찬의 범례나 내용에 대해서도 함께 의논했다. 정조가 생각하는 모범적인 문장은 패관소품(稗官小品)이나 소설에 쓰이는 화려한 표현을 배제하고 경전이나 사서에서 적합한 전고(典故)를 인용하여 문장의 뜻을 명백하게 하는 글이었다. 정조는 초계문신에게 시무책(時務策)에 관한 자문을 구하기도 했다. 정조는 당시의 선발 방법이 서얼, 지방, 문벌을 차별하는 편협한 것임을 지적하고, 문벌이나 지역에 구애됨이 없이 전국의 인재를 고루 양성하고 선발한 방안을 물었다.

　성균관과 4학(四學)의 유생을 위한 정조의 교육정책 중에서 가장 특징적인 것은 국왕이 군사(君師)의 입장에서 유생을 교육시키고 선발하는 모든 과정을 직접 관리했다는 점이다. 시험에 응시하는 유생들의 숫자가 적어도 수십 명이고 더러는 천 명을 넘는 상황에서, 국왕이 모든 시험지를 직접 채점하여 우수자를 선발한다는 것은 대단한 격무였음에 틀림없다. 이를 걱정한 측근의 신료들은 국왕이 정력을 낭비하여 국정 수행에 방해가 된다고 만류하기도 했다. 그러나 정조는 자신이 직접 확인하고 친필로 성적을 기록해 주는 것이 사풍(士風)을 진작하는데 도움이 된다고 믿었고, 즐거운 마음으로 그 부담을 감수했다. 정조는 1792년 인재 양성의 범위를 전국의 유생으로 확대하였고, 당쟁으로 소외되어 온 지역인 영남지역의 유생을 선발하는 과정을 정리하고 우수 답안지를 수록하여 『교남빈흥록(嶠南賓興錄)』을 간행하여 배포하였다.

　또한 정조는 지방 유생을 국가적 편찬 사업에 조력자로 참여시키기도 하였다. 정조는 지방 유생을 선발하면서 지방의 실정을 직접 파악하는 기회로 활용했다. 또한 지방의 인재들에게 지방의 선비와 백성들이 혜택을 누릴 수 있는 방안을 물었다. 정조가 지방의 유생들에게 지방의 실정을 물은 것은, 현지의 정세에 여론을 정확하게 파악하기 위해서였다. 정조는 현지에 거주하는 유생을 통해 생생한 현장의 목소리를 들음으로써 자신이 의도하는 정치가 향촌 사회에서는 어떻게 나타나는지를 확인하려 했던 것이다. 정조의 교육정책에 나타나는 가장 큰 특징은 중앙 정계의 사대부는 물론이고 서울과 지방의 유생들까지 정치의 주체로 참여할 수 있는 기회를 마련해 주었다는 것이다. 정조는 당시의 일반적인 관리 선발 시스템을 뛰어넘어, 국왕이 직접 인재를 양성하고 관리를 선발했기 때문에 뛰어난 자질과 능력을 가진 인재라면 즉시로 선발될 수 있었다. 정조의 조치는 중앙 관리로의 진출로가 막혀 있던 정치 세력들에게 희망을 주었으며, 특히 당쟁으로 소외된 지방의 유생들의 사기를 크게 진작시키는 정치적 효과를 거둘 수 있었다.

🎓 철학자의 이야기

📜 자성(自省)과 신독(愼獨), 좌절 속에서 나를 묻는 공부

다산 정약용은 정조의 두터운 신임을 받아 형조참의(정3품) 등 핵심 직책을 맡았으나, 정조 사후 정치적 상황이 급변하며 신유박해(1801) 때 천주교 관련 혐의로 전라도 강진으로 유배되었다. 여기에서는 다산 정약용이 유배 생활에서 어떻게 고난을 극복했는지 알아보자. 다산 정약용에게 있어 '인내'란 단지 고통을 견디는 수동적 자세가 아니었다. 오히려 그것은 고통을 통해 자신을 들여다보고, 삶을 다시 설계하는 내면의 작업이었다. 그는 정치적 탄압으로 인해 유배라는 절망적인 상황에 놓였지만, 그 안에서 새로운 사유의 틀을 짜고, 삶을 근본부터 다시 성찰하였다. 이러한 그의 인내는 자기를 향한 철저한 질문, 곧 '자성(自省)'의 철학적 행위로 구체화된다. 사실 자성을 중시하는 전통은 『논어』로부터 소급된다.

> [공자의 제자] 증자(曾子)가 말하였다. 나는 날마다 세 가지 일로 나 자신을 반성하니, 남을 위하여 일을 꾀하면서 진심을 다하지 않았는가, 벗과 사귀면서 진실하지 않았는가, 배운 것을 익히지 않았는가 하는 것이다.

다산 정약용은 유배라는 극단의 환경 속에서 자성을 밀도 높게 수행했을 것이다. 아마도 다산은 다음과 같은 질문들도 했을지 모른다. "나는 지금 왜 이 자리에 있는가?", "이 고통은 나에게 어떤 의미를 가지는가?", "나는 누구이며, 앞으로 어떤 존재가 되어야 하는가?" 다산 정약용에게 반성은 자신을 책망하는 것이 아니다. 그것은 나를 새롭게 세우려는 결심이었다. 다산은 『논어』의 '일일삼성(一日三省)'에 대해 다음과 같이 풀이한다.

> 『주역』에 이르기를 "군자가 종일토록 해이하지 않고 조심하며 저녁에 더욱 두려워하는 마음을 지니면 위태로운 데에 처해 있어도 허물이 없다."고 하였으니, 여기서 '저녁에 두려워함'은 성인(聖人)이 성찰하는 지극한 공부이다. (…) 성인이라도 일찍이 자신을 성찰하지 않음이 없었다(『논어고금주』).

다산에 의하면, 성인이라도 자기성찰 공부를 게을리 하지 않는다. 따라서 자기성찰과 반성은 단순한 도덕적 자책이 아니라 자기 삶의 중심을 점검하고 갱신하는 '일상의 철학'이다. 증자가 말한 세 가지 반성은 각각 대인관계의 진정성(忠), 사회적 신뢰(信), 자기 수련의 지속성(習)을 묻는 것이며, 이는 단순한 행위의 실천 여부를 되묻는 것이 아니라 삶의 윤리성을 반복적으로 확인하면서 자기를 새롭게 하는 방식이라고 할 수 있다. 그리하여 다산은 유배 생활 내내 타인을 탓하는 대신 스스로에게 묻고, 충성스럽지 못했던 말과 행동, 가볍게 흘려보낸 공부의 태도를 돌아보았을 것이다.

그리고 이러한 깊은 자기성찰은 곧 다산이 제창한 '신독(愼獨)'의 윤리로 이어진다. 『중용』은 다음과 같이 말한다.

> 이 때문에 군자는 그 보이지 않는 곳에서도 경계하고 삼가며, 그

들리지 않는 곳에서도 두려워하고 염려한다. 감추는 것보다 더 잘 보이는 것은 없으며, 작은 것보다 더 잘 나타나는 것은 없으니 그러므로 군자는 그렇게 혼자일 때 삼가는 것[愼獨]이다.

신독은 외부적 평가나 시선이 없는 상태에서도 스스로를 속이지 않고 자신의 마음을 단속하며 살아가야 한다는 자성론의 핵심이다. 다산은 이러한 신독의 가치를 깊이 이해하고 이를 실천적 철학으로 발전시킨 인물이다. 다산의 삶과 연계해서 살펴보면, 그는 유배지에서 모든 정치적 명예나 사회적 시선이 차단된 상태에서도 오히려 더욱 철저하게 자신을 관리하고 공부에 매진하였다. 누구도 보지 않는 공간, 아무도 칭찬하지 않는 시간 속에서 다산이 견지한 삶의 태도는 바로 이 신독의 실천이었다. 그에게 있어, 신독은 자기 존재를 잃지 않기 위한 고요한 싸움이며 시간 속에서 나를 지키는 가장 단단한 방식이었다. 다만 여기서 주의해야 할 것은, 다산의 신독이 단순히 홀로 있는 시·공간에서 악을 저지르지 않는 것만을 의미하지는 않는다는 점이다. 그는 스스로 양심을 따르면서 자신의 도리를 다하는 삶의 태도로 보았다.

원래 '신독'이라는 것은 (…) 혼자 있는 곳에서 삼가는 것을 말하는 것이 아니다. 사람이 늘 그 방에서 조용히 앉아서 자신이 행한 것을 묵묵히 생각하면 양심(良心)이 구림이 일 듯이 성하게 드러난다. 이것은 그 옥루(屋漏, 빛이 들지 않는 방의 서북쪽 모퉁이)를 바라보고도 부끄러움을 드러내지 않는 까닭이지, 어두워 안 보이는 곳에서 감히 악을 행해서는 안된다는 것을 말하는 것이 아니다. (…) 어두운 방에 있을 때 때로 옷깃을 가지런히 하고 단정하게 앉아 있을 수 있었다고 해도, 매번 다른 사람과 교제하는 곳에서는 그에게 비루한 거짓과 모함을 베풀면서도, 남이 깨닫지 못하고 하늘이 듣지 못한다고 말하니, 이른바 '신독'이라는 것이 어찌 이와 같은 일이겠는가(『심경밀험』)?

이처럼 다산이 이해한 '신독'은 외부의 감시가 없는 공간에서 자신을 단속하는 소극적 자제력에 머무르지 않는다. 오히려 그것은 하늘 앞에서 언제나 부끄럽지 않도록 자신을 가다듬는 내면의 도덕적 긴장이며, 스스로의 도리와 진실 앞에서 부끄러움을 느낄 수 있는 양심(良心)의 자각으로 확장된다. 다산에게 진정한 신독은 어두운 방에서 단정히 앉아 있는 '형식'이 아니라, 자신의 말과 행위가 타인에게, 그리고 하늘 앞에 떳떳한지를 끊임없이 되묻는 '내용'의 문제였다.

이러한 신독의 이해는 다산이 확고히 믿었던 상제(上帝) 개념과도 깊이 맞닿아 있다. 다산에게 상제는 하늘의 도[天道]를 대표하는 실재이자 인간의 양심과 감응하는 도덕적 근거였다. 그는 신독을 상제를 경외하고(敬天), 그 뜻과 교감하려는 도덕적 주체의 공부 방식으로 보았다. 이러한 관점에서 다산의 신독은 언제나 현재진행형이다. 삶의 모든 순간마다 상제의 뜻을 거스르지 않도록 마음을 반성하고, 행위를 정제하는 실천적 사유이자, 자신을 하늘의 도에 맞추어 나가는 지속적 과정이기 때문이다.

이러한 맥락에서 볼 때, 좌절과 고통의 순간에 자성과 신독이 갖는 의미는 단순한 인내의 덕목을 넘어서, 인간 존재를 근본부터 다시 세우는 철학적 실천이다. 외적인 기반이 무너지고, 타인의 인정을 기대할 수 없는 상황 속에서도 스스로를 돌아보고, 하늘 앞에 부끄럽지 않도록 자신을 단속하는 행위는 인간이 도덕적 주체로서 자립할 수 있는 가장 본질적인 조건이다. 다산은 유배라는 극한의 경험을 통해, 인간이 처할 수 있는 가장 취약한 자리에서조차 내면의 질서를 유지하고, 상제와 감응하는 삶의 가능성을 증명했다. 자성과 신독은 바로 그런 상황에서 인간이 타락하지 않고 오히려 더욱 단단해질 수 있는 내적인 기반이었으며, 이는 오늘날을 살아가는 우리에게도 고통을 회피하지 않고 그 속에서 자기 자신을 성찰하고 성장시킬 수 있는 윤리적 모범이 된다.

📜 정심(正心), 감정과 욕망을 다스리는 기술

18년의 귀양살이는 인간의 존엄과 내면을 시험받는 극한의 시간이었다. 그는 가족과 관직, 세상의 명예로부터 철저히 단절되었지만, 스스로를 내버려두지 않았다. 오히려 그 고통의 시간을 자신의 마음을 다듬고 깊이 들여다보는 수양의 기회로 삼았다. 다산은 『심경밀험』을 작성하면서 "지금부터 죽는 날까지 마음을 다스리는[治心] 방법에 힘을 기울이고자 한다."고 말한 바 있다. 외적으로는 모든 것을 잃었으나, 오직 내면만은 무너지지 않았던 다산의 유배 삶은, 감정과 욕망의 파고를 넘어서 자기 존재를 지켜낸 정심(혹은 치심)의 철학 그 자체라고 할 수 있다. 예를 들어 다산은 『대학』의 '마음을 바르게 함[正心]'을 다음과 같이 해석한다.

> 이른바 '수신이 마음을 바르게 함에 있다는 것'은 몸에 노여워하고 원망하는 바가 있으면 바름을 얻지 못하고, 두려워하는 바가 있으면 바름을 얻지 못하고, 좋아하고 즐기는 바가 있으면 바름을 얻지 못하고, 걱정하는 바가 있으면 바름을 얻지 못한다는 것이다. 마음이 거기에 있지 아니하면 보아도 보이지 않고, 들어도 들리지 않으면, 먹어도 그 맛을 알지 못한다(『대학공의』).

인간의 마음이 어떤 감정에 치우치게 되면, 사물을 지각(知覺)하는 마음의 지각 작용이 자연스레 흐려진다. 예를 들면 다른 사람을 노여워하는 마음을 갖게 될 때, 우리는 그 사람이 옳은 말을 하더라도 고깝게 듣는다. 그리고 이러한 모습은 잘못된 것이다. 그렇다면 이러한 잘못된 마음을 어떻게 시정할 수 있을까? 다산이 보기에 '마음을 다스리는 것, 즉 마음을 바르게 하는 것'은 감정을 억누르거나 제거하여 이루어질 수 없다. 분명 다산은 "기쁨·성냄·슬픔·즐거움의 네 가지는 모두 마음의 작용이니 [모든] 사람에게 없을 수 없는 것이다(『대학공의』)."라고 말했다.

따라서 감정이 지나치거나 흐트러지지 않도록 조율하는 일이 필요하다. 이것을 유교의 용어로는 '중절(中節, 절도에 맞음)'이라고 말한다. 특정한 감정이나 행동을 도덕적·사회적 규범[절도, 節]에 들어맞게[中] 하는 것이다. 다시 말해 감정은 인간의 본성에서 비롯된 자연스러운 반응이지만, 그것이 제 자리를 벗어나 지나치게 되면 마음은 '바름(正)'을 잃고 중심을 흔들리게 된다. 다산이 말한 마음 공부는 바로 이러한 감정의 과잉이나 부족, 편향과 산란을 조율하여, 마음이 '중절'의 상태를 지향하도록 이끄는 구체적인 실천의 과정이다.

우리는 일상 속에서 감정이 우리 삶을 어떻게 흔드는지를 자주 경험한다. 예를 들어, 어떤 사람에 대한 질투가 마음에 자리 잡으면, 그 사람의 장점조차 삐딱하게 해석하려는 마음이 생기기도 한다. 이러한 순간들은 단지 감정이 일어난다는 사실보다, 그 감정이 판단의 균형을 무너뜨리고 관계를 해치는 방식으로 작동한다는 데에 더 큰 문제가 있다. 바로 이런 지점에서 다산이 강조한 치심의 중요성이 드러난다. 그는 감정 자체를 억압하기보다는, 그 감정이 도리에 부합하는지, 그 감정이 나와 타인, 그리고 사회 전체에 어떤 영향을 미치는지를 묻는 훈련을 강조하였다.

또 다른 예로, 즐거움이나 기쁨의 감정도 지나치면 문제가 된다. 성공이나 칭찬을 받았을 때, 우리는 쉽게 우쭐해져 자만심에 빠지고, 스스로를 과대평가하게 된다. 이로 인해 경청의 태도를 잃거나 타인을 낮춰 보게 된다면, 기쁨이라는 긍정적 감정조차 도덕적 일탈의 원인이 될 수 있다. 다산은 바로 이러한 경우를 경계했다. 기쁨은 인간에게 반드시 필요한 감정이지만, 그것이 자기 안에 머무르지 못하고 행위의 중심축을 벗어나면 정심을 해치게 된다. 따라서 그는 감정의 적절한 위치와 정도를 되돌아보는 마음공부가 무엇보다 중요하다고 보았다. 그에게 중절은 결국 감정이 "때에 맞게, 정도에 맞게" 작동하도록 마음을 조율하는 일이다.

그리고 이러한 마음공부는 다산이 유배라는 고통 속에서도 흔들림 없는 삶을 가능하게 했던 방법이었다. 예를 들어 다산은 아들에게 보내는 편지에서 다음과 같이 말한다.

저녁에 숲속을 산보하다가 우연히 자지러질 듯이 우는 어린아이를 보았다. 그 아이는 울면서 참새처럼 마구 뛰어올랐는데 마치 여러 개의 송곳으로 배를 찔린 것 같기도 하고, 방망이로 가슴을 두들겨 맞은 것 같기도 했다. 그 모습이 너무 참담하고 절박해서 거의 다 죽어가는 듯 했다. 내가 아이에게 그리하는 까닭을 물으니, 그 아이는 나무 아래에서 밤 한 톨을 주웠는데 어떤 사람이 빼앗아갔다고 말했다. 아아! 세상에 이런 상황을 당하고도 이 아이처럼 울지 않을 자가 몇 명이나 있으랴! 벼슬과 권세를 잃은 사람들, 재물의 손해를 본 사람들, 자식을 잃고 거의 죽기 직전에 이른 사람들 모두 초탈한 사람의 눈에는 한 톨의 밤을 잃은 아이와 같을 것이다(「두 아이에게 보여준 가훈」).

이 편지는 다산이 유배지에서 직접 목도한 작은 장면을 통해, 인간의 감정이 얼마나 쉽게 요동치는지를 섬세하고도 통찰력 있게 포착한 기록이다. 어린아이가 밤 한 톨을 잃고 마치 생명이 끊어질 듯 울부짖는 모습을 보며, 다산은 인간이 집착하는 '잃어버림'의 감정이 얼마나 절박하고, 또 동시에 얼마나 상대적인지를 직관적으로 드러낸다. 벼슬을 잃은 사람, 재물을 잃은 사람, 자식을 잃은 사람-각자의 고통은 모두 절실하나, 그 고통을 절대화하는 순간 우리는 밤 한 톨 앞에서 절규하는 아이의 마음과 다르지 않다. 이 편지는 단지 자녀 교육을 위한 우화적 교훈이 아니다.

그것은 다산 자신이 유배지에서 날마다 수행했던 치심(治心)의 구체적 실천이다. 명예를 잃고 권력을 박탈당한 상황 속에서 그는, 그 상실의 감정에 함몰되지 않기 위해 자신을 끊임없이 비추어보았다. 감정은 자연스러운 것이되, 그 감정이 마음의 중심을 흐트러뜨릴 때 인간은 스스로를 무너뜨린다. 다산은 밤 한 톨을 잃은 아이의 울음을 보며, 스스로의 고통을 과잉되게 바라보는 마음을 조용히 되돌아봤던 것이다. 오히려 고통과 상실, 분노와 집착이라는 실존적 격랑 속에서 무너지지 않기 위한 내면의 수양이었으며, 그 마음의 훈련이야말로 자신을 지키고 세상을 다시 바라보게 하는 근본이었다.

치성(致誠), 끝까지 실천하는 진심의 힘

다산 정약용에게 있어 성(誠, 진실함)이란 단순한 마음속의 생각이 아니다. 그것은 반드시 행위로 드러나야 하며, 실천과 인내를 통해 마침내 완성되는 삶의 태도였다. 유교에서 말하는 '치성(致誠)'이란, 곧 진실함을 끝까지 밀고 나아가는 일, 다시 말해 자기 자신을 허투루 대하지 않고, 끝까지 다듬고 채우려는 끈질긴 도덕적 의지를 말한다. 이를 다산은 『대학공의』에서 다음과 같이 말한다.

> 성(誠)이라는 것은 시작과 마침을 꿰뚫으니, 성으로써 뜻을 정성스럽게 하며 성으로써 마음을 바르게 하며 성으로써 몸을 닦으며 성으로써 집안과 나라를 다스리며 성으로써 천하를 평안하게 한다.

성(誠)은 단지 정직하거나 진실하다는 감정적 상태가 아니라, 인간의 삶 전체를 관통하는 도덕적 일관성과 실천의 중심축이다. 유교에서 말하는 "성은 시작과 끝을 꿰뚫는다."는 말처럼, 성은 순간적인 결심이 아니라 처음 품은 뜻을 끝까지 유지하며 끊임없이 실현해나가는 태도다. 다산 정약용은 이 '성'을 단순한 윤리적 이상이 아니라, 현실 속에서 구체적으로 구현되어야 할 삶의 방식으로 보았다. 그는 뜻을 세울 때도 성으로 하고, 마음을 바로잡을 때도 성으로 하며, 몸을 단속하고, 가정을 다스리고, 세상에 이바지하는 모든 일의 중심에 반드시 이 성실한 마음이 있어야 한다고 강조하였다. 다산에게 치성(致誠)이란, 바로 이 성의 정신을 끝까지 실현하는 행위였다.

특히나 다산은 18년 유배 생활 동안 치성을 자신의 삶으로 증명했다. 강진의 고된 환경 속에서도 그는 매일 새벽부터 일어나 독서하고, 글을 쓰고, 제자들을 가르쳤으며, 무려 500여 권의 저술을 남겼다. 외부적 조건만 놓고 보자면 그는 '정치적 패배자'이자 '사회적 유배자'였지만, 자신의 마음과 몸을 바르게 하려는 그의 태도는 결코 후퇴하지 않았다. 다산은 아들에게 보내는 편지에서 다음과 같이 말한다.

> 오늘날 대대로 높은 벼슬아치 집안의 자제들이 관직을 얻고 가문의 이름을 떨치는 것은 평범하고 우매한 자제라도 능히 할 수 있는 일이다. 오늘날 너희는 폐족의 자식들이다. 만약 폐족이라는 어려움을 딛고 잘 처신하여 이전보다 더 훌륭한 가문을 만든다면 그것이야말로 놀랄 만하고도 훌륭한 일이다(「두 아이에게 보여준 가훈」).

> 너희들이 먼저 자신을 천대하고 얕잡아보니 스스로 비참하게 만드는 것이나 다름이 없다. 너희들이 끝내 배움을 거부하고 스스로를 포기하면 내가 저술하고 간추려놓은 그 모든 것을 장차 누가 수습하여 책으로 엮고 교정하고 편집할 수 있겠는가? 아무도 할 사람이 없게 된다면 나의 저술은 결국 후세에 전해지지 못할 것이다. 그러면 후세 사람들은 사헌부의 보고서와 판결문만을 보고 나를 판단할 것이다. 그러면 나는 장차 후대에 어떤 인물로 기억되겠느냐? 너희들은 반드시 이것을 생각해야 한다. 배우는 일에 모든 힘을 다하여 우리 집안의 글 짓는 전통이 너희 세대에 더욱 창대해지도록 노력해라. 대대로 이어지는 벼슬도 이런 맑고 귀한 전통과는 바꿀 수 없는 것이다. 어째서 이런 생각을 하지 못하는 것이냐(「두 아이에게 보여준 가훈」)?

이 편지는 단순한 훈계나 자식에 대한 기대를 넘어, 다산이 자신의 진심을 삶 끝까지 실현하려 했던 치성의 정신이 가장 진지하게 드러나는 기록 중 하나다. 다산은 치성의 정신-끝까지 포기하지 않고 살아낸 진심의 힘-이 후손들에게 이어지지 않을까 깊이 염려했다. 유배라는 절망적인 현실 속에서도 그는 자신이 세운 뜻을 포기하지 않았고, 자식들에게조차도 "자신을 스스로 천대하지 말라"고 일깨우며, 배움과 수양, 실천의 길을 끈기 있게 이어가라고 당부하였다. 다산이 강조한 치성이란 곧, 무너진 현실 속에서도 정신을 버리지 않고, 자신에게 맡겨진 공부와 글쓰기, 그리고 교육의 책임을 단 한 순간도 허투루 하지 않는 태도였다.

이렇게 볼 때 그는 자신의 삶이 외적으로 단절되고 무너지는 순간에도, 내면의 진심만은 끝까지 지켜내려 했다. 벼슬이나 명예를 회복하는 것보다 더 중요한 것은, 자신이 끝까지 실천한 그 진심의 힘이 허투루 되지 않도록 살아내는 일이었다. 다산에게 치성이란 시대의 상황이나 외적 조건에 흔들리는 마음이 아니라, 고통 앞에서도 뜻을 꺾지 않고 자신에게 부끄럽지 않게 살아가려는 고요한 결의였다. 그는 유배지에서 단지 시간을 견딘 것이 아니라, 자신의 학문과 사유, 인격과 성정을 오롯이 구현해냄으로써 삶을 통해 진심을 증명해냈다. 그리고 그것이야말로 진정한 성(誠)의 완성이자, 치성이 지닌 가장 깊은 힘이었다. 다산의 삶은 치성이 단순한 도덕적 태도를 넘어, 자기 존재를 기만하지 않고 진심을 끝까지 실현해가는 실천의 윤리이자, 조용하고도 단단한 생의 힘이 될 수 있음을 우리에게 가르쳐준다.

이와 관련하여 『맹자』의 유명한 구절을 인용하면서, 이 장을 마치도록 하자.

> 하늘이 장차 그 사람에게 사명을 내리려 할 때는, 먼저 그의 심지(心志)를 괴롭게 하고, 뼈와 힘줄을 힘들게 하며, 육체를 굶주리게 하고, 그에게 아무것도 없게 하여 그가 행하고자 하는 바와 어긋나게 한다. 마음을 격동시켜 성질을 참게 함으로써 그가 할 수 없었던 일을 더 많이 할 수 있게 하기 위함이다.

9장

기계 시대와 인간의 삶

9장

기계 시대와 인간의 삶

관련 덕목
- 책임감
- 끈기

산업 혁명의 전개 과정과 유럽 사회

신항로 개척 이후 유럽 국가들의 식민 활동이 활기를 띠면서 시장과 경제권이 확대되었다. 광대한 시장의 확보는 상인과 제조업자들이 비약적으로 발전할 수 있는 기회가 되어 자본주의의 발달을 뒷받침하였다. 시장의 확대는 유럽 내부의 경제 활동을 자극하여 시장 판매를 목적으로 하는 상업적 농업과 수공업의 발전을 가져왔다. 또, 무역 활동이 활발해지고 시장이 확대되면서 상품의 수요가 크게 증가하였다.

그러나 중세의 폐쇄적인 길드 체제로는 늘어나는 수요를 충당할 수가 없었다. 이에 도시의 상업 자본가는 더 많은 이윤을 얻기 위해 선대제(先貸制, 상인 자본가가 농민에게 임금, 원료와 생산 도구를 제공하고, 완성된 제품을 판매하는 방식)와 매뉴팩처(manufacture, 자본가가 노동자를 한 장소(공장)에 모아 분업(分業)을 바탕으로 제품을 생산하여 판매하는 것으로 공장제 수공업을 의미함)의 자본주의적 생산 방식은 점차 길드에 의한 소규모 수공업 생산 방식을 대체해 나갔다.

근대 자본주의가 발전하기 위해서는 생산 방식의 변화를 통한 자본의 축적과 함께 생산 수단인 토지로부터 떨어져 나온 자유로운 임금 노동자가 필요하였다. 18세기 중반 영국에서는 근대 자본주의 발달에 필요한 요건들이 결합하면서 공업이 발달하고 있었다. 영국에서 산업 혁명이 시작될 무렵인 1776년에 애덤 스미스는 『국부론(國富論)』을 저술하였다. 이 책에서 스미스는 상업 자본과 중상주의적 정책들의 모순을 밝히고, 분업과 자유 교역에 입각한 자본주의의 자율적인 발전이 국가의 부(富)를 증진시킨다고 역설하여 고전 경제학의 토대를 쌓았다.

> 경제 활동에 참여하는 각 개인은 사회 공공(公共)의 이익을 촉진하려고 하지 않으며, 사회 공공의 이익에 어느 정도 이바지하고 있는지도 모른다, 다만 그들은 '보이지 않는 손(on invisible hand)'에 이끌려 자신들이 전혀 의도하지 않았던 목적을 촉진하는 것이다. 그들은 자기 자신의 이익을 추구함으로써 진실로 사회의 이익을 증진하고자 의도하였을 때보다 더욱 유효하게 사회의 이익을 증진하는 수가 많은 것이다. 통치자들은 경제에 간섭하지 말고 그대로 내버려 두어야 한다. 그러면 경제라는 조직체는 이윤을 추구하려는 개인들의 활발한 활동에 의해 기적에 가까울 정도로 잘 운영될 것이다 (애덤 스미스, 『국부론(1776)』).

다른 유럽 국가들에 비해 장원제가 일찍 해체된 영국에서는 모직물 공업을 중심으로 한 산업이 발전하고 있었고, 아시아와 아메리카 대륙에 걸친 넓은 식민지의 확보는 원료의 공급지 및 제품의 판매 시장 역할을 하면서 근대 자본주의 발달의 토대를 마련할 수 있었다. 두 차례에 걸친 인클로저(enclosure) 운동의 진행으로 토지를 떠난 농촌 인구가 도시로 이동함에 따라 산업 활동에 필요한 노동력이 충분하였고, 기계와 동력의 원료인 석탄, 철 등의 지하자원도 비교적 풍부하였다. 그리고 영국은 명예혁명 이래로 다른 유럽 국가들에 비해 정치와 사회가 안정되어 있었는데, 이런 정치적 안정은 경제가 발전할 수 있는 중요한 배경이 되었다.

미국의 독립 전쟁과 프랑스 혁명이 일어났던 18세기 후반, 영국에서는 인류 생활을 크게 바꿀 중요한 변화가 진행되고 있었다. 이 변화는 어느 한순간에 이루어진 것은 아니었지만 이후 유럽뿐만 아니라 전 세계에 엄청난 영향을 끼칠 산업 혁명이었다. 산업 혁명은 제품을 만들어 내는 생산 방식의 변화에서 시작되었는데, 그 변화의 중심은 면직물 공업이었다. 신항로의 개척 이후 값싸고 질 좋은 인도산 면화가 대량으로 들어오게 되자, 영국의 면직물 공업은 경쟁력을 상실하고 있었다. 이에 영국에서는 저렴하고 질 좋은 제품을 대량 생산하기 위한 자동 기계의 개발에 노력하면서 당면 과제를 해결하고자 하였다.

존 케이가 '플라잉 셔틀(flying shuttle: 나는 북)'을 설치한 직물 기계를 발명하였는데, 이 기계는 1명의 직공이 방적공 10명분의 실을 이용해 직물을 생산할 수 있는 자동화된 기계였다. 이로 인해 실이 부족해지자 값싸고 질긴 실을 생산하기 위해 제니 방적기(紡績機: spinning jenny), 수력 방적기와 같은 다양한 방적기가 발명되면서 면직물 공업의 기계화가 촉진되었다. 19세기에 들어와 섬유 산업은 영국 국민 소득의 약 10분의 1을 넘어서기 시작하였다. 1830년대 중반이 되자 수출품 중 면직물이 차지하는 비율은 약 50%로 늘어났으니 면직물 산업은 영국의 산업 혁명을 선도하며 진행되었다.

한편, 제임스 와트가 개량한 증기 기관이 18세기 후반부터 면직물 기계의 동력으로 사용되자 면직물 공업은 더욱 급속도로 발전하였다. 기계를 손으로 작동시키지 않고, 증기 기관과 같은 동력 기관을 이용해 작동시키지 않고, 증기 기관과 같은 동력 기관을 이용해 작동시키면서 생산력이 크게 증가하였다. 증기 기관은 면직물 공업뿐만 아니라 제철·석탄·기계 공업 등에도 이용되어 공업 발달을 촉진하는 등 관련 산업 분야가 서로 영향을 끼치면서 발전하였다.

산업 혁명과 노동자 문제

산업 혁명이 확산되어 공장제 기계 공업이 발달하면서 다양한 제품들이 대량으로 생산되었다. 증기 기관차, 증기선을 통해 제품들이 먼 거리까지 빠르게 운반되자 많은 사람들이 값싼 상품을 살 수 있게 되었다. 공업화를 추진하던 유럽의 선진 열강들은 더 값싼 원료를 확보하고, 더욱 넓은 시장을 차지하기 위해 해외 식민지 개척에도 열을 올렸다.

산업화는 농촌 중심의 농업 사회를 점차 공업 중심의 산업 사회로 변모시켰다. 19세기 중엽까지도 대부분의 국가에서는 여전히 농업과 같은 1차 산업이 큰 비중을 차지하고 있었지만, 공업화가 진전된 국가에서는 공산품 제조업, 교통 산업과 같은 2, 3차 산업의 비중이 점차 높아졌다. 산업 혁명으로 인한 경제 변화는 산업 자본가와 임금 노동자라는 사회 계급의 출현을 낳았다.

19시기 중엽을 지나 산업화가 급격히 진행되면서 도시로 몰려드는 사람들의 수는 계속 증가하였다. 설치가 용이(容易)한 증기 기관의 사용이 늘면서 어느 곳이건 지역만 선정되면 공장이 들어설 수 있게 되었다. 새로운 공장 지대에 도시가 만들어지고 인구 이동이 촉진되면서 도시화 현상은 이제 하나의 중요한 흐름이 되었다. 산업화와 도시화가 진행된 유럽과 미국의 도시들은 수많은 사람들로 넘쳐났다. 특히, 노동자들을 위한 주택이 지어졌지만 허름하고 불량한 것이 대부분이었다. 노동자들이 거주하는 지역은 위생 시설을 거의 갖추지 못하였기에 콜레라와 같은 전염병이 자주 발생하였다. 도시 행정의 담당자들은 이를 해결하기 위한 여러 정책을 추진하기 시작하였다. 낡고 노후한 건물을 정비하고 깨끗한 물을 공급하였으며, 가스를 공급해 거리의 가로등을 밝히면서 도시의 구조를 바꾸기 위한 다양한 방법들을 모색하기 시작하였다.

산업 혁명으로 인한 기계화와 대량 생산에 힘입어 이전보다는 좀 더 많은 사람들이 물질의 풍요와 생활의 편리를 누리게 되었다. 기계가 하는 일은 더 빠르고 사람의 노동력을 동원했을 때와는 비교할 수 없을 만큼 저렴하여 많은 사람들이 혜택을 입기도 하였다. 하지만 이와는 반대로 여러 가지 문제도 발생하였다. 기계화와 산업화로 몰락하게 된 수공업자와 자영 농민들은 대거 도시로 유입되어 공장의 노동자가 될 수밖에 없었다. 이들의 값싼 노동력을 이용한 자본가들은 더욱 많은 부를 쌓아 갔지만, 산업 혁명 초기에 노동자들의 노동 조건은 별로 개선되지 않았다. 도시로 모여든 사람들은 대부분 임금 노동자로 전락하였다. 도시 노동자들은 인간다운 생활을 요구했지만 고용주와 정부 당국은 이들의 요구를 외면하거나 무참하게 짓밟아 버렸다.

노동자들은 작업 환경이 더 나빠지면 악덕 고용주에 항의도 하고 더 나아가 기계를 파괴하며 울분을 밖으로 나타내기도 하였다. 노동자들의 투쟁은 정부와 고용주의 가혹한 탄압으로 대부분 실패로 끝났지만, 노동자들로 하여금 보다 철저히 조직을 만들어 투쟁해야 한다는 사실을 깨닫게 해주었다.

이후 노동자들은 자신들의 이익을 대변하는 노동조합 결성을 시도하고 이를 합법화하기 위한 운동을 벌였다. 노동조합은 노동자들의 장시간 노동과 낮은 임금 및 열악한 노동 조건 등 열악한 노동 환경을 개선하기 위해 노력하였다. 나아가 노동자들의 참정권을 획득하기 위해 정치권에 압력을 가하고 자신들의 이익을 대변하는 정당을 지지하기도 하였다. 19세기 중엽 이후 유럽에서 지속적으로 전개된 노동 운동을 통해 노동조합은 노동자들의 진정한 대표로 점차 인정받게 되었다.

노동조합은 산업 혁명의 여러 폐단과 불의에 대한 항의로 생겨났다. 노동조합은 결성 초기에 공장주나 기득권 세력의 광범위한 적의와 법적인 장애로 많은 시련을 겪었다. 산업화가 일찍 진행된 영국에서도 1800년에 제정된 결사 금지법을 통하여 노동조합을 불법화하였다. 하지만 많은 실패와 좌절을 겪으면서도 노동자들의 지지를 받은 노동조합의 영향력은 더 강력해졌다. 1824년 결사 금지법이 폐지되고, 1871년에는 노동조합법이 제정된 영국을 시작으로 20세기 초에는 프랑스·독일 등지에서 노동조합이 확실한 지위를 차지하고 활동하였다.

산업화가 진전되고 자본주의가 발달하면서 실업 문제, 자본가와 노동자의 대립, 환경 문제와 같은 여러 사회 문제가 발생하였다. 빈부 격차가 심화되었고 노동자들 중에는 최소한의 인간다운 생활도 보장받지 못하는 사람도 있는 상황이 계속되었다. 이에 일부 지식인들 사이에 자본주의를 비판하고 자본주의 사회와는 구별되는 새로운 사회를 지향하는 사회주의 사상이 출현하였다. 19세기에 등장한 사회주의는 노동 문제를 해결하기 위한 방법으로 생산 수단인 자본의 공유 또는 사회화를 통하여 자본주의 체제의 모순을 극복하자는 사상이다.

　사회주의 사상가들은 기계나 공장, 토지와 같은 생산 수단을 개인이 소유해서는 안되고 사회 공동의 소유가 되어야 한다고 보았다. 이들은 자본주의의 사유 재산 제도의 불합리한 면을 비판하고, 빈부(貧富)의 차이가 없는 평등한 사회를 이룩하고자 하였다. 영국의 오언, 프랑스의 생시몽, 푸리에와 같은 초기의 사회주의자들은 자본가에 대한 노동자의 계급투쟁을 강조하였다. 초기 사회주의 운동을 대표하는 오언은 스코틀랜드에 뉴 라나크(New Lanark)라는 생산과 소비를 일치시키자는 작업 공동체를 세워 자신의 인도주의적 이상을 실천하려고 하였다. 그곳에서 10세 미만의 어린이는 노동 대신에 공동체에서 운영하는 교육을 받게 하고, 10세에서 18세의 노동자들의 야간 노동을 금지하였다. 또한, 생산과 분배를 평등하게 하는 등의 세부 규정을 정하여 노동자들의 노동 조건 개선을 통한 생산력의 증대를 모색하였다. 오언의 시도는 영국에서 상당한 성과를 거두었고, 이를 바탕으로 미국에도 뉴 하모니(New Harmony)라는 공동체를 건설하여 자신의 신념을 실현하려는 열의를 보였다. 하지만 자본주의의 냉혹한 현실을 바꾸어 보려던 오언의 노력은 생산과 소비의 불균형이 확대되면서 끝내는 견고한 뿌리를 내리지 못하고 실패로 끝났다. 마르크스와 엥겔스는 이러한 오언의 시도를 '공상적(Utopian) 사회주의'라고 비판하였다.

　특히, 마르크스는 '자본론'에서 유물사관(唯物史觀)을 기초로 자본주의의 구조를 날카롭게 분석하여 자본주의 사회는 종말을 맞이하고 노동자들이 생산의 주인공이 되는 사회주의 사회가 건설된다는 논리를 전개하였다. 이런 사회주의 사상의 영향으로 독일·프랑스·영국 등에서는 사회주의 정당이 출현하였으며, 19세기 후반에는 국제적인 노동 운동이 전개되었다. 그러나 참정권의 확대로 민주주의가 발달함에 따라 유럽과 미국에서는 폭력과 혁명 대신 의회 정치를 통하여 점진적인 방법으로 사회주의를 실천하려는 사회 민주주의가 등장하였다.

📋 철학자의 이야기

📝 기계의 등장과 인간 소외: 마르크스적 시선

기술(또는 기계)은 인간을 해방시켰는가? 이 물음은 단순한 진보의 환상을 넘어, 기술이 인간 삶의 구조와 의식을 어떻게 변화시키는지를 물어야 한다. 카를 마르크스(Karl Marx, 1818-1883)는 기술을 단순한 도구가 아닌 사회를 변화시키는 구조적 힘으로 보았다. 마르크스에게 기술, 즉 기계화는 단지 자본의 이윤을 늘리는 도구가 아니라, 노동자의 자율성과 주체성을 말살하는 구조적 장치였다. 기술이 발전할수록 노동은 점점 더 세분화되고 단순화되며, 노동자의 역할은 전체 생산과정에 대한 이해나 통제가 불가능한, 기계의 부속품 같은 위치로 전락한다. 그 결과 노동자는 자신의 일에 대해 창조적 결정권을 상실하고, 자기 노동의 목적과 결과를 인식하지 못한 채, 시스템에 의해 자동적으로 움직이는 기능적 존재가 된다. 이는 인간의 본질적 자기실현 방식으로서의 노동이, 더 이상 정체성과 자아를 표현하는 수단이 되지 못함을 뜻한다.

마르크스는 『경제학-철학 수고』에서 이러한 상태를 노동의 소외(alienation)라 명명한다. 인간은 본래 노동을 통해 자연과 관계 맺고, 자신을 실현하는 존재이지만, 자본주의에서 노동은 인간의 본질을 왜곡한다. 그는 말한다. "노동자는 부를 많이 생산하면 할수록 더욱더 가난해진다. 노동자가 상품을 더 많이 창조할수록 그는 더 값싼 상품이 된다." 이는 단순한 경제적 착취가 아니라, 존재론적 수준의 소외이며, 인간이 자기 삶의 주체로서 설 자리를 잃는 구조적 문제다. 이러한 차원에서 마르크스와 프리드리히 엥겔스(Friedrich Engels, 1820-1895)가 작성한 『공산당선언』은, 기계화와 분업이 인간 노동의 자율성을 어떻게 파괴하는지를 날카롭게 지적한다.

> 프롤레타리아의 노동은 기계 장치의 확대와 분업으로 자립성을 상실했고 따라서 노동자들에게도 매력을 상실했다. 그들은 기계의 단순한 부품이 되었는데, 이 부품에게 요구되는 것은 가장 단순하고 가장 단조로우며 가장 쉽게 배울 수 있는 손동작일 뿐이다.

『공산당선언』은 인간이 자신의 본질적 활동인 노동을 통제하지 못하고 오히려 그 산물에 지배당하는 상태를 잘 그려내고 있다. 현대 사회의 플랫폼 노동, 자동화된 노동 현장, 감시체계 아래 놓인 노동자 등은 인간 소외 개념에 부합할 것이다. 배달앱이나 택배 시스템에서 노동자는 자신의 노동을 스스로 통제하지 못하며, 알고리즘이 설계한 '최적 경로'에 따라 움직인다. 이는 자율의 상실이며, 자기 삶을 계획하고 조절할 수 있는 능력의 위축이다. 이처럼 기술은 인간의 노동을 지식·기술·자율성이 담긴 창조적 행위가 아니라, 기계 반복의 흐름 속에서 대체 가능한 동작으로 축소시킨다. 노동자는 더 많은 생산을 할수록 점점 기계의 리듬에 복속된 비개성적 존재로 바뀌어 간다.

영화 『모던 타임스』에서, 채플린은 공장 노동자로 등장해 끝없이 컨베이어 벨트 위에서 볼트를 조이는 반복적인 작업을 수행한다. 그의 몸짓은 기계의 일부처럼 자동화되고, 그는 점점 인간성을 상실해가는 '기계의 부속품'이 되어버린다. 그리고 노동자가 더 많은 상품을 생산할수록 그가 만든 상품은 자본가에게 이윤을 가져다주지만, 그 자신은 임금

외에는 아무것도 소유하지 못하며, 오히려 상품보다도 '싼 존재'가 된다. 그러므로 마르크스는 "노동자는 부를 많이 생산하면 할수록, 그의 생산의 힘과 범위가 증대될수록, 더욱더 가난해진다. 노동자가 상품을 더 많이 창조할수록 그는 더 값싼 상품이 된다(『경제학-철학 수고』)."라고 하였다.

하지만 마르크스는 기술 자체를 악으로 보지 않았다. 그는 기술이 자본주의 하에서 지배의 도구로 쓰이지만, 동시에 노동 해방의 조건이 될 수 있다고 보았다. 기술이 노동의 부담을 줄이고, 여가를 창출하며, 인간의 자연지배력을 확장할 수 있기 때문이다. 다만 이러한 잠재력은 기술에 대한 통제권이 누구에게 있는가에 달려 있다. 노동자들이 생산수단을 공동으로 소유하고, 기술을 자기 삶을 주체적으로 조직하는 도구로 사용할 수 있을 때, 기술은 비로소 인간 해방의 길이 된다. 물론 이러한 마르크스의 구상이 현실적인지는 각자의 판단에 맡기겠다. 기술이 인간을 오히려 소외시킨다는 마르크스의 통찰은, 오늘날에도 유의미한 성찰을 제공한다.

📜 기술이성의 비판: 호르크하이머와 아도르노의 시선

현대 문명은 스스로를 '합리적'이고 '계몽된' 사회라 자부한다. 하지만 마르크스의 영향을 받은 호르크하이머(Max Horkheimer, 1895-1973)와 테오도어 아도르노(1903-1969)는 이러한 낙관주의에 근본적인 의문을 던졌다. 그들은 『계몽의 변증법』에서, 인간의 이성이 기술 발전과 결합하면서 '도구적 이성'으로 퇴화했다고 주장했다. 도구적 이성이란, 어떤 목표를 얼마나 효과적으로 달성하느냐만을 중요시하고, 그 목표 자체의 정당성이나 윤리성은 고려하지 않는 이성이다. 호르크하이머와 아도르노가 보기에, 계몽은 본래 인간을 미신과 억압으로부터 해방시키기 위한 이성이었다. 그러나 계몽은 점차 수단과 효율만을 강조하는 기계적 합리성으로 전락하며, 모든 것을 계산하고 관리 가능한 대상으로만 바라보는 시각을 확산시켰다. 그러나 우리 모두 이러한 도구적 이성이 20세기 인류에게 어떠한 파국을 가져왔는지는 알고 있다.

이러한 분석은 단지 철학 이론에 머무르지 않는다. 아도르노와 호르크하이머는 이 이성이 현대 대중문화와 산업 시스템에까지 침투했다고 본다. 이들은 대중매체, 광고, 오락 등으로 구성된 현대의 문화산업(Kulturindustrie)을 기술지배의 또 다른 형태로 보았다.

> 기술과 사회의 분화와 전문화가 심화됨으로써 문화적 혼란이 초래되었다는 사회학적 견해는 매일매일 거짓임이 드러나고 있다. 왜냐하면 오늘날 문화는 모든 것을 동질화시키기 때문이다. 영화와 라디오와 잡지는 개개 분야에 있어서나 전체적으로나 획일화된 체계를 만들어내고 있다(『계몽의 변증법』).

사람들은 스스로 선택한다고 생각하지만, 실제로는 표준화된 콘텐츠, 계산된 쾌락, 조작된 정보 속에서 살아간다. 이 모든 것이 인간을 사유하지 못하게 만들고, 순응적인 소비자로 전락시킨다. 이처럼 기술은 인간의 자유를 확장하는 도구가 아니라, 비판적 사유를 제거하는 정교한 억압 장치로 작동할 수 있다. 문화에 관한 "이러한 기술적 설명 뒤에 은폐되어 있는 것은, 기술이 사회에 대한 통제력을 획득할 수 있는 기반은 사회에 대한 경제적 강자의 지배력이라는 사실이다. 오늘날 기술적 합리성이란 지배의 합리성 자체이다(『계몽의 변증법』). 기술은 중립적이거나 자동적으로 인간에게 이익을 가져다주는 것이 아니다. 그것은 언제나 특정한 권력 관계와 결합하여 작동하며, 그 권력은 주로 경제적 지배층의 이익을 관철시키는 방향으로 기술을 조직하고 발전시킨다.

따라서 오늘날의 기술문명은 단순한 '효율성의 향상'이 아니라, 지배 논리의 정당화이자 체계화된 통제 구조라 할 수 있다. 광고 알고리즘이 인간의 감정과 소비를 유도하고, 미디어 플랫폼이 여론을 관리하며, 교육이나 오락조차 정해진 패턴으로 대체되는 사회에서, 인간은 더 이상 자신의 욕망과 판단을 스스로 형성하는 존재가 아니다. 그는 시스템이 제공하는 선택지 안에서 '선택한다고 믿는' 소비자로 기능할 뿐이다. 호르크하이머와 아도르노가 비판한 것은 바로 이러한 상황-기술이 인간의 사유를 대체하며, 자유마저 시뮬레이션해주는 사회-이다. 그들에게 진정한 계몽이란, 단지 기술을 발전시키는 것이 아니라, 기술과 이성이 어떤 방식으로 인간을 규정하고 있는지를 성찰하고, 그로부터 자기 자신을 거리 두고 비판할 수 있는 능력을 회복하는 것이다. 다시 말해, 도구적 이성으로부터 벗어나기 위한 윤리는 기술을 넘어선 인간 자신의 반성과 실천에서 출발해야 한다.

사실 『계몽의 변증법』은 나치즘의 참극 이후 쓰였다는 점에서 더욱 의미심장하다. 두 철학자는 야만의 비극이 단지 '이성의 부족' 때문이 아니라, 오히려 "너무나 잘 조직된 합리성", 즉 수단화된 이성이 무비판적으로 작동한 결과라고 지적했다. 가스실, 전쟁 기술, 정보 통제 등은 모두 이성의 이름 아래 기술적으로 조직되었고, 사람들은 '시스템'이라는 이름으로 그에 복종했다. 기술과 이성이 결합된 문명은 인간의 삶을 향상시킬 수도 있지만, 비판을 상실한 채 작동하면 오히려 가장 비인간적인 폭력을 정당화할 수 있는 것이다. 이러한 상황에서 호르크하이머와 아도르노의 사유는 경고를 넘어선 실천적 요청이다. 인간은 기술과 이성을 거부할 수 없다. 하지만 그것이 어떤 목적을 위해 작동하는가, 누구를 위한 합리성인가를 끊임없이 질문하고 감시해야 한다. 기술이성을 무비판적으로 수용하지 않고, 자기 삶을 스스로 성찰하는 인간, 그것이 이들이 지향한 '해방의 이성'이다.

기술시대의 책임: 한스 요나스의 시선

우리는 지금, 기술이 상상할 수 없을 만큼 진보한 시대를 살고 있다. 인공지능, 유전자 편집, 핵무기, 기후조작까지… 인간은 이제 단순히 자연을 지배하는 존재를 넘어, 자연 자체를 다시 설계할 수 있는 존재가 되었다. 하지만 현대 기술은, 유토피아에 대한 우리들의 피상적인 기대와는 달리, 인류의 생존을 위협하는 부메랑으로 되돌아온 것도 사실이다. 그리고 이러한 기술 문제로 인한 대가를 대부분 미래적 차원에서 치러야 한다는 점에서, 기존의 윤리 체계로는 한계가 있다. 전통 윤리학은 대체로 개별 행위자의 단기적인 결과를 중심으로 설계되어 있다. 하지만 현대 기술은 단 한 번의 결정이 수십 년 뒤, 세대를 건너뛰어, 예측 불가능한 대규모 결과를 낳을 수 있다. 유전자 조작은 돌이킬 수 없는 생명 구조의 변화로 이어질 수 있고, 기후 기술은 몇 세대 이후 지구 생태계 전체에 영향을 줄 수 있다.

예컨대, 핵무기는 단 한 번의 오작동이나 정치적 오판만으로도 수많은 생명을 즉각적으로 파괴할 수 있는 대량살상 기술이며, 여전히 인류 전체를 인질로 삼고 있다. 유전자 편집 기술은 생식세포를 통해 인간의 본성을 돌이킬 수 없이 바꿔놓을 가능성을 열어주었으며, 이는 윤리적 검증 없이 실행될 경우 '생명 설계'의 시대를 불러올 수 있다. 인공지능(AI)은 통제 불가능한 자동화와 인간의 판단 능력 대체를 초래할 수 있으며, 이미 군사, 금융, 노동 등 핵심 영역에서 인간의 권한을 넘어서기 시작했다. 기후조작 기술(지오엔지니어링)은 기후 위기를 해결하기 위한 '인위적 개입'이지만, 한 번의 실험으로 지구 전체 생태계에 돌이킬 수 없는 손상을 줄 수 있다는 점에서 지구적 규모의 윤리 문제를 동반한다. 이처럼 현대 기술은 이제 국지적 실험이 아닌, 문명 전체의 미래를 결정짓는 수준의 위험을 동반하고 있다.

바로 이 지점에서 한스 요나스(Hans Jonas, 1903-1993)는 『책임의 원칙』에서 전통 윤리학이 감당하지 못하는 기술문명의 도전에 대해 응대하고 있다. 요나스의 핵심 주장은 분명하다. 인간은 이제 단순한 도덕 행위자가 아니라, 생명과 미래를 창조하거나 파괴할 수 있는 능력을 지닌 존재가 되었다. 이처럼 기술이 전례 없는 '미래형 권력'을 생성해 냈다면, 이에 상응하는 새로운 도덕적 의무가 필연적으로 요청된다. 즉 이전에는 고려할 필요가 없었던 결과들-예컨대 미래 세대의 생존 조건-을 고려하는 윤리적 사고의 확장이 필요하다. 이러한 방법론으로 요나스는 '공포의 발견술'을 제시한다.

> 우리는 살인이 없었다면 아마 생명의 신성함을 알지 못했을지도 모르며, 또 '살인하지 말라'는 도덕적 명령이 이 신성함을 분명하게 보여주지 못했을지도 모른다. 그리고 거짓이 없었다면 진실의 가치를 알 수 없었을지도 모르며, 부자유가 없었다면 자유를 알 수 없었을지도 모른다. 마찬가지로 우리가 찾고 있는 미래 책임에 관한 윤리의 경우에도 예견된 인간의 왜곡이 비로소 이런 일을 당하지 않도록 보호

할 수 있는 인간 개념을 발전시킬 수 있도록 해준다. (…) 도덕철학은 우리의 희망보다는 공포를 논의의 상대로 삼아야 한다. 비록 가장 두려워하는 것이 반드시 공포의 가치를 가지고 있는 것은 아니며, 더더욱 그 반대가 필연적으로 최고선은 아니며, 또한 공포의 발견술이 비록 선의 탐구에 있어서 마지막 수단은 아니지만, 그것은 상당히 유익한 첫 단어임에 틀림없다(『책임의 원칙』).

요나스가 말한 이 구절은 기술 시대의 윤리가 단지 이상과 낙관의 언어만으로는 정당화될 수 없음을 보여준다. 그는 미래에 일어날 수 있는 최악의 사태를 먼저 상상하는 능력, 즉 '공포의 발견술(heuristics of fear)'을 윤리의 출발점으로 제시한다. 이는 단순한 감정이 아니라, 인간이 기술의 위력 앞에서 책임을 인식하고 자기를 절제할 수 있게 하는 도덕적 상상력이다. 기술은 언제나 할 수 있는지를 묻지만, 공포는 해도 되는지를 묻는다. 이 물음은 윤리를 추상적인 원칙이 아니라 존재를 지키기 위한 실천적 성찰의 과정으로 바꾼다. 공포는 윤리를 약화시키는 감정이 아니라, 기술 시대에 인간이 다시 윤리적 존재로 서기 위한 첫 감각이다. 요나스가 말했듯, 그것은 "선의 탐구에 있어서 가장 유익한 첫 단어"이다.

전통 윤리는 희망을 기초로 하여 "이것이 좋은 결과를 낳을 것이다"라는 기대를 전제로 하지만, 기술사회에서는 예상 가능한 최악의 결과를 먼저 상상하는 윤리적 상상력이 우선되어야 한다. 공포는 여기서, 도덕적 상상력과 책임의 계기로 작동한다. 기술의 영향은 너무나 크고 불확실하며, 일단 발생하면 되돌릴 수 없기에, 공포는 과감한 실천이 아니라 신중한 자제를 불러일으키는 윤리적 태도다. 이 점에서 요나스는 윤리의 기준을 '지금 이곳의 인간'에서 '아직 오지 않은 미래 존재들'로 전환하고자 한다. 생명공학, AI, 핵무기 등에서 우리는 기술적으로 가능한 일이 반드시 윤리적으로 정당화되는 것은 아님을 깨닫고 있다. 요나스는 기술의 '가능성'이 아니라 '책임성(responsibility)'을 기준으로 삼아야 한다고 말한다. 즉, 기술이 인간의 전능성을 확대시켰다면, 윤리는 그 전능성에 대한 겸허함과 자기 제한의 원리로 응답해야 한다.

요나스가 지양한 것은 바로 기술에 대한 유토피아적 해석이다. 그는 기술이 더 나은 미래를 보장할 것이라는 무비판적 낙관을 경계하며, 오히려 예측 불가능한 미래 앞에서 책임질 수 있는 용기, 즉 '불확실성에 대한 도덕적 응답 능력'을 강조했다. 이 용기는 단지 위험을 감수하는 태도가 아니라, 위험을 감지하고 그에 앞서 조절하려는 윤리적 민감성이다. 그것은 아직 존재하지 않는 타자를 향한 책임, 즉 미래세대와 생명 전체에 대한 도덕적 사유의 확장이며, 인간이 다시 '윤리적 존재'로서 살아가기 위한 가장 절박한 요청이다.

결국 요나스가 우리에게 던지는 질문은 단순하다. "할 수 있는가?"가 아니라 "해도 되는가?", "지금 나에게 이로운가?"가 아니라 "미래의 누군가에게 어떤 세계를 남길 것인가?"이다. 기술은 인간의 힘을 증대시켰지만, 그 힘의 방향을 결정하는 것은 결국 윤리적 상상력이다. 기술은 잠재적으로 생명을 위협하는 도구가 될 수도 있지만, 반대로 생명을 보호하고 존중하는 도구로도 사용될 수 있다. 그 갈림길에서 요나스는 두려움에서 시작하는 책임의 윤리, 그리고 미래를 위한 절제의 용기를 요청한다. 그것이야말로 기술문명 속에서 인간이 여전히 도덕적 존재로 남기 위한 최후의 조건이다.

10장

혐오를 넘어 공존으로

10장

혐오를 넘어 공존으로

> **관련 덕목**
> - 포용
> - 공정성

역사학자의 이야기

제국주의의 대두와 전개 과정

산업 혁명 이후 유럽의 자본주의는 급속히 발전하여 19세기 후반에 독점 자본주의(소수의 거대한 기업이 시장을 지배하는 자본주의의 독점적 단계로 기업이 경제뿐만 아니라 정치·사회·문화에도 영향을 미치는 것)가 나타났다. 이에 서양 열강은 더 큰 이익을 위해 다른 지역을 강제로 식민지로 삼아 원료를 약탈하고 상품을 판매하였으며 잉여(剩餘) 자본을 투자하였다. 국민들도 식민지가 실업(失業) 등 국내 문제를 해결하고 국가의 위신을 높여주는 수단이라고 생각하여 국가의 침략 정책을 지지하였다. 이에 월등한 군사력을 앞세워 약소국을 식민지로 삼아 지배하는 유럽 열강의 팽창주의적 정책을 제국주의(帝國主義)라고 한다.

제국주의는 사회 진화론(다윈의 진화론을 사회에 적용하여 우월한 나라나 민족이 열등한 나라나 민족을 지배하는 것을 합리화)의 영향으로 식민지를 문명화한다는 명분을 내세우며 전개되었다. 이것은 백인종은 우월하고 황인종이나 흑인종은 미개하다는 인종적 우월감으로 이어졌으며, 강대국이 약소국을 지배하는 것을 정당화하기도 하였다.

16세기 초 포르투갈은 유럽 국가들 중에서 가장 먼저 동남아시아로 진출하여 향료 무역을 독점하였다. 이후 에스파냐는 마젤란의 항로(航路) 개척 이후 필리핀을 식민지로 삼아 지배하였다. 그러나 포르투갈과 에스파냐는 점차 다른 유럽 국가들에 의해 동남아시아에서 밀려나게 되었다. 네덜란드는 동남아시아 지역에서 무역 활동을 하던 포르투갈을 밀어내고 자와(Jawa)를 거점으로 동인도 회사를 설립하였다. 동인도 회사는 17세기 초 영국·네덜란드·프랑스 등이 아시아와 아프리카에 대한 무역 독점권을 확보하기 위해 설립한 회사이다. 이들은 독자적으로 무장 군인들을 소유하였으며, 국가를 대신해서 이 지역의 식민지를 경영하는 권한을 부여받았다. 영국의 동인도 회사는 인도 무역에, 네덜란드의 동인도 회사는 주로 자카르타를 중심으로 인도네시아와의 향신료 무역에 힘썼다. 각국의 동인도 회사들은 무역을 통해 얻은 많은 이익을 국가에 제공하여 자본주의 형성과 제국주의 확대에 큰 영향을 끼쳤다.

또한, 인도네시아를 기반으로 향료(香料) 무역을 독점하고 플랜테이션(Plantation: 열대 및 아열대 지역에서 대규모로 상업적 작물을 재배하는 농업 형태 선진국의 자본과 기술을 바탕으로 원주민의 값싼 노동력을 이용하여 수출용 작물을 단일 재배)을 통해 원주민(原住民)을 착취하였다.

네덜란드에 이어 아시아 침략을 주도한 나라는 영국과 프랑스였다. 영국은 동인도 회사를 앞세워 인도 무역을 주도하였는데, 플라시 전투에서 프랑스를 물리친 후 인도를 간접 지배하였다. 이어 영국은 세포이의 항쟁 이후 영국령 인도 제국을 성립하여 직접 지배하였으며, 미얀마를 인도 영토에 편입하였다. 인도에서 영국에 밀려난 프랑스는 베트남에 군대를 파견하여 베트남을 보호국(保護國)으로 만들었다. 이어 청과의 전쟁에서 승리한 후 베트남의 지배권을 장악하였다. 그 후 프랑스는 베트남과 캄보디아·라오스를 합쳐 프랑스령 인도차이나 연방을 수립하였다(1887).

중앙아시아 지역과 서아시아 지역은 오스만 제국의 쇠퇴와 함께 유럽 열강들에 의해 분할되기 시작하였다. 중앙아시아 지역은 러시아의 남하 정책과 함께 이를 저지하기 위한 영국과의 대립 속에서 영토 분할이 이루어졌다. 서아시아 지역에서는 영국과 독일, 러시아 등이 철도 부설을 통해 그 지배권을 확보하고자 하였다. 특히, 이 지역은 제1차 세계 대전 이후 석유가 대규모로 매장되었다는 것이 확인되면서 열강들의 진출이 더욱 활발히 전개되었다.

제국주의 열강들의 영토 분할은 태평양 섬 지역에서도 이루어졌다. 영국, 프랑스, 독일, 미국 등이 이 지역에서 경쟁적으로 식민지를 확보하였는데, 이는 제국주의 열강들의 침략 정책을 잘 보여주는 것이었다. 영국은 오스트레일리아와 뉴질랜드를 차지하였고, 프랑스와 독일도 남태평양의 여러 섬을 차지하였다. 미국은 남북 전쟁 이후 국가 통합과 급속한 자본주의 발전을 이루었으며, 태평양 섬 지역의 식민지 쟁탈에 가장 적극적으로 나섰다. 에스파냐와의 전쟁에서 승리한 미국은 쿠바와 푸에르토리코를 얻어 카리브 해(海)를 장악하였고 필리핀도 차지하였고, 괌과 하와이를 차지하여 태평양으로 세력을 확장하였다. 또한 미국은 대서양과 태평양을 잇는 파나마 운하를 건설하여 라틴아메리카에 대한 영향력을 더욱 확대하였다.

드레퓌스 사건과 1차 세계대전 이전 유럽 사회의 유대인 혐오 문제

　드레퓌스 사건은 서양 역사에서 정치·경제·사회·문화 여러 측면에 걸쳐 엄청난 파문을 일으킨 사건이라 할 수 있다. 이 사건은 박진감 있는 인간 드라마였으며 역사 발전의 과정과 그 단면을 극명하게 드러내 주는 사건이었다. 유대인 집안 출신의 프랑스 군인 드레퓌스가 독일에 군사 기밀을 넘긴 스파이로 몰린다. 드레퓌스는 군법회의에서 유죄 판결을 받고 남아메리카의 고도(孤島)로 유형(流刑)을 가게 되었다. 그러나 진실을 추구하는 지식인들의 죽음을 무릅쓴 용기와 끈질긴 행동 끝에 드레퓌스는 억울한 누명을 벗게 되었다.

　드레퓌스라는 유대인 출신 프랑스 대위가 독일에 군사 기밀을 넘겼다는 허위 사실에 의해 대역죄(大逆罪)의 무거운 죄명을 썼고, 대다수의 프랑스 국민과 언론이 반(反)독일 감정과 반(反)유대인 감정으로 인해, 이 허위 사건을 진실로 받아들였다. 그런데 피카르 소령이라는 인물이 드레퓌스의 무죄를 밝히려 하면서 사건은 다시 프랑스 전(全) 국민적인 관심을 받게 되었다. 피카르 소령은 프랑스 군부의 젊은 장교로 무고(誣告)한 사람(유대인 드레퓌스)이 억울한 죄를 쓰고 고통을 당하는 것을 그대로 둘 수 없다는 신념을 가졌다. 피카르 소령은 자신의 군부 내에서의 출세나 안위 등의 문제를 뛰어넘어 드레퓌스 사건의 문제점을 제기하여 군부 내의 상관들과 충돌하게 되었다. 이에 따라 당시 프랑스 내의 정치인, 문인(文人), 법률가 등의 지식인들이 드레퓌스의 구명(救命) 운동을 전개하며 드레퓌스 사건에 대한 '재심(再審)요구'를 하게 되었다.

　이 재심요구 운동은 당대 최고의 지식인으로 평가받는 에밀 졸라(Émile Zola, 1840-1902)에 의해 획기적인 전기를 맞게 되었다. 무고한 드레퓌스가 유대인이라는 이유로 범인으로 몰린 사실에 격노한 프랑스의 대문호 에밀 졸라가 "나는 고발한다"라는 글을 1898년 1월 신문에 게재하여 군부의 부도덕성을 대중에게 고발하며 진실을 알렸다. 이 글은 가히 폭발적인 영향력을 발휘하며 대중을 분노하게 만들었고, 프랑스 사회는 본격적으로 드레퓌스파(재심파)와 반드레퓌스파(재심반대파)로 나뉘어 내전(內戰) 수준에 준할 정도로 격렬하게 투쟁하였다. 시위, 폭동, 결투, 테러, 빈번한 폭력 사태와 유혈 충돌이 벌어졌고, 가족 간에도 이 문제로 인하여 심하게 다투는 일이 벌어졌다. 드레퓌스 사건은 정치적인 쟁점으로 비화되었고 국제사회도 이 일에 관심을 가지게 되었다. 에밀 졸라는 『로로르(L'Aurore)지(紙)』에 '나는 고발한다!(J'accuse!)'라는 제목으로 드레퓌스 사건에 대한 자신의 견해를 밝혔다. 에밀 졸라가 언론을 통해 발표한 공개장은 드레퓌스 사건 재심요구 운동에 결정적인 힘을 주었고, 그 후 에밀 졸라는 재심요구파의 중심인물이 되었다. 그런데 드레퓌스의 무죄를 증명하는 진실을 위한 투쟁은 험난했다. 프랑스를 뒤흔들고 전 세계의 이목을 집중시키는 수년간의 치열한 투쟁 끝에 유대인 드레퓌스를 범인으로 몰아넣은 허위를 밝혀낼 수 있었다.

진실, 저는(에밀 졸라) 진실을 말하겠습니다. 왜냐하면 정식으로 재판을 담당한 사법부가 만천하에 진실을 밝히지 않는다면 제가 진실을 밝히겠다고 약속했기 때문입니다. 제 의무는 말(言)을 하는 겁니다. 저는 역사의 공범자(共犯者)가 되고 싶지 않습니다. 만일 제가 공범자가 된다면, 앞으로 제가 보낼 밤(夜)들은 가장 잔혹한 고문으로 저지르지도 않은 죄를 속죄하고 있는 저 무고한 사람(드레퓌스를 지칭함)의 유령으로 가득한 밤이 될 겁니다(에밀 졸라, 『나는 고발한다』).

또한 드레퓌스 사건은 법의 문제, 공정한 재판의 문제를 부각시켰다. 드레퓌스가 종신유형(終身流刑)의 처벌을 받은 법정(法庭)은 법이 제 역할을 하지 못하고 정치적 영향력이 더 강하게 작용한 법정이었다. 드레퓌스 사건을 계기로 무고한 사람이 처벌되지 않고 진실이 허위를 누를 수 있도록 하기 위해서는 공정한 재판이 보장되어야 한다는 개념이 확립되었다. 드레퓌스 사건이 진행되던 19세기 말의 프랑스는 공정한 재판 제도의 확립을 놓고 일대 홍역을 치른 것이라 할 수 있다.

드레퓌스 사건은 안보(安保)와 인권(人權) 사이에서 야기되는 문제를 제기하고 있다. 프랑스가 1870년 보불전쟁(普佛戰爭, 1870-1871)에서 독일에 패배한 후 알자스-로렌에 대한 점유권은 독일이 획득하게 되었다. 당시 프랑스 내부에는 독일에 대한 국가의 방위가 모든 것에 우선해야 한다는 주장이 제기되던 시기였다. 당시 프랑스 사회에서 독일을 저지하고 독일에게서 받은 패전의 모욕을 갚아주기 위해서는 강력한 군(軍)을 육성하고 군부가 강화되어야 한다는 사고방식이 지배적이었다. 그리고 당시 프랑스 사회에서 개인의 인권(人權)을 주장하는 것은 몽상가(夢想家)적인 비현실적인 일로 인식되었다. 따라서 드레퓌스라는 유대인이 누명을 쓰고 범인으로 몰린 사건에 대해 다시 재심을 하여 진상을 규명하는 것이 프랑스 사회 내부에서 군(軍)의 위신을 실추시키고 국가 방위력을 약화시킬 수 있다는 여론이 형성되어 있었다. 그리고 드레퓌스 사건은 프랑스 혁명을 거치고도, 여전히 프랑스 내부에 반(反)유대주의 사상이 내재해 있었음을 보여주고 있다.

그런데 이들과는 달리 드레퓌스 사건 재심요구자들은 프랑스의 토대, 프랑스 방위의 기초는 공화국의 이념을 구현하는데 있다고 믿었다. 드레퓌스 사건 재심요구자들은 공정한 재판, 정의, 진실, 인권의 존중에 토대하지 않고는 프랑스의 방위가 구축될수 있는 건전한 사회 기반이 형성될 수 없다고 주장하였다. 따라서 유대인 드레퓌스 사건에 대한 진상 규명은 프랑스혁명의 이념을 상징하는 인물이 되었다. 전국이 재심요구파와 재심반대파로 양분되었다. 재심요구파는 공화주의자, 법률가, 문인 등으로 구성되었다. 재심반대파는 프랑스혁명의 이념에 반대하여 구(舊)질서의 회복을 주장하는 군국주의자, 교회 세력 등이었다. 프랑스는 10년 동안 이 양대 세력의 치열한 격전장이 되었다. 재심요구파가 완전한 승리를 거둔 것은 20세기 접어들어서였다.

드레퓌스 사건으로 군부는 개혁이 진행되었으며 왕정복고를 기대하던 왕당파의 세력이 약화되었고 프랑스 내에서는 공화정이 안착되어갔다. 또한 드레퓌스 사건 이후 집권한 공화파 세력은 매우 엄격한 수준의 정교(政敎)분리 정책을 과감하게 실시하여 공적 영역에서 로마가톨릭의 영향력을 철저하게 배제시키며 교회를 응징하였다. 이는 프랑스의 가톨릭교회가 드레퓌스 사건 중에 진실을 외면한 채 거짓을 옹호하고 반(反)유대주의 선동에 앞장서며 공화제를 반대했기 때문이다. 이로써 프랑스식의 정교분리인 라이시테(Laïcité) 원칙이 수립되었으며 더 나아가 드레퓌스 지지파들의 이념과 전략들은 포르투갈과 스페인 그리고 라틴아메리카 전역에서 반교권주의(反敎權主義) 운동의 모델이 되었다.

당시 파리에 주재하며 드레퓌스 사건을 지켜본 유대계 오스트리아 언론인 테오도르 헤르츨은 팔레스타인에 유대인 국가를 건국하겠다는 시오니즘(Zionism) 운동을 본격적으로 시작하게 되었다. 테오도르 헤르츨의 주도로 1897년 스위스 바젤에서 제1차 시오니스트 대회가 개최되었으며 시오니스트 기구와 조직을 조직하였다. 시오니스트 회의는 이후 1901년까지 5차례 개최되었다. 테오도르 헤르츨의 활동은 1948년 이스라엘 건국, 이스라엘-팔레스타인 분쟁에 영향을 준 것으로 평가받고 있다.

에밀 졸라를 비롯한 소수의 정의로운 지식인들의 용기 있는 활동으로 인해 지식인의 이미지가 좀 더 긍정적으로 변화하였다. 기존의 전통적인 지식인이란 단순히 지식과 정보를 전달하는 엘리트 지성인 계층이었으나 드레퓌스 사건 이후에는 사회적 이상을 실현하기 위해 사회 문제에 대해 적극적으로 앞장서며 참여하는 계층이라는 이미지가 더해지게 된 것이다. 드레퓌스 사건은 당시 프랑스 사회 내부에 존재하던 반독일 정서가 드러난 대표적 사례였다. 프랑스 사람들은 독일과 유대인이라는 두 집단에 대한 혐오감으로 인해, 프랑스 유대계 장교 드레퓌스가 독일에 군사 기밀을 팔았다는 누명을 그대로 받아들이고 진실을 외면하였다. 이 사건을 계기로 반유대주의 사상이 유럽 전역에서 확산되었으며, 혐오와 갈등은 해소되지 못한 채 남아 있었다. 이러한 상황에서 제국주의 경쟁 속에 프랑스와 독일은 서로를 적대시했고, 유럽 각국의 동맹·협상 관계가 복잡하게 얽히면서 결국 제1차 세계대전이 발발하게 되었다.

제국주의와 1차 세계대전의 발발

영국과 프랑스를 비롯한 유럽 제국주의 국가들은 아프리카·아시아·태평양 등지에서 치열한 해외 식민지 건설 경쟁을 벌였다. 세계 각지에서 벌어지고 있던 제국주의 열강 간의 세력 대결은 결국 유럽에서 전쟁으로 발발하였다.

독일 통일에 가장 큰 역할을 담당하였던 비스마르크는 삼제동맹(三帝同盟: 독일, 오스트리아-헝가리 제국, 러시아가 프랑스를 견제하기 위해 1873년 맺은 협약)과 삼국동맹(三國同盟: 독일, 오스트리아-헝가리 제국, 이탈리아가 러시아와 프랑스의 팽창을 저지하기 위해 1882년 체결한 군사동맹)을 결성하여 프랑스를 외교적으로 고립시키고 유럽 각국의 세력 균형을 유지함으로써 독일 제국의 국제적 지위를 보호하기 위해 노력하였다. 그러나 이러한 정책 추진에 대하여 이견(異見)을 가지고 있던 황제 빌헬름 2세는 비스마르크를 해임(解任)하였다. 그리고 오스만 제국과 철도 부설 조약을 맺어 베를린·비잔티움·바그다드를 연결하는 팽창주의 정책(3B정책)을 추진하였다.

독일의 팽창 정책에 위협을 느낀 프랑스와 러시아는 상호 군사적 지원을 약속하였다. 그리고 남아프리카의 케이프타운과 이집트의 카이로, 인도의 콜카타(3C정책)를 연결하는 팽창 정책을 추진하면서 독일과 충돌하고 있던 영국이 참여하여 협상을 맺었다(3국 협상: 1907년 구성된 프랑스, 러시아 제국, 영국 사이의 연합으로 독일 중심의 삼국 동맹에 대항). 상호 적대적인 두 동맹 체제 간의 대립은 아프리카 북부 지중해 연안의 모로코를 둘러싸고 프랑스와 독일이 서로 충돌하면서 긴장이 심화되었다(모로코 사건).

영국과 독일 사이의 본격적인 군비 경쟁과 함께 삼국 동맹측과 삼국 협상측 사이의 국제적인 분쟁은 '유럽의 화약고'라 불린 발칸 지역에서 나타났다. 당시 발칸 반도는 다양한 민족 구성과 유럽 열강들의 정치적 간섭으로 긴장이 고조되어 가고 있었다. 오스만 제국과 오스트리아-헝가리 제국의 세력이 점차 약화되어 가자, 이 지역의 소수 민족들 내에서는 독립의 움직임이 활발해졌다. 이런 분위기하에서 러시아가 범(凡)슬라브주의(슬라브 민족의 민족적 유대와 통일을 강조하면서 러시아의 해외 팽창을 옹호하려는 침략주의적 이념)를 주장하며 영향력을 강화하려 하자, 독일과 오스트리아-헝가리 제국도 범(凡)게르만주의(독일을 중심으로 전 게르만 민족의 단결과 민족 의식을 드높여 독일의 해외 팽창을 옹호하려는 침략주의적 이념)를 내세우며 대립하기 시작하였다. 이런 상황에서 1914년 6월 보스니아의 수도 사라예보를 방문한 오스트리아-헝가리 제국의 황태자 부부가 세르비아계 청년에 의해 암살당하였다(사라예보 사건). 이에 오스트리아-헝가리 제국은 세르비아에 선전포고(宣戰布告)를 하였고, 이어 러시아와 독일 등 삼국 동맹 측과 삼국 협상 측이 각각 가담하면서 제1차 세계 대전이 시작되었다.

🎓 철학자의 이야기

📝 혐오의 심리학적 이해: 심리학자들의 시선

오늘날 우리는 다양한 사회적 갈등과 분열 속에서 '혐오(hate)'라는 감정이 일상화된 시대를 살아가고 있다. 온라인 댓글, 정치적 담론, 대중문화, 심지어 교육 현장에서도 혐오의 언어는 쉽게 발견된다. 이러한 혐오의 정서가 단지 개인의 감정 표현이나 자유로운 의견 개진의 수준을 넘어서, 특정 집단을 배제하고 차별을 정당화하는 도구로 작동하기도 한다. 그러나 본래 혐오(disgust, aversion, hate)는 부패하거나 오염된 음식을 회피하기 위한 생존 전략에서 비롯되었다. 여기에서는 폴 로진(Paul Rozin), 조너던 하이트(J. Haidt) 그리고 클락 맥컬리(Clark R. McCauley)가 작성한 '혐오'(Disgust)를 중심으로, 혐오의 심리학적 분석을 시도해 보겠다.[1]

혐오는 인간의 생존을 위한 방어 기제로서 감정이며, 그 기원은 주로 썩은 음식이나 병원체를 피하기 위한 본능적 반응에서 찾을 수 있다. 이러한 혐오 반응은 초기에는 먹지 말아야 할 물질을 구별하고, 신체 내부로의 유입을 차단하는 방식으로 작동했다. 그러나 시간이 지나면서 혐오는 단순히 생물학적 생존을 넘어서, 인간이 자신의 몸과 정신, 그리고 사회적 관계를 어떻게 이해하고 구성할 것인가를 보여주는 정서적 구조로 발전했다. 음식이나 배설물에 대한 거부에서 시작된 이 감정

---

[1] 그러므로 아래의 내용은 Rozin, P., Haidt, J., & McCauley, C.R. (2007). Disgust. In M. Lewis and J. Haviland (Eds.), *Handbook of Emotions*, pp. 757-796. New York: Guilford을 요약 및 정리한 것임

은, 점차 죽음·성·위생·사회적 타자·도덕적 위반에까지 반응하는, 보다 복잡하고 정교한 형태로 확장되었다. 이처럼 혐오는 단순한 감각 자극이 아니라 인간의 문화와 사고 체계를 반영하는 상징적 감정이다.

폴 로진을 중심으로 한 연구자들은 혐오의 발달 과정을 다섯 단계로 구분한다.

	혐오의 단계				
	0. 미각적 거부	1. 핵심 혐오	2. 동물성 혐오	3. 대인 혐오	4. 도덕 혐오
기능	독성 물질로부터 신체를 보호함	질병이나 감염으로부터 신체를 보호함	신체와 영혼을 보호하고, 죽음을 부정함	신체, 영혼, 사회 질서를 보호함	사회 질서를 보호함
유발자극	불쾌한 맛	음식, 체액이나 배설물, 동물	성적 행위, 죽음, 위생 문제, 신체 외피의 훼손	낯선 사람이나 불쾌한 사람과의 직접 또는 간접적인 접촉	특정한 도덕적 위반 행위

첫 번째는 '미각적 거부(distaste)'로, 썩은 음식이나 이상한 맛을 거부하는 생물학적 반응이다. 두 번째는 '핵심 혐오(core disgust)'이며, 감염 가능성이 있는 음식, 동물, 배설물 등을 통해 신체 오염을 피하려는 정서적 반응이다. 세 번째는 '동물성 혐오(animal-reminder disgust)'로, 인간이 가진 동물적 특성—죽음, 성, 신체 훼손, 불결함 등—을 상기시키는 요소에 대한 반감을 포함한다. 네 번째는 '대인 혐오(interpersonal disgust)'로, 낯선 사람이나 병자, 도덕적으로 비난받는 사람들과의 접촉 자체를 꺼리는 정서다. 마지막은 '도덕 혐오(moral disgust)'로, 사회적 규범이나 윤리를 어긴 행위, 예를 들어 위선, 배신, 잔인함 등에 대해 불쾌함과 반감을 느끼는 감정이다. 이러한 분류는 혐오가 생물학적 반응에서 시작해 점차 사회적·도덕적 판단으로 이행해왔음을 잘 보여준다.

혐오는 단지 감각적인 자극에 대한 반사적인 반응이 아니라, 인간의 인지와 문화적 해석이 개입된 감정이다. 예를 들어, 살균된 바퀴벌레가 잠시 닿은 음료라도 마시기 꺼리는 것은 그것이 실제로 병을 옮긴다는 의학적 지식 때문이 아니라, "더러운 것은 접촉만으로도 오염된다"는 상징적 믿음이 작동하기 때문이다. 이러한 사고는 '감염의 마법적 법칙(magical law of contagion)'으로 설명되며, 이는 겉보기와 실제 속성이 일치한다고 믿는 사고방식이다. 이러한 혐오의 감정은 이성과 과학적 판단보다는 문화적 신념과 정서적 직관에 더 가깝다. 다시 말해, 혐오 감정은 생리학적 자극보다는 우리가 특정 대상을 어떻게 상징화하고, 그것에 어떤 도덕적 의미를 부여하느냐에 의해 좌우된다.

혐오는 인간이 동물이라는 사실을 부정하고, 자신을 '문명적 존재'로 정의하려는 욕망과 깊게 연관되어 있다. 인간은 먹고, 배설하고, 죽으며, 이는 모든 동물에게 공통된 속성이지만, 우리는 이러한 기능들을 최대한 숨기고 제어하려 한다. 성적 행위, 죽음, 시체, 신체의 외형적 훼손 등은 인간의 동물성과 필연적 유한성을 드러내기 때문에, 종종 강한 혐오 반응을 유발한다. 이러한 반응은 단순히 감각적인 불쾌함 때문이 아니라, 인간이 자신의 존재를 고귀하고 순수하게 유지하고자 하는 상징적 욕망의 결과이기도 하다. 다시 말해, 혐오는 인간이 문명과 동물성 사이에서 줄타기를 하며 자신을 정체화하려는 노력의 산물이다.

도덕적 차원에서 혐오는 사회 규범을 수호하는 기능을 수행한다. 우리는 단지 더러운 사물이나 신체 훼손에 대해서만 혐오를 느끼는 것이 아니라, 위선, 불의, 잔혹함 같은 도덕적 위반 행위에도 혐오를 느낀다. 로진과 그 동료들은 이 감정을 '신성성의 윤리(Ethics of Divinity)'를 침범한 행위에 대한 정서적 반응으로 보고, 경멸(contempt), 분노(anger), 혐오

(disgust)라는 '도덕 감정 삼분법(CAD triad)'을 제시한다. 이 이론에 따르면, 공동체적 의무를 어겼을 때는 경멸, 개인의 권리를 침해했을 때는 분노, 그리고 신체적 또는 정신적 순수성을 해치는 행위에는 혐오가 나타난다. 혐오는 신체와 영혼, 그리고 사회 질서를 수호하는 감정적 경계선으로 작동한다.

문화마다 혐오 감정을 유발하는 자극은 다르게 나타난다. 미국에서는 인종차별이나 위선 같은 행위가 혐오의 대상이 되고, 인도에서는 카스트 제도와 결합한 순수성 개념이 중심이 된다. 일본에서는 예의 없음이나 사회적 어긋남 같은 관계의 불균형이 혐오를 유발한다. 이는 혐오가 단지 생리적 감정이 아니라, 각 문화가 무엇을 '더럽다'고 규정하는가에 따라 구성된 감정임을 보여준다. 문화는 혐오 감정을 통해 특정 행동을 금지하고, 사회 질서를 유지하며, 공동체의 경계를 구획한다.

심리발달적 관점에서 볼 때, 혐오 감정은 인간이 태어날 때부터 본능적으로 갖고 있는 정서가 아니다. 실제로 유아는 배설물이나 더럽다고 여겨지는 물질에 대해 강한 거부감을 보이기보다는, 오히려 그것들을 만지고 탐색하려는 호기심을 보이기도 한다. 이러한 모습은 혐오가 생물학적으로 자동적으로 주어지는 감정이 아니라는 점을 시사한다. 아이가 성장하면서 배변 훈련을 받거나, 주변으로부터 위생에 대한 주의와 금기를 배우는 과정을 통해 혐오 감정은 점차 학습된다. 이 과정에서 아이는 더러운 것과 깨끗한 것을 구별하게 되고, 더럽다고 여겨지는 대상이 다른 물건과 접촉했을 때 그 접촉 대상까지 더럽혀졌다고 느끼는 심리적 민감성(오염 감수성, contamination sensitivity)을 발달시키게 된다. 뿐만 아니라, 어떤 물건이나 사람이 단순히 물리적으로 오염되었기 때문이 아니라, 그 대상이 지닌 도덕적이거나 상징적인 속성이 다른 대상에게까지 옮겨질 수 있다고 믿는 사고방식(정신적 본질의 전이, spiritual essence transfer) 또한 함께 형성된다. 예를 들어, 부도덕한 사람이 입었던 옷을 세탁했더라도 여전히 꺼림칙하게 느끼는 감정은 이러한 신념에서 비롯된다. 이처럼 혐오는 단순히 감각적으로 역겨운 자극에 대한 반응이 아니라, 문화적으로 형성되고 사회적으로 학습된 상징적 판단이라는 점이 분명해진다.

정신병리학적으로도 혐오 감정은 중요한 위치를 차지한다. 강박장애(OCD), 공포증, 섭식장애, 건강염려증 등 다양한 정신 질환들이 혐오 감정과 밀접한 관련을 갖는다. 예컨대 청결 강박이나 피·주사 공포 등은 특정 혐오 자극에 대한 과도한 민감성에서 기인하며, 이들 장애는 일상생활을 심각하게 제약할 수 있다. 반면, 혐오 감정이 비정상적으로 약한 사람들은 반사회적 경향이나 공감 부족을 보일 가능성이 높고, 이는 사이코패스와 같은 성격 장애와도 관련될 수 있다. 이처럼 혐오 감정은 인간의 정신 건강을 유지하고, 타인과의 적절한 관계를 설정하는 데 핵심적인 역할을 한다.

정치적·사회적 영역에서 혐오는 더욱 복잡하고 위험한 방식으로 작동한다. 특정 인종, 이민자, 성소수자에 대한 혐오는 사회적 타자화를 정당화하고, 차별과 혐오 범죄로 이어질 수 있다. 혐오는 종종 감정적 증오를 넘어서 구조적인 배제와 위계화를 가능하게 하는 정서적 메커니즘이 되며, 권력자들이 군중을 동원하는 수단으로도 활용된다. 연구에 따르면 혐오 감정에 민감한 사람들은 대체로 외국인 혐오, 권위주의적 태도, 전통주의적 세계관을 지니는 경향이 있으며, 이는 혐오가 단순한 정서가 아닌, 정치적 감수성과도 깊이 연결된다는 점을 시사한다.

📜 혐오를 넘어서: 너스바움의 시선

오늘날 우리가 마주하는 혐오의 감정은 단지 개인적인 혐오감에 머물지 않는다. 그것은 사회적 상호작용 속에서 특정 대상이나 집단을 배제하고, 도덕적 판단의 기준으로 작동하며, 궁극적으로는 공존을 위협하는 감정의 정치로 발전한다. 이러한 혐오를 어떻게 극복할 것인가에 대한 철학적 성찰은 단순한 규범의 제안이 아닌, 감정 자체의 재구성을 요구한다. 마사 너스바움(Martha Nussbaum, 1947-현재)은 이러한 물음에 응답하며, 감정의 윤리학이라는 틀 안에서 혐오에 대한 비판적 성찰과 대안적 감정의 가능성을 모색한다.

무엇보다 너스바움은 혐오라는 감정을 그대로 신뢰할 수 없다고 강조한다. 혐오는 불결함, 오염, 타자의 육체성에 대한 거부를 바탕으로 하며, 인간의 취약성과 동물성을 부정하려는 방어적 정동이다. 겉으로는 도덕적 판단처럼 보이지만, 실제로는 자기 보존 본능과 불안에 근거한 정서적 반응일 가능성이 크다. 이처럼 혐오는 종종 과도하게 일반화되고, 편견에 기반하며, 판단의 객관성과 비례성을 상실하기 쉽다. 즉, 혐오는 타자에 대한 사실 기반의 이해가 아니라, 상징적 불쾌감과 정서적 위협을 투사한 결과다. 그렇기에 혐오를 도덕적 기준으로 삼는 것은 매우 위험한 오류를 낳을 수 있다.

> 유사 이래 특정한 혐오의 속성들(점액성, 악취, 점착성, 부패, 불결함)은 반복적이고 변함없이 일정한 집단들과 결부되어 왔으며, 실제로 그들에게 투영되어 왔다. 특권을 지닌 집단들은 이들을 통해 자신들의 보다 우월한 인간적 지위를 명백히 하려고 한 것이다. 유대인, 여성, 동성애자, 불가촉천민, 하층 계급 사람들은 모두 육신의 오물로 더

럽혀진 존재로 상상되었다(『혐오와 수치심』).

위 인용문은 혐오가 단지 감각적 반응이 아니라, 사회적 위계질서를 정당화하기 위한 권력의 도구였음을 분명히 보여준다. 점액성이나 악취처럼 본능적으로 기피되는 요소들이 특정 집단에 투사됨으로써, 그들은 '더럽고', '야만적이며', '비문명적인' 존재로 낙인찍혔다. 이러한 감정의 전가는 지배 계층이 자신들의 도덕적 우월성을 강화하고, 타자를 비인간화하는 데 기여해 왔다. 그러므로 혐오란 감정은 개인의 기호나 반감이 아니라, 사회적 배제의 논리를 정당화하는 감정 구조로 작동해온 것이다.

(강철과 기계 이미지로 칭송되던) 순순한 독일 남성의 깨끗하고 안전한 건장함은 여성-유대인-공산주의자의 유동적이고, 악취나는 더러움과 대비되었다(『혐오와 수치심』).

이러한 관찰에 입각하여, 너스바움은 혐오가 "실제 위험에 잘 부합하지 않으며, 비합리적인 신비적 사고를 수반하고, 무엇보다 사회적으로 쉽게 영향을 받을 수 있어서 취약한 사람들과 집단을 대상으로 자주 사용되어" 왔음을 지적한다. 그러면서 혐오를 특정한 행위를 법적으로 규제하는 지침으로 삼는 것에 신중할 것을 주장한다. 혐오는 인간의 도덕적 판단을 흐리게 만들고, 특정 대상에 대한 무비판적 배제를 정당화하는 데 악용될 수 있기 때문이다. [자연적] 감정이라는 외피를 두른 채, 법과 제도가 객관적 심사 없이 특정 집단을 낙인찍는 방식으로 기능할 수 있기 때문이다. 너스바움은 따라서 법적 판단에서 혐오에 기반한 정서적 반응이 아니라, 인간 존엄성이라는 관념이 우선되어야 한다고 강조한다. 혐오에 휘둘리는 사회는 쉽게 편견과 차별로 기운다.

이 혐오의 시대에, 너스바움은 '평등한 존중'의 필요성을 상기시킨다. 예를 들어 미국의 건국에서 중요하게 고려되었던 핵심 이념은 "특정 시민들을 다른 시민들에게 체계적으로 예속시키는 것이야말로 가장 나쁜 정치라는 비지배 이념"이었으며, "모든 시민은 평등하므로 계급이나 종교, 그 밖의 어떤 원칙에 의한 지배도 단호히 거부되어야" 한다는 것이다(『혐오에서 인류애로』). 그러므로 『미국 독립선언서』는 "모든 인간은 평등하게 창조되었으며, 조물주로부터 생명, 자유, 행복의 추구 등에 대한 양도할 수 없는 권리를 부여받았다."고 천명하고 있다. 대한민국 『헌법』 역시 다음과 같이 말한다.

> **헌법 제10조** 모든 국민은 인간으로서의 존엄과 가치를 가지며, 행복을 추구할 권리를 가진다. 국가는 개인이 가지는 불가침의 기본적 인권을 확인하고 이를 보장할 의무를 진다.
>
> **제11조** ①모든 국민은 법 앞에 평등하다. 누구든지 성별·종교 또는 사회적 신분에 의하여 정치적·경제적·사회적·문화적 생활의 모든 영역에 있어서 차별을 받지 아니한다.

이러한 헌법 조항은 인간의 존엄과 평등에 대한 국가의 책무를 분명히 하고 있지만, 실제로 그것을 구현하기 위해서는 제도 이상의 감정적 전환이 필요하다. 특히 미국의 건국과정은 종교의 자유를 둘러싼 격렬한 투쟁의 역사였으며, 그 핵심에는 다수의 신념이 소수의 신념을 억압하지 않아야 한다는 원칙이 자리 잡고 있었다. 초창기 미국 사회는 특정 종교의 교리가 국가 권력과 결합함으로써 타 종교인이나 무신론자에게 불이익을 주는 상황을 반복해왔다. 이에 따라 건국자들은 국교 부인을 포함한 종교의 자유를 헌법적 권리로 명시했고, 이는 단순한 개인의 신앙을 보호하기 위한 조치가 아니라, 타인의 다름에 대한 존중을 제도화한 것이었다.

이러한 종교적 관용의 정신은 오늘날 인종, 성별, 장애, 성적 지향, 정치적 신념 등의 차이에 대한 존중으로 확대되어야 한다. 다시 말해, 국가와 시민 모두가 자신과 다른 이들을 동일한 권리를 가진 존재로 인정하고, 그 존재 조건을 존중하는 태도를 실천하는 것이 평등한 존중의 윤리다. 그러나 이 윤리는 법률 조항만으로는 충분히 실현되지 않는다. 법은 선언일 뿐이며, 그 선언이 살아 있는 삶의 방식으로 확장되기 위해서는 감정적·인식적 토대가 필요하다. 바로 여기서 상상력이 핵심적 역할을 한다.

타자의 고통과 삶을 이해하려는 상상력 없이 평등은 실현될 수 없다. 상상력이란 단순한 감정 이입이나 동정심의 차원을 넘어, 타인의 관점에서 세상을 바라보려는 능동적 윤리 행위이다. 종교의 자유를 둘러싼 미국의 건국사도 보여주듯, 인간은 자신이 속하지 않은 믿음이나 문화, 정체성을 제대로 이해하기 어렵다. 그런 이해의 공백은 혐오와 배제, 낙인의 감정으로 채워지기 쉽다. 상상력은 바로 이 공백을 메우고, 타인의 삶에 다가가는 다리가 된다.

공감과 상상력의 훈련으로서 인간성 교육: 너스바움의 시선

너스바움은 혐오와 낙인에 맞서면서 인류애에 기반한 연대의 길을 모색한다. 모든 사람이 곧바로 혐오를 철폐하도록 기대하는 것은 유토피아적이다. 따라서 그녀는 혐오와의 전쟁은 가정과 학교에서부터 시작해야 한다고 주장한 바 있다. 너스바움은 "모든 차이를 없애는 학교 통합은 나와 다른 몸을 괴물로 보지 않고 서로 온전한 인간으로 바라보게 하는 데 큰 영향을 끼친다(『타인에 대한 연민』)."고 말했다. 감정은 학습될 수 있는 성질의 것이며, 교육은 감정의 방향을 재구성하는 중요한 실천이 된다. 그러므로 너스바움에게 교육은 단순히 지식을 전달하는 과정이 아니라, 시민이 서로를 존중하며 살아가기 위한 감정적, 도덕적 훈련의 장(場)이다. 그렇다면 학교 교육은 무엇을 중시해야 하는가? 너스바움은 "(시와 음악, 다른 형태의 예술을 통한) 사랑과 상상력, 그리고 철학뿐만 아니라 정치적 담론에서도 구현하고자 하는 신중하고 이성적인 비판 정신(『타인에 대한 연민』)"이 중요하다고 말한다.

먼저 너스바움은 상상력에 대해 다음과 같이 말한다.

> 혐오를 품고 타인을 대하는 사람에게 그저 "타인을 존중하시오"라고 요구할 수는 없는 법이다. 혐오에 차 있는 사람들은 타인의 진정한 의미에서 완전한 인간으로 보지 않기에 그들을 존중할 준비도 되어 있지 않다. 혐오는 '저' 사람들을 완전한 인격적 존엄성을 갖추지 못한 저열한 존재, 동물이나 악마와 같은 존재로 보이게 만듦으로써 타인을 격하시킨다. 타인의 양심을 존중하려면 최소한 타인을 양심이 있는 존재, 양심에 따른 탐색을 하는 존재로 볼 수 있는 능력이 있어야 한다. 타인이 무엇을 추구하고 있는지 상상할 수 있는 능력이 있어야 한다. 타인이 무엇을 추구하고 있는지 상상할 수 있는 능력, 그 사람도 괴물이 아닌 진짜 사람이라는 점을 상상할 수 있는 능력은 미국적 전통의 중심으로 자리잡게 되니, 평등한 자유를 사유하는 길로 나아갈 때 반드시 내디뎌야 할 한 걸음이다(『혐오에서 인류애로』).

혐오란 타인의 약함, 의존성, 신체성에 대한 정서적 반발이며, 이는 인류 공통의 취약성과 유한성을 인정하지 못할 때 나타난다. 따라서 인간의 보편성을 이해하고, '다른 사람도 나처럼 고통받고, 사랑하고, 상처 입는다'고 상상하는 것이 중요하다. 즉 "타인이 무엇을 추구하고 있는지 상상하는 능력(『혐오에서 인류애로』)"은 모든 사람이 평등하다는 사실을 이해하는 데 매우 중요한 역할을 수행한다. 이러한 상상력은 타인의 고통과 조건을 자신의 것으로 느끼는 감정적 반응일 뿐 아니라, 타인의 삶의 방식, 가치, 종교, 성적 지향, 장애, 외모와 같은 '차이'를 이해하고 존중할 수 있는 인식 능력이다. 특히 다문화적이고 다원화된 현대 사회에서 이러한 상상력은 공동체를 지탱하는 도덕적 기반이 된다. 예를 들어 피부색에 따라 학생들의 교육을 분리하거나 차별하는 것이 불법이라고 판정한 1954년의 브라운 판결에서, "흑인학교에 다니는 아이들이 마주했던 장애를 상상해 보고자 하는 인내심 어린 노력"(『혐오에서 인류애로』)가 매우 중요했다.

너스바움은 예술, 특히 문학과 연극, 음악 등의 감성적 경험을 통해 타인의 삶을 상상하는 훈련이 가능하다고 본다. 문학을 읽으며 우리는 다른 시대, 다른 계층, 다른 정체성을 가진 이들의 입장이 되어보고, 낯선 타인의 고통과 기쁨에 감응하는 법을 배운다.

> 문학은 독자가 스스로에게 의문을 갖도록 요청하면서 일어날 법한 일들에 주목한다. (…) 문학 작품은 일반적으로 독자로 하여금 다양한 종류의 사람들의 입장에 서게 하고, 또 그들의 경험과 마주하게 한다. 문학 작품은 가상의 독자들에게 이야기를 건네는 고유한 방식 속에서 작품 속 인물들과 독자 자신이 연결될 수 있다는 느낌을 전달한다(『시적 정의』).

문학은 전위적이다. 문학은 우리로 하여금 기존의 감정 습관과 도덕적 직관을 흔들고, 낯설게 보았던 타인의 세계를 내면화할 수 있는 통로가 된다. 문학적 경험은 "인식 가능한 세계의 질적인 풍성함, 인간 존재의 개별성과 그들의 내면적 깊이, 그리고 희망, 사랑, 두려움(『시적 정의』)"을 우리에게 제공한다. 독자는 인물들의 갈등과 고뇌, 선택과 실수를 따라가면서, 삶의 복잡성과 인간의 다층적 정체성을 경험한다. 독자는 이러한 경험을 통해 "독자들로 하여금 등장인물과 관계를 맺고, 그들의 계획, 희망, 공포 등을 걱정하고 신경 쓰면서, 삶의 신비와 복잡한 일들을 풀고자 애쓰는 그들이 노력에 함께하도록 만든다(『시적 정의』)." 다만 타인의 삶을 이해하고 설령 "독자 자신이 실제로 처한 상황과 많이 다르다 하여도, 그들 스스로 장악해야 하는 인간적 삶과 선택의 가능성을 보여주면서, 이러한 이야기가 많은 점에서 자신들의 이야기이기도 하다는 것을 절실히 느끼게" 해준다(『시적 정의』).

문학적 상상력이 동정을 길러낸다면, 또한 동정이 시민의 책무에 필수라면, 우리는 우리가 원하고 요구하는 유형의 동정 어린 이해를 북돋는 작품을 가르쳐야 마땅하다. 이것은 우리 사회에서 이해가 시급한 집단들, 예를 들어 다른 문화, 민족적·인종적 소수 집단, 여성, 레즈비언과 게이 등이 목소리를 내는 작품을 포함해야 한다는 뜻이다(『시적 정의』).

문학을 중심으로 한 교육은 시민의 감수성을 확장시키고, 타인의 경험에 대한 공감 능력을 함양하며, 도덕적 판단의 기초를 재구성하는 데 결정적인 역할을 한다. 그러나 너스바움은 여기서 멈추지 않는다. 감정적 공감이 때때로 잘못된 판단으로 이어질 수 있음을 인식한다. 감정은 타자에 대한 깊은 연민을 유발할 수도 있지만, 혐오처럼 잘못 학습된 감정은 차별과 배제를 정당화하는 도구가 되기도 한다. 따라서 감정의 정당성을 평가하고, 그것이 도덕 원칙과 조화를 이루는지를 판단할 수 있는 비판적 사고력이 필수적으로 요구된다. "진정으로 소크라테스적인 학생들을 배출하려면 이들이 비판적으로 읽는 것을 장려해야 한다. 공감하고 경험할 뿐 아니라 그 경험에 관해 비판적으로 질문할 수 있어야 한다(『인간성 수업』)." 즉 우리는 작품을 '공감적'으로도 읽어야 하지만, '비판적'으로도 읽어야 한다.

 이렇게 시민으로서 가치판단을 하며 읽기에 접근하는 방식은 도덕적인 동시에 정치적이다. 이렇게 접근하면 독자와 텍스트 사이의 상호작용이 우정 그리고/또는 공동체를 어떻게 구축하는지 물을 수 있고, 텍스트가 창조한 공동체를 도덕적·사회적으로 평가함으로써 텍스트를 논의할 수 있다(『인간성 수업』).

인간성 교육은 단지 '좋은 감정'을 가지는 훈련이 아니라, 그 감정을 정치적 판단과 윤리적 성찰로 연결짓는 능력을 기르는 것이다. 상상력과 감정을 통해 타자의 삶에 다가서는 동시에, 철학적 비판정신을 통해 그 감정의 방향을 평가하고 조정할 수 있어야 한다. 이것이야말로 혐오의 시대를 극복하고, 평등과 자유, 정의가 실현되는 사회를 만들어가는 교육의 핵심이다.

요컨대 너스바움의 인간성 교육은 단순한 '도덕교육'이 아니다. 그것은 인간의 내면과 외면, 감정과 이성, 상상력과 비판정신을 모두 아우르는 전인교육의 기획이며, 그 핵심 도구는 바로 문학과 예술이다. 문학은 인간의 다양한 삶을 상상하게 만들고, 낯선 타자의 내면을 이해하게 하며, 기존의 도덕 감수성과 사고방식을 흔들어 새로운 질문을 던지게 한다. 또한 예술은 삶의 복잡성과 인간 존재의 고유한 존엄성을 직관적으로 경험하게 함으로써, 단지 정보를 제공하는 것이 아니라 감정과 판단의 깊이를 확장시킨다. 혐오를 넘어 공존의 사회로 나아가기 위한 첫걸음은, 타자의 삶을 내 삶처럼 상상하고 이해할 수 있도록 돕는 문학과 예술의 힘을 교육의 중심에 두는 데서 시작된다.

11장

환경문제와 인간의 위기

11장

환경문제와 인간의 위기

관련 덕목
- 생태 감수성
- 책임감

 역사학자의 이야기

📜 지구환경 문제와 인류의 위기

오늘날 인류가 직면한 가장 근본적인 도전 가운데 하나는 지구환경의 파괴이다. 산업화와 도시화, 그리고 끝없는 소비와 개발은 지구환경의 회복 능력을 넘어서고 있다. 생태계는 단순히 인간이 이용하는 자원의 보고(寶庫)가 아니라, 수많은 생명체가 상호작용하며 유지해 온 복잡한 그물망이다. 따라서 생태계의 균열은 단순히 자연환경의 변화에 그치지 않고, 지구 전체의 위기로 이어지며, 그 여파는 결국 인류 자신에게 되돌아온다. 이러한 문제의 심각성을 이해하기 위해서는 지구환경 문제가 어떠한 형태로 나타나며, 그것이 어떤 결과를 낳는지 세밀하게 살펴볼 필요가 있다.

가장 먼저 주목해야 할 것은 기후 변화이다. 산업혁명 이후 화석연료 사용이 급증하면서 대기 중 이산화탄소 농도가 높아졌고, 이는 지구 온난화를 불러왔다. 숲은 대표적인 탄소 흡수원으로서 대기 중의 이산화탄소를 저장하여 지구 기후를 조절하는 핵심적 기능을 하지만, 산림 파괴는 저장된 이산화탄소를 대기 중으로 방출해 온난화를 가속화시킨다. 그 결과 북극과 남극의 빙하는 급격히 녹고 있으며, 투발루(Tuvalu)와 같은 저지대 국가는 국가 전체가 바닷속으로 사라질 위기에 놓여 있다. 동시에 숲이 사라지면 산사태와 토양 침식 같은 재해가 빈번하게 발생하며, 습지와 산호초가 파괴되면 홍수와 해일의 피해가 커진다. 이처럼 기후 변화는 단순한 온도 상승이 아니라 인간 사회를 무방비로 만드는 복합적 위험이다.

대기 오염 역시 무시할 수 없다. 중국의 베이징이나 인도의 델리, 한국의 수도권은 고농도 미세먼지로 매년 큰 피해를 입는다. 미세먼지는 호흡기 질환을 유발할 뿐 아니라 장기간 노출될 경우 심혈관 질환과 조기 사망의 위험까지 높인다. 20세기 후반 인류를 충격에 빠뜨린 오존층 파괴도 같은 맥락이다. 오존층이 얇아지면 자외선이 지표면으로 직접 내려와 피부암과 백내장 발병률을 높인다. 남극 상공의 오존 구멍은 한때 심각한 위협이 되었으나, 국제 협약(1987년 몬트리올 의정서)을 통해 프레온가스 사용을 제한하면서 점차 회복되고 있다. 이는 환경 문제 해결에 있어 국제 협력이 얼마나 중요한지를 보여주는 사례다.

수질과 해양 오염은 점점 더 심화되고 있다. 플라스틱 쓰레기는 바다의 생명을 위협하며, 태평양 한가운데에는 거대한 쓰레기 지대가 형성되어 있다. 미세 플라스틱은 바닷속 생물들의 몸에 축적되고, 결국 인간의 식탁까지 침투한다. 한반도 주변에서도 적조(赤潮) 현상이 빈번해져 양식업에 큰 피해를 끼치고 있으며, 대형 유조선의 기름 유출 사고는 바닷새와 물범, 해양 포유류를 대량 폐사(斃死)시킨다. 특히 갯벌은 해양과 육지가 만나는 접점이자 '바다의 습지', '생물 다양성의 보고'라 불리는 공간이지만, 간척 사업과 항만 개발로 빠르게 줄어들고 있다. 한국의 새만금 간척 사업은 경제적 효과와는 별개로 세계적으로 중요한 갯벌을 잃게 했고, 이는 철새들의 중간 기착지와 해양 생태계에 돌이킬 수 없는 손실을 남겼다.

토양 오염과 사막화 또한 지구환경 문제의 심각한 양상이다. 화학 비료와 농약의 과다 사용은 토양의 비옥도를 떨어뜨리고, 산업 폐기물은 중금속을 쌓아 올려 생태계와 인간의 건강을 함께 위협한다. 아프리카 사헬 지대는 과거 초원이었지만 기후 변화와 과도한 개발이 겹쳐 광범위한 사막화가 진행되고 있으며, 이는 식량 부족과 물 부족을 불러왔다. 중국 황토 고원 역시 무분별한 경작으로 토양이 황폐화되었고, 대규모 토양 침식이 일어나 생산성이 급격히 줄었다. 토양의 붕괴는 곧 식량 위기로 직결된다는 점에서 심각한 문제다.

생물 다양성의 감소도 지구환경 위기의 중요한 한 축이다. 생태계 파괴는 다양한 생물들이 자신들의 서식지를 상실하게 만들며, 결국 많은 종이 멸종 위기에 처하거나 실제로 사라지게 되는 심각한 결과를 낳는다. 이러한 종의 멸종은 곧 생물종 다양성의 감소로 이어지고, 생태계의 복원력과 안정성을 약화시킨다. 아마존 열대우림의 축소는 수많은 종을 사라지게 만들고 있으며, 우리나라에서는 갯벌 축소가 철새와 어패류의 생존을 위협하고 있다. 종의 소멸은 단순히 숫자의 감소가 아니라 생태계 전체를 불안정하게 만드는 근본적인 위협이다. 생물 다양성은 의약품 개발, 농업 생산, 생명공학 연구의 기초라는 점에서, 그 손실은 곧 인간 사회의 생존 기반이 흔들리는 것을 의미한다.

자원의 고갈 문제도 점점 심각해지고 있다. 석유와 천연가스는 여전히 주요 에너지원이지만, 매장량의 한계와 지역적 편재는 국제 분쟁의 불씨가 된다. 중동 지역을 둘러싼 갈등은 에너지 문제와 직결되어 있으며, 물 부족은 21세기 인류가 직면할 가장 큰 갈등 요소 가운데 하나로 꼽힌다. 아프리카와 중동 일부 지역에서는 이미 물을 둘러싼 분쟁이 발생하고 있고, 이는 기후 변화와 맞물려 국제적 긴장으로 번지고 있다.

이처럼 지구환경 문제는 기후 변화, 대기와 해양 오염, 토양 황폐화, 생물 다양성 감소, 자원 고갈 등 다양한 양상으로 나타난다. 각각의 문제는 결코 따로 떨어져 있는 것이 아니라 서로 맞물리며 지구 시스템 전체를 불안정하게 만들고 있다. 중요한 것은 이러한 환경 파괴가 먼 미래의 가능성이 아니라는 점이다. 투발루의 침수 위기, 북극 해빙의 가속화, 태평양 플라스틱 쓰레기 지대, 아프리카 사헬(Sahel) 지대의 사막화는 이미 현실로 다가와 있다.

따라서 지구환경 문제는 단순한 자연의 변화가 아니라 인류 문명의 기반을 뒤흔드는 심각한 위기라는 점을 분명히 인식해야 한다. 우리가 무심히 지나치는 작은 균열이 결국 지구적 차원의 대재앙으로 이어질 수 있다. 지구환경 파괴는 곧 인류 파괴와 다르지 않으며, 이는 인류가 결코 외면할 수 없는 가장 근본적인 위험이다.

지속가능성을 향한 인류의 길: 환경 문제 해결의 역사

산업혁명 이후 인류가 본격적으로 대규모 화석연료를 사용하고 대량 생산 체계를 구축하면서, 지구 환경은 본격적으로 위기에 직면하게 되었다. 기계와 공장, 철도와 선박은 인류 문명의 비약적 발전을 가능하게 했지만, 동시에 엄청난 양의 석탄과 석유를 태워 대기 중에 온실가스를 배출하였다. 초기에는 이러한 문제가 잘 드러나지 않았지만, 20세기 중반에 이르러 대기와 수질, 토양의 오염이 심각해지고, 특정 지역에서는 산림 파괴와 사막화가 눈에 띄게 진행되면서 인류는 처음으로 환경 파괴의 심각성을 집단적으로 인식하게 되었다. 환경 문제에 대한 인식의 확산은 단순한 학문적 경고에 머물지 않고 국제 사회의 정치·경제적 쟁점으로 부각되었으며, 그 과정에서 다양한 국제적 협약과 시민 운동이 전개되었다.

가장 상징적인 사례 중 하나는 1972년 스웨덴 스톡홀름에서 열린 유엔 인간환경회의이다. 이 회의는 처음으로 환경 문제를 인류 공동의 과제로 선언한 자리였다. 스톡홀름 선언은 인간은 존엄과 복지, 기본적 권리를 누리며 자유롭게 삶을 영위할 권리를 가지고 있으나, 이를 위해서는 인간과 자연의 조화로운 관계가 필요하다고 명시했다. 당시 회의는 선진국과 개발도상국 사이의 첨예한 이해관계를 드러냈다. 선진국은 공해와 자원 고갈을 규제할 필요성을 강조했지만, 개발도상국은 여전히 경제 성장이 우선이라고 주장했다. 비록 완전한 합의에는 이르지 못했지만, 이 회의는 '환경'이라는 단어를 국제 정치 의제의 중심으로 끌어올렸다는 점에서 중요한 역사적 의의를 지닌다. 이 회의는 지구 환경 문제에 대한 국제적인 관심을 촉구하고 해결 방안을 모색하기 위해 개최되었으며, '오직 하나뿐인 지구'라는 슬로건 아래 환경 보호를 위한 국제 협력의 필요성을 강조했다. 회의 결과로 인간환경선언 채택과 유엔환경계획(UNEP) 설립의 기반이 마련되었고, 매년 6월 5일을 세계 환경의 날로 지정하는 계기가 되었다.

실질적인 환경 문제 해결을 위한 협약 중에서도 가장 대표적인 것은 1987년 몬트리올 의정서이다. 1970년대 후반부터 과학자들은 남극 상공의 오존층이 심각하게 파괴되고 있다는 사실을 보고하기 시작했으며, 이는 프레온가스(CFCs) 사용과 직결되어 있었다. 오존층이 파괴되면 인체에 해로운 자외선이 지표면에 직접 도달하게 되어 피부암과 백내장 발병률이 급증할 위험이 있었다. 몬트리올 의정서는 이러한 문제를 해결하기 위해 각국이 CFCs 사용을 단계적으로 줄이고 대체 물질을 개발하도록 합의한 국제 협약이었다. 그 결과, 오늘날 오존층은 서서히 회복되고 있으며, 이는 국제 협력이 실질적으로 환경 문제를 해결할 수 있다는 성공 사례로 널리 언급된다.

이후 1987년 발표된 브룬트란트 보고서(Brundtland Report: Our Common Future)는 환경 논의에 전환점을 마련했다. 이 보고서는 '지속가능한 발전'이라는 개념을 공식적으로 제시하며, 단순히 자연을 보존하는 것이 아니라 미래 세대의 필요를 해치지 않는 범위에서 현재 세대의 발전을 추구해야 한다는 원칙을 세웠다. 이는 환경 문제를 경제와 분리된 독립 영역으로 보던 기존 인식에서 벗어나, 환경·경제·사회가 긴밀히 맞물려 있다는 사실을 강조한 것이었다. 이 개념은 오늘날까지 국제 사회가 환경 정책을 논할 때 기본적 원리로 자리 잡고 있다.

1992년 브라질 리우데자네이루에서 열린 유엔 환경개발회의(지구정상회의)는 이러한 논의를 제도적 차원에서 구체화시켰다. 리우 회의에서는 기후 변화 협약, 생물다양성 협약, 산림 원칙 등이 채택되었으며, 의제 21을 통해 국가와 지방 정부, 시민 사회가 함께 지속가능한 발전을 실천할 수 있는 행동 지침을 제시했다. 이 회의는 지구적 차원의 환경 문제에 대해 국제 협력이 필수적이라는 사실을 다시 한 번 확인시켰다. 특히 리우 회의는 환경 문제를 단순히 보존의 관점에서 벗어나, 빈곤과 개발 문제와 연결된 복합적 이슈로 바라보게 했다는 점에서 의미가 크다.

기후 변화 문제를 해결하기 위한 노력은 더욱 복잡한 양상을 띠었다. 1997년 교토의정서는 선진국에 대해 온실가스 감축 의무를 부과했으나, 미국과 같은 주요 배출국이 참여하지 않으면서 큰 효과를 거두지 못했다. 1997년 교토의정서는 지구 온난화 방지를 위한 국제 협약인 기후변화협약의 수정안으로, 온실가스 감축 의무를 규정한 협약이다. 1997년 12월 일본 교토에서 열린 제3차 기후변화협약 당사국 총회에서 채택되었고, 2005년 2월 공식 발효되었다. 이후 2015년 파리협정에서는 선진국뿐 아니라 개발도상국까지 포함한 모든 국가가 자발적으로 온실가스 감축 목표를 제출하고, 이를 이행하기 위해 국제적 협력을 강화하기로 합의했다. 파리협정은 법적 구속력이 약하다는 한계가 있지만, 세계 거의 모든 국가가 참여했다는 점에서 역사적으로 중요한 이정표라 할 수 있다. 이 협정은 지구 평균 기온 상승을 산업화 이전 대비 2도 이하로 유지하고, 더 나아가 1.5도 이하로 억제하기 위해 노력한다는 목표를 설정했으며, 이는 기후 위기 대응의 새로운 기준점이 되었다.

국제 협약뿐 아니라, 각국의 국내 정책과 시민 운동도 지구 환경 문제 해결에 중요한 역할을 했다. 독일은 재생에너지 확대 정책을 통해 '에너지 전환(Energiewende)'을 추진하며, 풍력과 태양광 발전 비중을 급격히 늘려왔다. 스웨덴은 탄소세 제도를 도입해 탄소 배출을 억제하고 친환경 기술 개발을 촉진했다. 한국에서도 2000년대 이후 '저탄소 녹색성장'을 국가 비전으로 내세우며 에너지 절약과 신재생에너지 산업을 육성하려는 노력이 나타났다. 한국에서는 2000년대 이후, '저탄소 녹색성장'을 국가 비전으로 내세웠다. 이는 지속 가능한 성장을 추구하며 경제와 환경의 조화를 이루는 것을 목표로 한 것이다.

시민 사회의 운동 또한 역사적으로 중요한 전환점을 만들었다. 1962년 레이첼 카슨의 저서 『침묵의 봄』은 농약 DDT가 생태계와 인간 건강에 미치는 치명적 영향을 고발하며 환경 운동의 불씨를 지폈다. 이 책은 미국에서 환경보호청(EPA) 창설과 DDT 사용 금지를 이끌어냈고, 세계적으로 환경 의식을 고양시켰다. 이후 1970년 미국에서 시작된 '지구의 날'은 오늘날 190여 개국이 참여하는 세계적 환경 기념일로 발전했다. 1970년 미국에서 시작된 '지구의 날'은 환경 문제에 대한 인식을 높이고 지속 가능한 실천을 촉구하는 날이다. 당시 미국 상원의원 게이로드 넬슨과 하버드 대학생 데니스 헤이즈가 주도하여 환경보호 촉구 집회를 열었고, 이는 미국 전역에서 2천만 명 이상이 참여하는 대규모 시위로 이어졌다. 이 운동은 미국 환경보호청(EPA) 설립과 주요 환경법 제정으로 이어지는 중요한 계기가 되었다. 시민들이 직접 참여하여 쓰레기를 줄이고, 나무를 심으며, 기후 변화에 대한 경각심을 높이는 이러한 운동은 제도적 조치 못지않게 큰 의미를 지닌다.

또한 최근에는 기술 발전과 함께 새로운 형태의 환경 보호 노력이 나타나고 있다. 인공지능과 위성 관측 기술은 산림 파괴와 불법 어업을 실시간으로 감시할 수 있게 해 주며, 빅데이터와 예측 모델은 기후 변화의 영향을 보다 정밀하게 분석할 수 있도록 돕는다. 그러나 기술적 해법(解法)만으로는 충분하지 않다. 역사적 경험이 보여주듯, 환경 문제 해결에는 국제적 협약, 국가적 정책, 시민 참여가 삼위일체로 작동해야만 실질적 성과를 낼 수 있다.

결국 인류는 이미 여러 차례 환경 문제의 심각성을 체감하며 대응해 왔다. 스톡홀름 회의에서의 선언, 브룬트란트 보고서의 개념 정립, 리우

회의의 행동 지침, 몬트리올 의정서의 성공, 교토의정서와 파리협정의 진통과 합의, 그리고 수많은 시민 운동은 모두 인류가 환경 위기를 외면하지 않고 맞서 왔음을 보여 준다. 물론 이러한 노력들이 충분하다고 할 수는 없다. 여전히 지구 평균 기온은 상승하고 있으며, 플라스틱 쓰레기와 생물 다양성 손실은 심각한 수준이다. 그러나 과거의 역사적 경험은 분명한 교훈을 준다. 그것은 환경 문제를 해결하기 위해서는 인간 사회가 협력할 수 있으며, 또 실제로 변화가 가능하다는 사실이다.

따라서 오늘날 우리가 직면한 지구 환경 문제 역시 단순히 비관적으로 바라볼 것이 아니라, 역사 속에서 축적된 노력과 성과를 바탕으로 미래를 설계해야 한다. 인류가 만들어낸 위기이지만, 동시에 인류가 힘을 합쳐 해결할 수 있는 과제라는 점을 인식할 때, 비로소 우리는 지속 가능한 미래를 향해 나아갈 수 있을 것이다.

🎓 철학자의 이야기

📜 번역과 정화의 이중 논리

17세기 이후 서구 사회는 과학, 정치, 종교, 경제 등 다양한 영역에서 눈부신 발전을 이루며 인간 중심적 세계관을 정립해 왔다. 인간은 자연을 정복의 대상으로 삼고, 이성과 기술을 앞세워 역사의 중심 주체로 자리매김했다. 이러한 흐름은 '근대성(modernity)'이라는 이름으로 정당화되었고, 우리는 이를 합리성과 진보의 상징으로 인식해 왔다. 그러나 프랑스의 철학자 브뤼노 라투르(Bruno Latour, 1947-2022)는 『우리는 결코 근대인이었던 적이 없다』라는 선언적 제목을 통해 이러한 근대성의 토대를 근본적으로 되짚는다.

그는 근대가 실제 세계의 작동 방식과는 어울리지 않는 허구적 구분(자연 vs 인간, 객체 vs 주체, 사실 vs 가치) 위에 성립했다고 말한다. 하지만 근대 세계는 '정화(purification)'와 '번역(translation)'이라는 서로 다른 두 작동 원리를 '동시에' 수행해 왔다. 문제는 이중의 과정을 사용하면서도 정화만을 드러내고, 번역의 현실을 은폐해 온 데 있다. 정화란 인간과 비인간, 주체와 객체, 사회와 자연, 문화와 물질을 서로 철저히 분리하려는 근대의 시도다. 예를 들어 과학은 순수하게 사실을 다루고, 정치는 가치의 문제에 집중해야 하며, 자연은 객관적 법칙에 의해 지배되고, 사회는 인간의 계약에 의해 형성된다고 가정한다. 이러한 구분은 근대성의 기반이 되었고, 과학적 사실의 중립성과 정치적 판단의 자율성을 뒷받침하는 근거로 기능해왔다. 우리는 실험실 안에서는 인간의 개입 없이 자연의 순수한 진실이 드러난다고 믿고, 법정이나 의회에서는 인간의 가치와 이익만이 논의된다고 생각해왔다. 하지만 라투르는 이러한 이분법이 실제로는 거의 작동하지 않는다고 지적한다.

현실 세계는 정화된 영역으로 구성되어 있지 않다. 오히려 인간과 비인간, 기술과 정치, 과학과 사회가 얽히고설킨 복잡한 하이브리드(hybrid)들로 구성되어 있다. 라투르는 이와 같은 혼합된 존재 형성을 '번역(translation)'의 과정이라 부른다. 번역이란 서로 다른 영역의 행위자들이 결합해 새로운 질서를 만들어내는 과정을 뜻하며, 여기서 '행위자'는 인간뿐 아니라 사물, 기술, 동물, 제도 등도 포함된다. 인공지능 알고리즘, 팬데믹 대응 시스템, 원자력 발전소 등은 모두 인간과 비인간 행위자가 얽힌 복합체다.

문제는 근대가 이러한 번역의 과정을 은폐하고, 오직 정화된 이분법적 구도로만 세계를 설명하려 했다는 데 있다. 근대는 하이브리드들을 만들어내면서도 그것들을 마치 순수한 '자연' 혹은 '사회'의 산물인 양 다시 정화해왔다. 핵에너지를 과학의 승리로, 유전자조작을 기술의 진보로, 인공지능을 계산 능력의 향상으로 환원시킨다. 민주주의를 절차의 진보로, 법제도 개혁을 공공성의 확대라는 사회의 진보로 정화시켜버린다. 자연적 힘과 사회적 힘을 가리키는 추는 서로 다른 방향을 가리키고 있지만, 이 추가 왕복운동을 전개하면서 근대인의 자기 기만적인 권력을 교호적으로 만들었다. "근대인들은 자연이 우리를 벗어나며 사회가 우리 자신의 작품이고 신은 더 이상 개입하지 않는다고 확신에 차서 주장하면서도, 자연을 동원하고 사회적인 것을 객관화하며 신의 영적 현전을 느낄 수 있게 된다(『우리는 결코 근대인이었던 적이 없다』)." 하지만 실제 세계의 모습은 정치, 윤리, 사회적 갈등, 기술적 불확실성이 얽혀 있다. 라투르는 이처럼 현실을 단순한 이분법으로 축소하는 것은 오히려 진실을 왜곡한다고 본다. "우리는 결코 근대인이었던 적이 없었다."

물론 라투르는 정화 자체를 전면적으로 거부하지는 않는다. 오히려 그는 정화와 번역이 모두 필요하다고 본다. 인간은 어떤 식으로든 복잡한 세계를 이해하기 위해 분류하고 체계를 세우며, 이 과정에서 일정한 정화는 불가피하다. 문제는 정화만을 유일한 진리 생산 방식으로 신격화하고, 번역의 실재를 무시하거나 제거하려 할 때 발생한다. 정화는 인간이 복잡한 현실을 조작하고 해석하는 하나의 기술이며, 과학과 정치, 종교와 예술 등의 영역에서 각각 고유한 방식으로 사용된다. 라투르는 오히려 우리가 이 두 과정을 동시에 수행하면서도, 정화와 번역 사이의 긴장을 숨기지 않고 정직하게 다루어야 한다고 주장한다.

라투르의 철학은 결국 존재론적 전환을 요구한다. 더 이상 자연과 사회를 따로 보지 않고, 과학과 정치, 인간과 비인간이 함께 얽혀 작동하는 현실을 인정하고 사유하는 전환이다. 그것은 단지 철학의 문제를 넘어, 우리가 지구 위에서 어떻게 살아갈 것인가에 대한 실천적 물음이며, 새로운 공존의 형태를 상상하기 위한 출발점이다.

📋 행위자-연결망과 생태정치의 재구성

근대성의 해체가 요청된다면, 그 대안으로 어떤 새로운 세계 인식이 가능한가? 브뤼노 라투르는 이 질문에 답하기 위해 행위자-연결망 이론(ANT: Actor-Network Theory)을 제안한다. ANT는 단순한 사회과학 방법론이 아니라, 세계를 구성하는 인간과 비인간이 어떻게 관계 맺고 서로 영향을 주는지를 설명하는 존재론적 사유 틀이다. 이 이론은 인간만을 중심으로 사고해온 근대적 구조에서 벗어나, 인간과 비인간을 동일하게 '행위자'로 간주하며, 이들 사이의 관계망 속에서 의미와 권력이 구성된다고 본다.

기존의 관점에서는 사회는 인간 행위자들만의 영역이었고, 자연은 수동적 배경으로 치부되었다. 그러나 라투르는 자연, 사물, 기술, 기후, 바이러스 등도 사회적 사안에 실질적 영향을 미치며, 이들이 '비인간 행위자'로서 적극적으로 작동하고 있다는 점을 강조한다. 예를 들어 미세먼지 문제는 단순히 산업 활동의 결과가 아니라, 기상 조건, 도시 인프라, 차량 기술, 정책, 센서 시스템 등 인간과 비인간이 얽힌 복잡한 연결망의 산물이다. 이러한 상황에서 인간만을 중심에 두고 문제를 해결하려는 시도는 필연적으로 실패할 수밖에 없다.

이처럼 라투르는 세계를 복합적인 행위자들의 연결망으로 이해할 것을 요청한다. 여기서 중요한 것은 행위자 간의 위계를 무너뜨리는 것이다. 인간은 더 이상 결정권을 독점하는 유일한 주체가 아니며, 비인간 존재자들도 행위의 원천이자 정치적 고려의 대상이 된다. "자연과 사회는 구분할 수 있는 양극이 아니라 사회-자연들의, 그리고 집합체들의 연속된 상태의 동일한 산물이다(『우리는 결코 근대인이었던 적이 없다』)."

그는 기존의 정치가 과학적 사실과 도덕적 가치, 자연과 사회를 엄격히 구분해온 방식을 비판하며, 이제는 모든 존재자에게 발언권을 부여하는 새로운 집회의 장을 마련해야 한다고 주장한다. 이 집회는 단순히 의견을 교환하는 공간이 아니라, 인간과 비인간이 함께 세계를 구성하는 공존의 무대이다. 물론 비인간 존재는 말을 할 수 없기에, 라투르는 다음과 말한다.

자연들은 직접 존재하면서도 자신들의 이름으로 말하는 대표자인 과학자들과 공존한다. 사회들도 직접 존재하지만 태고의 시간부터 사회들을 안정시키는 역할을 한 대상들과 공존한다. 예를 들어 대표자 중 한 사람이 오존층의 구멍에 대해 말한다면 다른 대표자는 몬산토의 화학공장을 대표하고 셋째 대표자는 그 공장의 노동자를 대변하며, 넷째 대표자는 뉴햄프셔 주의 유권자들을, 그리고 마지막 대표자는 극지방의 기상상태를 대변하게 하자. 다른 대표자는 여전히 국가의 이름으로 말한다고 하더라도 그들 모두가 동일한 것, 즉 그들 모두가 창조한 준대상, 우리 모두를 놀라게 하는 새로운 속성을 지니고 그 연결망이 화학적 방식으로 내가 구입한 냉장고에서 남극으로 확장되는 대상-담론-자연-사회에 말하고 있는 것이라면 문제될 것이 없다 (『우리는 결코 근대인이 될 수 없다』).

그는 과학자, 활동가, 예술가 등을 비-인간 존재자의 통역자로 설정한다. 이들은 비인간의 상태와 요구를 해석하고, 사회적으로 가시화하여 정치의 장에 연결하는 역할을 수행한다. 이러한 관점에서 라투르는 정치의 범위를 인간 중심의 협의나 갈등 해결에 한정하지 않고, 존재론적 다원성에 기초한 새로운 정치 질서를 요구한다. 그는 이 새로운 정치 질서를 집합(collective) 혹은 집합체라 부르며, 이는 인간과 비인간, 과학과 예술, 사실과 가치가 얽혀 있는 하나의 복합적 실재를 구성한다. 집합은 더 이상 고정된 질서가 아니라, 계속해서 재구성되고 논의되어야 할 열린 구조로서, 기존의 이원론적 분할을 해체하고, 관계와 네트워크를 중심으로 세계를 이해하려는 시도이다.

이러한 통역과 대표의 과정은 단지 비유적 상징이 아니라, 실제로 이루어져야 하는 윤리적·정치적 과제다. 기존의 대의 민주주의처럼 '이미 존재하는 주체'들의 의사를 단순히 모으는 방식이 아니라, 새로운 존재자와 이슈를 끊임없이 포착하고, 그들에게 대표성을 부여하는 과정이다. 다시 말해, 그는 정치란 "누가 구성원인가?"라는 질문을 계속해서 던지는 탐사적 활동이라고 보며, 이는 곧 지구 생태계의 다양한 행위자들—예컨대 미세먼지, 바이러스, 멸종 위기의 동물들, 심지어 기계와 알고리즘—에게도 간접적인 발언권을 허락하는 정치적 감수성을 필요로 한다. 예를 들어 멸종 위기 생물의 생존권, 기후 재난의 책임 구조, 토양과 수자원의 회복 문제는 모두 비인간의 목소리를 경청하고 대변하는 정치를 요구한다.

이러한 사고방식은 그의 가이아적 세계관으로 확장된다.

> 가이아 논점은 이런 섭리적 에덴동산(그 배후에 있는 신의 존재를 불가피하게 의미하는) 관념을 거부하고, 그러한 '이상적'이고 '섭리적'인 조건은 오랜 세월 생명체 자체에 의해 만들어진 것임을 보여 준다. 바로 이 생명체들이 숨을 쉴 수 있는 대기를 제공했고, 해양의 물을 유지했으며, 산을 만들었고, 드물게 생겨나는 물질을 그들의 순환 속도에 따라 풍부히 공급했다(『지구와 충돌하지 않고 착륙하는 방법』).

가이아는 제임스 러브록(James Ephraim Lovelock, 1919-2022)의 원래 이론처럼 단순한 지구 생태계의 총합이 아니라, 스스로 반응하고 조절하며 인간의 행위에 반응하는 살아 있는 행성으로 재해석된다. 그는 전통적인 에덴동산식 섭리 세계관을 거부하고, 현재 우리가 누리는 대기, 해양, 산, 물질의 조건들이 외부 신의 설계가 아니라 오랜 세월에 걸친 생명체들의 상호작용과 순환의 결과임을 강조하며, 인간 역시 그 일부로서 책임과 반응의 관계 안에 놓여 있음을 주장한다. 이 관점에서 입각해 보면, 지구는 객체가 아니라 주체이며, 인간은 그 일부로서 지구 공동체에 소속된 존재이다. 이와 같은 가이아적 사유는 인간에게 겸손을 요구하는 동시에, 새로운 종류의 책임을 부과한다. 우리는 세계를 통제하는 존재가 아니라, 타자와 더불어 살아가는 존재로서 협상과 조율의 윤리, 상호 의존의 정치를 수립해야 한다. 기후위기와 생태 재난은 더 이상 지연 가능한 외부 이슈가 아니라, 지금 이 자리에서 우리의 존재 방식 자체를 묻는 정치적 실재이다.

결론적으로 라투르의 행위자-연결망 이론과 생태정치 구상은, 단지 철학적 주장에 그치지 않는다. 그것은 인간과 비인간이 서로를 구성하며 살아가는 복합적 세계를 직시하고, 그 안에서 정의롭고 지속 가능한 공존의 방식을 새롭게 상상할 수 있는 기초를 제공한다. 생태정치는 인간중심주의를 넘어선 새로운 감각과 제도, 그리고 언어를 필요로 한다. 그것이야말로 오늘날 우리가 기후 위기 시대를 살아가기 위한 가장 실질적인 정치적 과제가 된다.

녹색 계급의 실천윤리학

브뤼노 라투르가 보기에 오늘날 가장 절박한 정치적 과제는 "누가 지구의 시민인가?"라는 물음에 답하는 것이다. 산업혁명 이후 인간은 스스로를 자연 위에 군림하는 존재로 착각했고, 기술과 경제의 진보를 통해 지구를 제어할 수 있다고 믿어왔다. 하지만 기후 위기와 팬데믹, 생태계 붕괴가 일상이 된 지금, 라투르는 우리에게 새로운 정치적 주체로서의 정체성을 요청한다. 그는 기존의 계급 개념을 넘어, 이제 '녹색 계급(Green Class)'이 등장해야 한다고 주장한다. 이 계급은 더 이상 생산 수단의 소유 여부가 아니라, 지구의 생존 조건을 책임 있게 인식하고 실천하는 주체들을 가리킨다.

경제학은 생산을 위한 자원의 동원에 관심을 기울였다. 하지만 지구의 거주가능 조건을 유지하는 방향으로 돌아설 수 있는, 달리 말해서 생산에 대한 이 배타적 관심에 등을 돌려 거주가능 조건의 탐색이라는 더 큰 틀로 나아갈 수 있는 경제학은 존재하는가? 이것이 새로운 녹색 계급의 관건 전체이다(『녹색 계급의 출현』).

녹색 계급은 단순히 환경을 보호하거나 '친환경적' 소비를 지향하는 집단이 아니다. 이들은 자신이 인간 중심의 세계가 아닌, 인간과 비인간 행위자들이 복잡하게 얽힌 네트워크의 일부임을 자각하는 존재들이다. 라투르에게 있어 이 새로운 계층은 정치적 주체로서의 새로운 책임을 떠맡는다. 즉, 자연과 기후, 동물, 기술, 미생물 등 말할 수 없는 존재자들의 이해관계를 대변하고, 이들을 정치적 의사 결정 과정에 포함시키는 '대표자'가 되어야 한다. 그는 이 녹색 계급이 실천해야 할 과제로 다섯 가지를 제시한다. 그것은 단순한 생태적 전환을 넘어, 인간 중심의 정치를 지구 중심의 정치로 전환하기 위한 구체적 실천이자, 우리가 누구를 위해, 누구와 함께 살아가야 할지를 다시 묻는 윤리적·정치적 과제이다.

첫째, 정치의 범위를 재설정할 것. 즉, 인간 중심적 의사결정 구조를 넘어서 미세먼지, 토양, 해양, 동물, 기계 등 다양한 비인간 존재자들의 이해와 생존 조건을 고려한 확장된 정치공동체를 구축해야 한다. 이 과정은 단순한 환경정책이 아니라, 대표성과 책임의 재분배를 요구하는 정치적 실천이다.

둘째, 과학기술을 중립적 도구가 아닌 행위자로 재이해하고, 그것을 경청하고 조율할 것이다. 예를 들어 기후 모델, 바이러스 연구, 탄소 추적 기술은 단순한 수단이 아니라, 우리에게 경고하고 대응을 요구하는 새로운 형태의 '비인간 발언자'로 간주되어야 하며, 녹색 계급은 이들과 협상하고 정책으로 연결짓는 중재자의 역할을 수행해야 한다.

셋째, 대지에 착륙할 것. 라투르는 무제한 성장과 추상적 글로벌화를 비판하고, 동시에 폐쇄적 지역주의나 로컬 회귀 또한 문제시한다. 그는 '착륙'이란 단순히 지역에 머무르거나 세계를 지배하는 것이 아니라, 인간이 자신이 얽힌 구체적인 생태적·사회적 관계망 속에서 자신의 위치를 책임 있게 설정하는 일이라고 본다. 녹색계급은 그런 의미에서 뿌리내린 존재로서가 아니라, 얽힌 존재로서의 감각을 회복하고 실천해야 한다.

넷째, 공존의 감수성과 상상력을 훈련할 것. 라투르는 인간이 자기 바깥의 고통을 이해하는 능력, 곧 공감과 상상력이 결여되었을 때 혐오와 무관심이 발생한다고 지적한다. 따라서 녹색 계급은 예술과 교육을 통해 타자의 조건을 느끼고 반응할 수 있는 윤리적 감수성의 확장을 실천해야 한다. 이는 생태 문학, 다큐멘터리, 지역사 서사 등에서 훈련될 수 있으며, 시민의 감정적 능력을 정치적으로 활성화시키는 통로가 된다.

마지막으로, 새로운 시민성을 제도화할 것이다. 녹색 계급은 단순한 환경운동가나 NGO 활동가가 아니라, 일상 속에서 지속적으로 책임을 실천하는 참여형 생태 시민이다. 이들은 공론장에서의 토론, 지역 정책의 참여, 기후정의에 대한 투표, 그리고 학교나 직장에서의 생태적 실천 등을 통해 기존의 '권리 중심 시민'을 넘어서는 책임 중심의 윤리적 시민성을 구현한다.

결국 라투르가 요청하는 녹색 계급은 더 이상 '생산'과 '소유'의 계급이 아니라, 살아남기 위해 공존을 조직하는 계급이다. 이들은 더 이상 '자연 보호'라는 도덕적 요청에 머물지 않고, 지구 위에서 함께 살아가기 위한 윤리적·정치적 기획을 실천하는 자들이다. 우리가 살아가는 이 시대에 진정한 정의란, 인간과 비인간 모두가 함께 살 수 있는 조건을 어떻게 마련할 것인가에 달려 있으며, 그 실천의 주체가 바로 녹색 계급이다.

12장

AI 시대의 인간다움

12장

AI 시대의 인간다움

> **관련 덕목**
> - 윤리적 사고
> - 창의성

역사학자의 이야기

📜 인공지능(AI) 기술의 전개과정

　인공지능(AI) 기술은 비약적인 발전을 이루며 의료, 금융, 교육, 공공행정 등 다양한 분야에서 활용되고 있다. 특히 대규모 데이터를 분석하고 예측하는 능력은 인간의 한계를 뛰어넘는 성과를 보이며 사회 전반에 혁신을 불러일으키고 있다. 그러나 이러한 기술의 발전은 한편으로 개인의 사생활 침해라는 심각한 문제를 동반하고 있다. AI는 방대한 데이터를 학습하여 작동하기 때문에, 개인의 위치, 습관, 건강 정보 등 민감한 정보들이 수집되고 분석되는 과정에서 프라이버시 침해 우려가 커지고 있다. 이에 따라 기술 발전의 이점을 누리는 동시에, 개인의 정보 보호라는 기본권을 어떻게 보장할 수 있을 것인가에 대한 논의가 활발히 이루어지고 있다. 인공지능은 많은 양의 정보를 정리하고 분석하여 문제를 해결하는 컴퓨터 기술이다. 이는 산업, 의료, 교육 등 다양한 분야에서 활용되며, 이른바 제4차 산업혁명을 일으킨다는 담론으로 이어지고 있다. 그러나 인공지능이 인간을 인식, 판단, 평가하거나 상호작용할 때는 투명성, 공정성, 윤리성에 대한 우려와 비판이 제기된다.

인공지능의 탄생은 1950-1960년대, 인간의 창조력과 과학의 결합으로 이루어졌다. 1956년에는 인공지능의 태동을 알리는 다트머스 회의가 개최되었다. 이 회의를 통하여 인공지능(Artificial Intelligence)이라는 용어를 공식적으로 사용하며 인간의 사고와 학습을 모방하는 기계를 만들기 위한 연구가 시작되었고, 이후로 많은 발전이 이루어졌다. 이 시기에는 튜링 머신(Turing Machine)이라는 개념과 함께, 기계가 문제를 해결하는 규칙 기반 인공지능 연구가 시작되었다. 1970년-1980년대에는 기대에 미치지 못한 연구 성과로 인해 AI 연구가 중단되는 위기도 있었다. 1990년대에는 머신 러닝(Machine Learning, 데이터 분석을 통해 컴퓨터가 경험으로부터 학습하고 예측을 개선할 수 있도록 하는 알고리즘 및 기술)이 부활했으며, 2000년대에는 빅 데이터가 발달했다. 그 이후 2010년부터 AI는 딥러닝(Deep Learning, 사람의 사고방식을 컴퓨터에게 가르치는 기계학습의 한 분야)을 중심으로 폭발적인 성장을 이루었다. 이전까지 해결하지 못했던 이미지 인식, 음성 인식, 자연어 처리 등의 문제들이 딥러닝을 통해 해결되기 시작했다.

머신 러닝은 인공지능의 한 분야로 데이터, 경험을 기반으로 학습하여 성능향상을 기대할 수 있는 시스템을 구축하는 데 초점이 맞추어진 기술이다. 경험적 데이터를 기반으로 학습을 하고 예측을 수행하며 자체의 성능을 향상하는 시스템과 이를 위한 알고리즘을 연구하고 구축하는 기술이라 할 수 있다. 머신 러닝은 컴퓨터 과학을 포함한 컴퓨터 시각(문자 인식, 물체 인식, 얼굴 인식), 자연어 처리(자동 번역, 대화 분석), 음성 인식 및 필기 인식, 정보 검색 및 검색 엔진(텍스트마이닝, 스팸 필터, 추출 및 요약, 추천 시스템), 생물 정보학(유전자 분석, 단백질 분류, 질병 진단), 컴퓨터 그래픽 및 게임(애니메이션, 가상현실), 로보틱스(경로 탐색, 무인 자동차, 물체 인식 및 분류) 등의 분야에서 응용되는 중이다.

빅데이터는 인터넷 환경에서 생성되는 대규모의 데이터이다. 데이터의 분량, 생성 주기, 형식 등이 다양하다. 데이터의 종류로는 수치는 물론 블로그나 SNS, 각종 웹사이트에 업로드되는 문자, 이미지, 음악, 동영상 등이 있다. 최근 기업들은 빅데이터인 고객의 데이터를 분석하여 마케팅에 활용하거나, 구매 이력 정보를 활용하여 소비자에게 맞춤 정보를 제공하기도 한다.

알고리즘은 문제를 해결하기 위해 정해진 일련의 절차, 어떠한 문제를 해결하기 위한 여러 동작의 유한한 모임이다. 프로그램을 작성하는 기초가 되는 것이며, 컴퓨터를 동작시키기 위해서는 어떻게 입력하고 입력된 정보를 어떻게 처리하며, 얻어진 데이터를 어떠한 형태로 출력하여 표시하는가 등의 알고리즘을 프로그램으로 완전히 기술해야 한다. 오늘날의 기업들은 알고리즘을 적극적으로 활용하여 비즈니스를 혁신하고 경쟁력을 강화하고 있다. 예를 들자면 데이터 분석 또는 예측으로 이를 통하여 기업이 효과적인 마케팅 전략을 수립할 수 있게 해주는 것이다. 또한 자동화 프로세스(RPA, Robotic Process Automation)같은 기술을 이용하여 반복적이고 시간이 많이 소요되는 작업을 자동화하는데 사용한다.

딥러닝은 컴퓨터가 마치 사람처럼 사물이나 데이터를 묶고 분류하면서 스스로 학습할 수 있도록 인공 신경망을 기반으로 구축한 기계 학습 알고리즘 중 하나이다. 기계학습과 딥러닝의 차이점은 기계학습은 컴퓨터에게 먼저 정보를 가르치고 그 학습한 결과에 따라 컴퓨터가 새로운 것을 예측하는 반면, 딥러닝은 '가르침'이라는 과정을 거치지 않고 컴퓨터가 다양한 데이터를 활용해 스스로 학습하고 미래를 예측할 수 있다는 것이다.

인공지능(AI) 기술의 발전에 따른 문제들

인공지능의 발전은 다양한 사회적 문제를 드러내고 있으며, 그 중에서도 데이터 프라이버시(Data Privacy)는 가장 첨예하게 드러나는 쟁점이다. 2010년대 세계를 흔든 케임브리지 애널리티카(Cambridge Anaytica) 사건은 데이터 프라이버시의 중요성을 단적으로 보여준다. 이 회사는 수천만 명의 페이스북 사용자 데이터를 무단으로 수집해, 특정 정치 세력의 선거 캠페인에 맞춤형 광고를 제공하는 데 활용했다. 이로 인해 미국 대선과 영국 브렉시트(Brexit: 영국의 유럽연합 탈퇴) 국민투표에까지 영향을 끼쳤다는 의혹이 제기되면서 큰 파문을 일으켰다. 개인의 동의 없이 수집된 데이터가 정치적 조작의 수단으로 쓰일 수 있다는 사실은, 데이터 프라이버시가 단순한 사생활 보호의 문제가 아니라 민주주의 제도의 근간과 직결된다는 점을 분명히 보여준다. 2010년대 중국의 안면인식 기술이 전 세계적으로 논란이 되고 있다. 예컨대 신장 지역에서는 안면 인식 기반의 감시망이 구축되어 소수 민족의 이동을 실시간으로 추적하고, 이는 국제사회로부터 인권 침해 비판을 받고 있다.

데이터 프라이버시와 함께 노동 시장에서의 충격도 심각한 문제로

부상하고 있다. 실제로 아마존 물류센터에서는 이미 수많은 업무가 인공지능 기반 로봇과 자동화 시스템으로 대체되고 있으며, 직원들은 인공지능이 측정하는 작업 효율성에 따라 고용 유지 여부가 결정되기도 한다. 단순히 기계가 인간 노동을 대체하는 수준을 넘어, 인공지능이 인간의 노동 가치를 평가하고 통제하는 구조가 형성되고 있는 것이다. 일본 도요타 자동차의 생산 라인에서도 로봇과 AI가 투입되면서 생산 효율성이 비약적으로 향상되었지만, 동시에 숙련 노동자의 일자리가 대폭 축소되었다. 이러한 사례는 단순 반복 업무의 대체를 넘어서 전문직에도 확산된다. 예컨대 IBM의 왓슨은 미국의 일부 병원에서 암 환자 치료법을 제시하는 데 사용되었는데, 이는 전문의들의 역할 일부를 대신할 수 있는 가능성을 보여주었다. 이런 상황은 고용의 구조적 재편을 촉발시키며, 일자리 불평등을 심화시키는 요인이 된다.

또 다른 문제는 알고리즘(algorithm) 편향이다. 미국에서 개발된 일부 안면 인식 시스템은 흑인과 아시아인의 얼굴 인식 정확도가 백인에 비해 현저히 낮다는 사실이 연구 결과로 드러났다. 이는 경찰이 범인을 추적하는 과정에서 무고한 시민을 잠재적 범죄자로 오인할 위험을 높인다. 실제로 2020년 미시간주에서 한 흑인 남성이 안면 인식 알고리즘 오류로 인해 체포되는 사건이 발생했는데, 이는 기술적 편향이 개인의 자유를 직접 침해할 수 있음을 보여준다. 채용 과정에서도 편향은 드러난다. 아마존은 과거 인공지능 채용 시스템을 도입했는데, 이 시스템은 과거 데이터를 학습하는 과정에서 남성이 다수였던 기술직 이력서를 기준 삼아 여성이 작성한 이력서를 자동으로 낮게 평가하는 차별적 결과를 낳았다. 결국 아마존은 이 시스템을 폐기했지만, 이 사례는 인공지능이 데이터 속에 내재된 사회적 편견을 그대로 재생산할 수 있다는 사실을 명확히 드러낸다.

　정치적·사회적 조작의 가능성도 무시할 수 없다. 최근 몇 년 사이 '딥페이크(Deepfake)' 기술은 정치적 선전이나 여론 조작에 사용될 수 있다는 우려를 낳았다. 실제로 벨기에에서는 한 환경 단체가 도널드 트럼프 전 미국 대통령의 연설을 조작한 딥페이크 영상을 배포했는데, 이는 영상의 진위를 일반 시민이 구별하기 어렵다는 점에서 큰 파장을 일으켰다. 또 다른 예로, 인도의 일부 선거에서는 정치 후보자의 목소리를 딥페이크로 변조해 특정 언어를 구사하는 것처럼 조작하여, 특정 지역 유권자에게 호소하는 방식으로 사용되었다는 보고가 있다. 이런 사례들은 가짜 뉴스와 조작 영상이 민주주의적 담론을 왜곡하고, 시민들이 사실과 허구를 구분하기 어렵게 만드는 위험성을 잘 보여준다.

　감시 사회의 확대 역시 이미 현실이 되고 있다. 중국의 일부 도시에서는 시민의 행동을 점수화하여 '사회 신용 제도'로 관리하는 시스템이 운영되고 있다. 시민이 교통 신호를 위반하거나 대출을 연체하면 점수가 낮아지고, 반대로 봉사활동이나 모범적인 행동을 하면 점수가 올라간다. 이 점수는 신용 대출, 공공 서비스 이용, 취업 기회 등 일상 전반에 영향을 미치게 된다. 이런 제도는 질서 유지와 효율성이라는 장점을 내세우지만, 사실상 시민의 행동을 국가가 상시적으로 감시하고 통제하는 수단이 되며, 개인의 자유를 심각하게 제한할 수 있다. 서구 사회에서도 대규모 감시 체제는 이미 확산되고 있다. 영국은 세계에서 CCTV가 가장 많이 설치된 국가 중 하나인데, AI 기술이 결합되면서 특정 인물의 이동 경로를 실시간으로 추적할 수 있게 되었다. 이는 범죄 예방에는 유용할 수 있으나, 동시에 시민들이 자신도 모르는 사이에 국가와 기업의 감시 대상이 되는 사회를 낳고 있다.

인공지능의 의사결정 권한 문제는 금융과 의료 분야에서 뚜렷하게 나타난다. 최근 금융권에서는 AI가 고객의 대출 승인 여부를 결정하는 데 활용되는데, 이 과정에서 당사자가 어떤 기준으로 대출이 거부되었는지 알지 못하는 경우가 많다. 알고리즘이 '신용 위험이 크다'고 판단했을 뿐, 그 이유와 논리를 당사자가 이해하거나 설명을 요구하기는 어렵다. 의료 영역에서도 비슷한 문제가 발생한다. 일부 병원에서 인공지능이 환자의 질병 위험을 예측해 조기 진단에 도움을 주고 있으나, 환자와 가족은 그 판단의 근거를 충분히 설명받지 못하는 경우가 많다. 결국 사람들은 자신의 생명과 건강에 직결되는 결정이 기계에 의해 내려지는 상황에 직면하게 되고, 이는 곧 인간의 의사결정 권한과 존엄성 문제로 이어진다.

국제적 불평등 문제는 기술 패권의 측면에서 분명히 드러난다. 구글, 아마존, 마이크로소프트와 같은 소수의 빅테크 기업은 데이터와 자본, 인재를 독점하며 인공지능 발전의 방향을 사실상 좌우한다. 반면 개발도상국은 충분한 데이터 인프라와 연구 자원이 부족해 기술 격차가 더욱 확대된다. 이는 단순한 경제적 문제를 넘어, 군사적·정치적 영향력의 불균형으로 이어질 수 있다. 미국과 중국은 이미 인공지능 군사 기술 개발에 막대한 자원을 투자하고 있으며, 이는 미래 국제 질서에서 패권 경쟁의 중요한 요소로 작용할 것이다. 이 과정에서 소규모 국가나 개발도상국은 기술 종속 상태에 놓일 위험이 크다.

마지막으로 인간 정체성의 문제는 예술과 창작의 영역에서 특히 두드러진다. 최근 한 미술 대회에서 인공지능이 생성한 그림이 1등을 차지하면서 큰 논란이 일어났다. 심사위원조차 그것이 인간이 그린 것이 아니라 인공지능이 만든 것임을 알지 못했는데, 이 사건은 예술이 인간만의 고유한 활동이라는 믿음을 흔들었다. 음악 분야에서도 인공지능은 특정 작곡가의 스타일을 모방해 새로운 곡을 만들어내고 있으며, 이는 저작권 문제와 더불어 '창작의 주체가 누구인가'라는 철학적 논란으로 이어진다. 또한 AI 챗봇이 인간과 감정을 교류하는 수준으로 발전하면서, 사람들은 기계와의 관계 속에서 외로움을 해소하거나 정서적 유대감을 느끼기도 한다. 하지만 이런 상황은 인간 고유의 감정과 정체성이 기술에 의해 대체되거나 희석될 수 있다는 우려를 낳는다.

철학자의 이야기

📜 기계에 압도당한 인간?: 위기이자 기회

2016년, 인공지능 알파고가 세계 바둑 챔피언 이세돌 9단을 꺾었을 때, 사람들은 충격을 받았다. 단순히 바둑이라는 고도의 두뇌 게임에서 인간이 졌다는 사실 때문이 아니라, 인간의 지능이 더 이상 특별하지 않다는 위기감 때문이다. 바둑은 수천 년간 인간의 창의성과 직관, 인내와 전략이 집약된 지적 경기였다. 그러나 알파고는 이런 인간 고유의 능력을 몇 번의 클릭으로 무너뜨렸다. 이 사건은 단지 한 명의 인간이 패배한 것이 아니라, 인간 전체가 기술 앞에서 무력해진 시대의 개막을 알렸다.

기술은 빠르게 발전했다. 지금 우리는 글을 쓰고, 그림을 그리고, 음악을 작곡하는 AI를 일상적으로 마주한다. 의료진단, 법률 상담, 뉴스 기사 작성까지 인간의 고등 지적 능력을 요하던 영역에 AI가 침투하고 있다. 특히 생성형 인공지능은 단순한 데이터 처리를 넘어 창의성과 감성, 논리적 추론까지 흉내 내고 있다. 이쯤 되면 인간은 무엇으로 스스로를 설명해야 할지 막막해진다.

더 심각한 문제는, 인간 스스로가 그 무력감을 체감하고 있다는 점이다. 우리는 '기계가 더 낫다'는 믿음을 점점 받아들이고 있다. 인간보다 빠르고, 정확하며, 감정적 판단을 하지 않는다는 이유로 우리는 점점 더 기계의 판단을 신뢰한다. 자율주행차의 결정, AI 의사의 진단, 알고리즘이 추천하는 콘텐츠들 속에서 우리는 자신의 선택을 기계에게 위임하고 있다. 이러한 흐름은 인간이 책임 있는 판단의 주체에서 점차 물러나고 있음을 보여준다. 편리함과 효율성이라는 미명 아래, 인간은 스스로의 결정을 포기하고 있다.

이와 같은 인간 기능의 붕괴는 단지 기술의 발전 때문만은 아니다. 그 이면에는 인간 자신에 대한 과도한 신뢰와 오만, 그리고 기술을 비판 없이 받아들이는 사회적 분위기가 있다. 기술은 결코 중립적이지 않다. 그것은 언제나 특정한 목적과 가치를 반영하며 설계된다. 우리가 기술을 사용하는 방식, 기술을 신뢰하는 정도는 곧 인간이 자기 자신을 어떻게 인식하고 있는지를 드러내는 거울과 같다. 기술은 인간의 연장이기도 하지만, 때로는 인간의 한계를 드러내는 냉정한 증거이기도 하다.

우리는 기술이 인간의 삶을 더욱 풍요롭고 편리하게 만들 것이라는 약속을 오랫동안 믿어왔다. 그러나 지금 벌어지는 변화는 단지 삶의 조건을 개선하는 차원을 넘어서, 인간의 정체성 자체를 재구성하고 있다. 기계가 인간의 언어를 더 잘 이해하고, 더 빠르게 배워나가며, 때로는 감정적인 표현까지 흉내 낼 수 있다면, 인간이 인간다울 수 있는 조건은 무엇인가? 이 질문은 이제 추상적인 철학적 사유가 아니라, 생존과 관련된 현실적 문제다.

인간은 오랫동안 자신을 '이성적 동물', '도구를 사용하는 존재', '언어를 가진 존재'로 규정해 왔다. 그러나 그 모든 정의는 AI의 등장 이후 급속히 무력해졌다. 이성은 계산으로 환원되었고, 도구 사용은 기계가 더 잘 하며, 언어는 알고리즘이 더 빠르게 학습한다. 인간은 더 이상 도구를 능숙하게 다루는 존재가 아니라, 기계와 경쟁하거나 기계의 결과물을 소비하는 존재로 변화하고 있다.

이러한 전환의 시대에, 인간은 이제 어떤 존재로 남아야 하는가? 인간다움은 단지 기능으로 설명될 수 없다. 우리는 더 이상 효율과 생산성으로 인간다움을 입증할 수 없다. 인간은 오히려 그 비효율성 속에서, 그 모순 속에서, 그 불완전함 속에서 자신을 드러낸다. 인간은 실수하고, 망설이며, 때로는 감정에 휘둘리지만, 그 모든 것이 인간의 고유한 세계 해석 방식이며 윤리적 선택의 기반이다.

AI가 우리를 대신해 결정할 수 있는 시대, 인간이 할 수 있는 유일한 일은 질문하는 것이다. 왜 이런 기술이 필요한가? 우리는 이 기술을 어떻게 사용할 것인가? 누구를 위해, 무엇을 위해? 바로 이 질문을 던질 수 있는 존재야말로 인간이며, 그것이 인간다움의 마지막 자리다. 인간은 도구를 사용하는 존재가 아니라, 도구의 의미를 성찰하는 존재다. 그리고 그 질문의 능력을 포기하지 않는 한, 우리는 여전히 인간일 수 있다.

📝 판단을 대신하는 기계?: 책임을 지는 인간

AI가 결정을 내리는 시대, 우리는 책임의 주체를 어떻게 규정할 것인가? 점점 더 많은 분야에서 인간의 판단은 기계 알고리즘에 의해 보조되거나 대체되고 있다. 자율주행차는 도로 위에서 생사의 갈림길을 판단해야 하고, 신용평가 알고리즘은 개인의 미래를 좌우할 수 있다. 병원에서는 진단 AI가 의료진의 결정을 보완하고, 채용 과정에서는 필터링 알고리즘이 사람의 운명을 가른다. 그러나 이러한 결정들에 문제가 생겼을 때, 그 책임은 누구의 것인가?

자율주행차 사고 사례는 이 문제의 본질을 드러낸다. 2018년 미국 애리조나에서 우버(Uber)의 자율주행 시험 차량이 보행자를 치어 사망에 이르게 한 사건은 큰 논란을 불러일으켰다. 차량은 AI 기반 센서를 통해 사람을 감지했지만, 프로그램 상의 판단 오류로 인해 급정거를 하지 않았다. 당시 차량 안에는 비상 상황에 대비한 인간 감독자가 있었지만, 그는 이를 제때 인지하지 못했다. 제조사, 소프트웨어 개발사, 차량 소유자, 안전 감독자 중 누구도 명확히 책임을 지지 않았고, 결국 이 사건은 법과 기술, 윤리 사이의 책임 공백을 여실히 드러냈다.

의료 분야에서도 유사한 문제가 발생한다. 최근 도입되고 있는 AI 의료 진단 보조 시스템은 환자의 증상과 이미지를 분석해 질병을 예측하거나 진단을 내린다. 이 시스템들은 특정 질병에 대해 인간 의사보다 높은 정확도를 보이기도 한다. 그러나 만약 이 AI의 진단이 오진이었다면, 그 결과로 인해 생긴 피해는 누구의 몫인가? 의사는 AI의 판단을 참고한 것뿐이라 주장할 수도 있고, 시스템 개발자는 책임을 사용자에게 전가할 수도 있다. 책임이 분산되면 될수록, 결국 그 누구도 도덕적·법적 책임을 지지 않게 된다. 이것이 바로 알고리즘 사회의 윤리적 공백이다.

신용평가 알고리즘 사례도 마찬가지다. 오늘날 금융기관은 방대한 데이터를 기반으로 대출 승인 여부를 결정하는 알고리즘을 사용한다. 그러나 이 알고리즘은 종종 과거의 편향된 데이터를 그대로 학습하고 재생산한다. 어떤 고객이 단지 특정 지역에 거주하거나 특정 인종에 속해 있다는 이유만으로 불리한 평가를 받는 경우가 있다. 알고리즘이 이런 차별적 결정을 내렸을 때, 우리는 누구에게 항의해야 하는가? 개발자, 운영자, 사용자 모두가 이 책임에서 발을 빼면, 인간의 존엄은 손쉬운 숫자로 환원된다.

"AI는 도구다"라는 말은 이제 너무나 무책임한 수사로 들린다. 단순한 계산을 넘어 인간의 삶에 실질적인 영향을 미치는 결정을 내리는 존재가 된 AI는 윤리적 판단 능력을 요구받는다. 하지만 현재의 기술은 그에 상응하는 책임 구조를 갖추지 못했다. 대부분의 AI는 "왜 그런 결정을 내렸는지"를 설명하지 못한다. 바로 이 설명 가능성의 부재는 기술에 대한 신뢰를 근본적으로 흔든다. 알고리즘이 결정한 결과는 통계적 정확성에 근거하더라도, 그 과정이 불투명할 경우 도덕적 납득은 불가능하다. 예컨대, 자율주행차가 다수의 생명을 구하기 위해 특정 보행자 한 명을 희생시키는 쪽을 선택했다고 가정해 보자. 이 판단이 통계적 위험 최소화라는 기준에는 부합할 수 있겠지만, 실제로 피해자의 유족이나 사회가 그러한 결정을 받아들일 수 있을지는 또 다른 문제다. 이는 트롤리 딜레마(Trolley dilemma)가 현실이 되었을 때, 기계적 판단이 인간의 윤리적 직관을 설득할 수 있는가에 대한 깊은 의문을 제기한다.

이러한 맥락에서 '책임 있는 AI(responsible AI)'라는 개념이 등장했다. 이는 단순히 성능이 뛰어난 기술이 아니라, 결과에 대해 설명할 수 있고, 그 결정 과정이 투명하며, 사회적·법적 책임의 귀속이 가능한 기술이어야 한다는 요구다. 이를 위해선 설명가능성(explainability), 책임성(accountability), 공정성(fairness) 같은 윤리적 설계 원칙이 필수적이다. 인간의 결정을 보완하거나 대체하려는 기술이라면, 그 판단이 낳는 결과에 대해 반드시 책임을 질 수 있어야 한다.

그러나 문제는 단지 기술의 문제가 아니다. 인간 스스로가 책임의 부담을 기계에게 떠넘기고 싶어 하기 때문이다. 알고리즘이 판단했기 때문에 나는 책임이 없다는 식의 도덕적 회피가 만연한다면, 우리는 기술을 통해 윤리적 진보가 아닌, 도덕적 퇴행을 경험하게 될 것이다. AI는 윤리적 판단을 대신할 수 없다. 그 판단을 수용할지 여부, 그리고 그에 따른 책임을 감수할지 여부는 여전히 인간에게 속한 문제다.

기술은 중립적이지 않다. 기술은 설계되고, 선택되며, 구현되는 방식에 따라 특정한 세계관과 가치를 반영한다. 따라서 AI의 판단은 결국 인간의 선택과 책임 위에 놓여 있다. 우리는 도구에 책임을 전가할 수 없다. 그 도구를 만든 존재, 그것을 사용하는 존재가 바로 우리 자신이기 때문이다. 책임이란 단지 결과에 대한 처벌이 아니라, 행위의 윤리적 귀속과 그 의미에 대한 해석을 수반한다. 이 책임은 사회적 계약에 의해 부여되는 것이며, 우리는 그 책임의 주체로서 인간을 전제해왔다. 기술은 스스로 책임질 수 없다. AI가 결정을 내린다 해도, 그 결정의 윤리적 타당성과 결과에 대한 응답은 결국 인간에게 귀속된다. 인간만이 책임을 질 수 있는 존재로 상정되는 이유는, 인간만이 도덕적 판단과 해석, 반성과 사유의 능력을 지닌 존재이기 때문이다. 이 사실을 망각한 채 기술에게 책임을 넘긴다면, 우리는 인간이라는 존재가 가진 윤리적 주체성을 스스로 포기하는 것에 다름 아니다.

📜 알고리즘을 순응하는 기계?
: 의미를 묻고 새로운 규칙을 만드는 인간

우리는 지금, 기술이 인간을 압도하는 시대를 살고 있다. 기계는 더 빠르고, 더 정확하며, 더 실수 없이 결정을 내린다. 많은 사람들이 이제 인간보다 기계의 판단을 더 신뢰하고, 우리는 점점 더 많은 선택을 알고리즘에 맡기기 시작했다. 의료 진단에서, 신용 평가에서, 교육의 진로 지도에 이르기까지 기계는 "합리적이고 객관적인" 결정을 내려주는 존재가 되었다. 인간은 그 결정 앞에서 점점 침묵하며, 판단의 부담을 내려놓고 있다. 이처럼 기술이 인간의 기능을 대체해 나가는 시대에, 인간은 무엇으로 남을 수 있는가?

　많은 이들이 '감정'이나 '공감'을 말하지만, 인간다움의 근본은 더욱 깊은 데 있다. 그것은 바로 의미를 묻는 존재라는 점이다. 인간은 단지 생존을 위해 움직이는 존재가 아니라, 왜 살아야 하는가, 무엇을 위해 살아야 하는가를 묻는 존재다. 우리가 도달해야 할 목적지보다, 왜 그 목적지를 향해 가야 하는지, 혹은 그 길이 정말 옳은 길인지를 자문하는 능력이야말로 인간을 기계와 구별짓는다.

　AI는 데이터를 분석하고, 과거의 패턴을 통해 미래를 예측한다. 그러나 인간은 전례 없는 질문을 던질 수 있다. "이것이 과연 정의로운가?", "우리는 누구를 위해 이 기술을 만드는가?", "우리는 기술을 통해 어떤 사회를 만들고 있는가?" 인간은 목적이 수단을 정당화하지 않는다는 사실을 알고 있으며, 이성만으로는 판단할 수 없는 영역에 대해 성찰한다. 이러한 성찰은 단순한 사고 작용이 아니라, 인간의 삶 전체를 이끄는 윤리적·철학적 사유다.

　이 능력은 교육을 통해 주어지는 것이 아니라, 삶의 과정 속에서 끊임없이 훈련되는 것이다. 인간은 살아가며 끊임없이 의미를 추구하고, 기존의 질서와 가치에 의문을 던지며, 타인의 고통 앞에서 응답할 수 있는 존재로 자라난다. 우리가 인간다움을 이야기할 때 가장 먼저 회복되어야 할 것은 바로 이 '의미 감수성'이다. 기술이 무엇을 할 수 있느냐보다, 우리가 기술을 통해 어떤 삶을 살고자 하느냐를 묻는 감수성 말이다.

　또 인간은 단지 의미를 묻는 데에 그치지 않는다. 인간은 규칙을 만드는 존재이기도 하다. AI는 규칙에 따라 작동하고, 기존 질서에 최적화된 해답을 낸다. 그러나 인간은 규칙을 넘어서고, 새로운 규범과 질서를 만들어낸다. 역사 속의 윤리적 진보는 언제나 이 능력에서 출발했다. 노예제도에 저항한 사람들, 여성의 권리를 요구한 사람들, 기후 정의를 외치는 사람들은 모두 주어진 질서에 의문을 던지고, 다른 세상의 가능성을 열었던 이들이다. 이들은 불복종을 통해 더 나은 윤리를 만들었고, 그 행위는 인간만이 할 수 있는 윤리적 창조였다.

기계는 계산을 할 수 있지만, 저항하지 않는다. 기계는 조건에 따라 반응할 수 있지만, 질문하지 않는다. 인간은 실수하고, 주저하며, 때로는 모순된 선택을 하지만, 그 안에서만 새로운 규칙이 태어난다. 인간다움이란 바로 이 불완전함 속에서 질서를 새롭게 구성할 수 있는 창조의 힘이다. 우리가 기술에 의해 압도당한 시대에도 여전히 인간임을 증명할 수 있는 이유는, 우리가 규범의 수동적 수용자가 아니라 능동적 창조자이기 때문이다.

오늘날 우리가 직면한 기술 사회는 점점 더 인간에게 수동성을 강요한다. 우리는 제시된 정보를 선택하고, 추천된 콘텐츠를 소비하며, 자동화된 결정에 따르는 삶에 익숙해진다. 그러나 이 흐름 속에서 묻지 않으면, 우리는 기술에 잠식당하고 만다. 인간은 단지 존재하는 것이 아니라, 자신의 존재 조건을 구성하고 의미를 부여하는 존재다. 우리는 이 기술 시대에 다시금 스스로에게 물어야 한다. "우리는 왜 이 기술을 만드는가?", "우리는 누구를 위해 윤리를 세우는가?"

AI가 인간보다 똑똑할 수는 있다. 그러나 인간은 삶의 목적과 방향을 묻고, 기존의 질서를 넘어 새로운 규칙을 만드는 존재다. 이 질문과 창조의 능력을 잃지 않는 한, 우리는 여전히 인간이다. 그리고 그것이야말로 AI 시대에 마지막으로 지켜야 할 인간다움이다.

더 읽어볼 글

더 읽어볼 글

1장

공자 저, 동양고전연구회 역주, 『논어』, 민음사, 2016.
김경식 저, 『논어에서 본 공자의 교육이야기』, 한국학술정보, 2013.
김학주 저, 『주공 단: 주나라를 세우고 중국 전통문화를 발전시키다』, 연암서가, 2022.
나준식 저, 『공자: 옛 선인들에게서 배우는 지혜로운 이야기』, 새벽이슬, 2008.
로타 본 팔켄하우젠 저, 심재훈 역, 『고고학 증거로 본 공자시대 중국사회』, 세창출판사, 2011.
리-시앙 리사 로즌리 저, 정환희 역, 『유교와 여성: 오리엔탈리즘적 페미니즘을 넘어서』, 필로소픽, 2023.
신동준 저, 『중국문명의 기원』, 인간사랑, 2005.
진순신 저, 『이야기중국사: 하·은·주·춘추시대』, 살림, 2015.

2장

맹자 저, 주희 주, 성백효 역, 『맹자』, 전통문화연구회, 2010.
김월희 저, 『맹자에게 배우는 나를 지키며 사는 법』, EBS북스, 2023.
남회근 저, 『맹자와 진심』, 부키, 2017.
심원섭 저, 『중국 고대사의 문을 열다: 철기문화의 시작』, 살림, 2018.
이춘식 저, 『춘추전국시대의 법치사상과 세(勢)·술(術)』, 아카넷, 2002.
이혜경 저, 『맹자, 진정한 보수주의자의 길』, 그린비, 2008.

3장

동국대학교 건학위원회 저, 『불교수업』, 동국대학교출판부, 2024.
이광수 저, 『인도사에서 종교와 역사 만들기』, 산지니, 2006.

한병철 저, 김태환 역, 『피로사회』, 동국대학교출판부, 2024.

4장

윌리엄 오캄 저, 박우석·이재경 역, 『논리학 대전 1』, 나남, 2017.
움베르토 에코 저, 이윤기 역, 『장미의 이름 1·2』, 열린책들, 2009.
마르틴 루터 저, 황정욱 역, 『독일 민족의 그리스도인 귀족에게 고함·교회의 바빌론 포로에 대한 마르틴 루터의 서주·그리스도인의 자유에 대한 논설』, 길, 2017.
이마누엘 칸트 외 저, 임홍배 역, 『계몽이란 무엇인가』, 길, 2020.
이마누엘 칸트 저, 백종현 역, 『윤리형이상학 정초』, 아카넷, 2018.
김덕영 저, 『루터와 종교개혁』, 도서출판 길, 2017.
박종균 저, 『종교개혁의 빛과 그림자』, 북코리아, 2021.
박흥식 저, 『미완의 개혁가, 마르틴 루터』, 21세기북스, 2017.

5장

한나 아렌트 저, 이진우·박미애 역, 『전체주의의 기원 1·2』, 한길사, 2006.
한나 아렌트 저, 김선욱 역, 『예루살렘의 아이히만: 악의 평범성에 대한 보고서』, 한길사, 2006.
한나 아렌트 저, 김선욱 역, 『칸트의 정치철학』, 한길사, 2023.
한나 아렌트 저, 홍원표 역, 『정신의 삶: 사유와 의지』, 푸른숲, 2019.
권형진 저, 『독일사』, 대한교과서주식회사, 2005.
눈빛 아카이브 엮음, 『홀로코스트: 나치 독일의 유럽 유대인 절멸의 역사』, 눈빛출판사, 2021.

6장

피터 싱어 저, 정환희 역, 『기근, 풍요, 도덕』, 필로소픽, 2024.

피터 싱어 저, 황경식·김성동 역, 『실천윤리학: 어떻게 이 시대를 윤리적으로 살아갈 것인가』, 연암서가, 2013.
피터 싱어 저, 함규진 역, 『빈곤 해방』, 21세기북스, 2025.
김광수 외, 『남아프리카공화국 들여다보기』, 한국외국어대학교출판부, 2020.

7장

수전 손택 저, 이재원 역, 『은유로서의 질병』, 이후, 2002.
조르조 아감벤 저, 박문정 역, 『얼굴 없는 인간: 팬데믹에 대한 인문적 사유』, 효형출판, 2021.
버지니아 헬드 저, 김희강·나상원 역, 『돌봄: 돌봄윤리』, 박영사, 2017.
더 케어 컬렉티브 저, 정소영 역, 『돌봄 선언: 상호의존의 정치학』, 니케북스, 2021.
조안 C. 트론토 저, 김희강·나상원 역, 『돌봄민주주의』, 박영사, 2024.
이상동, 『중세 서유럽의 흑사병: 사상 최악의 감염병과 인간의 일상』, 성균관대학교출판부, 2023.
최선아 외, 『팬데믹 시대, 감염병 대응을 위한 사회적 소통과 공공 PR』, 한국PR학회, 2021.
최선아, 「전쟁과 면역력에 대한 인식」, 『세계 역사와 문화 연구』, 한국세계문화사학회 제 67집, 2023.
현재환, 『마스크 파노라마: 흑사병에서 코로나19까지 마스크의 과학과 정치』, 문학과 지성사, 2022.

8장

주희 주, 김미영 역, 『대학·중용』, 홍익출판사, 2015.
다산 정약용 저, 이지형 역, 『논어고금주 1-5』, 사암, 2010.
다산 정약용 저, 이광호 외 역, 『대학공의·대학강의·소학지언·심경밀험』, 사암, 2016.

다산 정약용 저, 오세진 편역, 『다산은 아들을 이렇게 가르쳤다: 아버지 정약용의 인생강의』, 홍익출판사, 2016.
고려대학교 한국사연구소 편, 『한국사』, 새문사, 2014.
김문식, 『정조의 제왕학』, 태학사, 2007.
최선아, 『교양한국사』, 삼영사, 2018.

9장

칼 마르크스 저, 김문현 역, 『경제학 철학초고·자본론·공산당선언·철학의 빈곤』, 동서문화사, 2008.
테오도르 W. 아도르노, 호르크하이머 저, 김유동 역, 『계몽의 변증법』, 문학과지성사, 2001.
H. 요나스 저, 이진우 역, 『책임의 원칙: 기술시대의 생태학적 윤리』, 서광사, 1991.
김명자, 『산업혁명으로 세계사를 읽다』, 까치, 2019.
김현수, 『영국사』, 대한교과서, 1997.
송병건, 『영국 근대화의 재구성: 산업혁명, 사회변동과 직업분화의 경제사 1700-1900』, 해남, 2008.
오형규, 『경제로 읽는 교양 세계사』, 글담출판, 2016.

10장

에밀 졸라 저, 유기환 역, 『나는 고발한다』, 책세상, 2005.
M. Lewis and J. Haviland (Eds.), *Handbook of Emotions*, Guilford, 2008.
마사 너스바움 저, 조계원 역, 『혐오와 수치심: 인간다움을 파괴하는 감정들』, 민음사, 2015.
마사 너스바움 저, 강동혁 역, 『혐오에서 인류애로: 성적지향과 헌법』, 뿌리와이파리, 2016.

마사 너스바움 저, 임현경 역, 『타인에 대한 연민: 혐오의 시대를 우아하게 건너는 방법』, 알에이치코리아, 2020.
마사 너스바움 저, 박용준 역, 『시적 정의: 문학적 상상력과 공적인 삶』, 궁리, 2024.
마사 너스바움 저, 정영목 역, 『인간성 수업: 새로운 전인교육을 위한 고전의 변론』, 문학동네, 2018.
김장수 저, 『19세기 독일통합과 제국의 탄생』, 푸른사상, 2018.
니홀라스 할라스 저, 황의방 역, 『나는 고발한다: 드레퓌스 사건과 집단 히스테리』, 한길사, 2015.
시클로시 언드라시 저, 김지영 역, 『제국의 탈바꿈』, 보고사, 2022.

11장

브뤼노 라투르 저, 홍철기 역, 『우리는 결코 근대인이었던 적이 없다』, 갈무리, 2009.
브뤼노 라투르 저, 박범순 역, 『지구와 충돌하지 않고 착륙하는 방법: 신기후체제의 정치』, 이음, 2021.
브뤼노 라투르·니콜라이 슐츠 저, 이규현 역, 『녹색 계급의 출현: 스스로를 의식하고 자랑스러워하는』, 이음, 2022.
스티브 부라니 저, 전리오 역, 『지구에 대한 의무: 우리의 삶은 어떻게 환경을 파괴하는가』, 스리체어스, 2019.
박현정, 「독일 생태운동의 역사」, 『생태환경과 역사』, 한국생태환경사학회 제10집, 2023.
안나 브람웰 저, 김지영 역, 『생태학의 역사』, 살림출판사, 2013.

12장

김재훈, 「인공지능 기술과 개인정보 보호 문제에 관한 연구」, 『정보보호학회지』, 한국정보보호학회 제17권 제2호, 2021.

박은정, 「인공지능 시대의 개인정보 보호 법제의 한계와 개선 방향」, 『한국정보법학회지』, 한국정보법학회 제29권 제3호, 2022.

변순용·이연희 저, 『인공지능 윤리하다』, 어문학사, 2020.

스튜어트 러셀 저, 이한음 역, 『어떻게 인간과 공존하는 인공지능을 만들 것인가』, 김영사, 2021.

이중원 편, 『인공지능의 윤리학』, 한울아카데미, 2019.

이호수 저, 『먀인사이트: AI와 인간은 어떻게 협업할 수 있는가?』, 한빛비즈, 2022.